리빌딩 코리아

리빌딩 코리아

피크 코리아 극복을 위한 생산성 주도 성장 전략

박양수 지음

미래 세대를 위한 한국 경제의 새로운 패러다임을 위하여!

Rebuilding
beyond peak Korea

아마존의나비

박양수

고려대학교 경제학과를 졸업하고 미국 일리노이대학교에서 경제학 박사 학위를 받았다. 한국은행에서 32년여 재직하며 조사국, 금융안정국, 경제 통계국, 경제연구원 등 주요 부서를 거쳤다. 한은 재직 중 통화 및 거시 경제 분야의 최고 전문가로 평가받았으며, 다수의 학술 논문과『경제 전망의 실제: 직관과 모형의 종합 예술』(한티미디어 2011),『21세기 자본을 위한 이단의 경제학』(아마존의나비 2017) 등 저서를 발간했다.

한국은행 경제연구원장을 거쳐 2023년부터 대한상공회의소 지속성장이 니셔티브(SGI) 원장을 맡고 있으며, 현재는 첨단 산업, 탄소 중립, 국제 통상, ESG 경영, 인구, 지역 성장 등의 분야를 연구하고 있다.

리빌딩 코리아

피크 코리아 극복을 위한 생산성 주도 성장 전략

발행일 • 2025년 3월 31일 초판1쇄

지은이 • 박양수
펴낸이 • 오성준
편집 • 김재관
본문 디자인 • 김재석
표지 디자인 • BookMaster **K**

펴낸 곳 • 아마존의나비
등록번호 • 제2018-000191호(2014년 11월 19일)
주소 • 서울시 은평구 통일로73길 31
전화 • 02-3144-8755, 8756
팩스 • 02-3144-8757

웹사이트 • www.chaosbook.co.kr
이메일 • info@chaosbook.co.kr
ISBN • 979-11-90263-31-3   03320
정가 • 19,800원

지난 겨울 우리나라는 암울함이 극치에 달한 시간을 보냈다.

국내적으로는 저출생으로 합계출산율이 세계 최저 수준인 0.75명 (2024년)을 기록하면서 이대로 간다면 우리나라가 소멸하게 될지 모른다는 불안감에 휩싸였다. 대외적으로는 미국의 자국 우선주의가 공화당·민주당 정부에 상관없이 강화되는 추세이지만 미 대선에서 트럼프가 다시 대통령에 당선되면서 글로벌 경제의 불확실성이 극대화될 것이라는 우려가 팽배했다. 파리기후협약 등을 바탕으로 세계적으로 추진해 온 탄소 중립 달성을 위한 정책들은 후퇴할 것인가 계속될 것인가? 바이든 정부의 경제 안보 강화와 어우러진 신산업 정책으로 디지털 및 기후 기술 분야에 대한 각종 정책들이 쏟아지며 기업들의 투자가 이루어졌는데, 정책 일관성은 지켜질 것인가? 미국의 공격적인 관세 도입과 무역 장벽 강화는 세계 경제를 침체로 빠뜨리지 않을까?

우리 주력 산업이 성숙기에 이른 가운데 철강·화학 분야의 기업들은 후발국의 추격에 의해 최근 구조 조정이 현실화되었다. 또한 첨단 반도체, AI 등 신산업에서도 경쟁에서 뒤처지는 조짐이 나타나고 있다. 자산 및 소득 불평등이 심화되고 사회적 이동성도 제약되면서 혁신과 창의성에 기반한 경제의 역동성은 찾아보기 어렵고, 기득권층은 자기 밥그릇 챙기기에 급급하다. 국가 발전 주기상 정점에서 쇠퇴기로 진입하는 전형적인 현상이 나타나고 있다. 외국 투자자들 사이에 피크 코리아에 대한 우려가 높아지고 국민들의 불안감은 극에 달한다.

이 같은 상황에서는 정치적 리더십이 발휘되어 글로벌 상황 및 국내 여건을 종합적으로 감안한 국가 발전 전략을 마련하고 새로운 돌파구를 찾아 가야 한다. 그런데 진보·보수를 막론하고 우리나라 정치는 극단적 이념과 가치 충돌을 지속하며 어떠한 타협도 이루지 못하였다. 여기에 보신적 관료주의가 결합되면서 실행력을 전혀 가지지 못한 채 보여 주기식 계획 발표만 반복하는 상황이 이어졌다. 그러다 지난해 12월 비상계엄 선포로 이어지고 탄핵 소추안이 발의되는 사태가 발생했다.

그러지 않아도 피크 코리아를 우려하던 글로벌 투자자들이 우리나라에서 자금을 회수하고 있던 상황에서, 트럼프 대통령 당선자의 관세 인상 공약이 현실화되면 한·미 간 금리 격차는 더욱 확대될 수밖에 없다는 불안감에 국내의 정치적 불확실성이 더해지면서, 원 달러 환율은 한때 달러당 1,500원이 될지도 모르는 상황이 전개되었다. 온 국민을 고통으로 몰아 넣었던 IMF 외환 위기를 떠올리기에 충분했다.

1980년 전후 계엄 사태와 1997년 IMF 외환 위기 같은 암울한 겨울을 견뎌 낸 우리는 이제 국가를 새로 시작한다는 심정으로 출발해야 할 시점이다. 외환 위기 시절, 김대중 정부는 위기감을 토대로 노사정 합의를 통해 기업, 금융, 노동 및 공공 부문의 4대 구조 개혁에 성공했다. 반면 박근혜, 문재인, 윤석열 정부에서 추진한 노동·연금·의료 개혁 등은 모두 실패한 것으로 평가받고 있다. 국민들 사이에 위기의식이 매우 높은 시점이다. 하지만 늘 그래 왔듯, 지금의 퍼펙트 스톰을 다시 한번 제대로 개혁을 이루어 낼 계기로 삼는다면, 충분히 재도약할 수 있다는 희망을 가지고 경제학자의 관점에서 이 책을 집필하게 되었다.

우선 필자는 이 책을 통해 우리 사회의 리더, 그리고 시민들과 함께 다음의 메시지를 공유하고 싶었다.

우리나라는 현재 정치·경제·사회적 측면에서 국가 발전 단계상 정점에서 쇠퇴로 넘어가는 분기점에 서 있다. 피크 코리아^{peak Korea}에 대한 위기의식을 국민 전체가 공유하고 재도약하는 방안을 찾아야 한다.

전 세계 국가들의 전략적 경쟁 및 국내 여건을 종합적으로 볼 때, 현재는 보수와 진보라는 이념을 떠나 가치 중립적으로 민생과 실리에 초점을 맞춘 정책 또는 전략을 펼쳐야 한다.

우리 경제의 신성장 동력은 디지털 산업과 기후 기술, 과학 기술 발전 등에서 찾아야 하며, 글로벌 시장에서 선점 효과를 누리기 위해서는 신산업 정책을 통한 과감한 선제적 투자가 이루어져야 한다.

혁신을 통해 선도 경제를 만드는 생산성 주도 성장 전략을 채택해야 하며 연구·개발^{R&D}, 교육, 금융, 벤처, 규제 등의 분야에서 획기적인 제도 개선을 이루어야 한다.

신산업 정책 추진, 4차 산업 혁명 및 고령화 시대에 맞춘 사회 시스템 조정을 위해 재정·노동·연금·의료 등의 분야에 대한 구조 개혁을 반드시 성공시켜야 한다.

산업 정책적 측면에서 정부가 적극적 역할을 하되, 규제 혁신 등을 통해 시장 기능이 활성화되는 시스템을 구축한다. 신자유주의와 정부 개입주의 간 이념적 논쟁은 무의미한 현실이다.

경제의 역동성 확보, 사회적 통합 등을 위해 분배 개선과 노동 시장의 유연 안전성flexicurity 확보가 필요하다. 4차 산업 혁명 시대에는 기본소득, 마이너스 소득세 같은 제도가 효과적일 수 있으나 가능 재원의 범위 내에서 최적 방안을 디자인해야 한다.

저출생, 지역 소멸, 지역 균형 발전, 탄소 중립 달성, 첨단 산업 육성 등은 개별 정책으로는 성공하기 어려우므로 포괄적 솔루션을 찾아야 한다. 예를 들어 수도권 집중을 심화시키는 정책은 저출생 극복을 더욱 어렵게 한다.

국가 재도약을 위해 명확한 어젠다와 전략, 구체적 대책을 마련하고 정치권과 이해당사자, 국민들과 적극적으로 소통하며 정권을 넘어서 일관되게 추진하는 실용의 리더십이 필요하다.

이 같은 인식을 담아 제안하는 생산성 주도 성장 전략의 〈리빌딩 코리아 프로젝트〉로 피크 코리아를 넘어서야 한다. 사회 통합을 기반으로 마지막 기회라는 위기의식하에 적극 추진할 수 있기를 기대한다.

책은 다음과 같이 구성하였다.

제1부는 경제 환경의 변화와 피크 코리아 극복을 위한 국가 발전 전략에 대해 종합적으로 다루었다. 먼저 인공 지능 등 첨단 산업 경쟁, 녹색 무역 장벽, 에너지 수요 급증, 저출생·고령화 등과 관련한 이슈들을 다양한 각도에서 살펴보았다. 또한 사회 안전망 확충, 부채 주도 성장 자제, 복합적 문제에 대한 포괄적 접근, 실용적 리더십을 통한 사회적 대타협 유도 등 국가 발전 전략을 추진하는 과정에서 고려해야 할 원칙을 정리해 보았다. 아울러 혁신과 선도의 생산성 주도 성장 전략을 중심으로 한 '리빌딩 코리아' 국가 재도약 프로젝트를 제안하였다. 우선 연구·개발, 교육, 금융, 규제 등의 측면에서 생산성 주도 성장의 기반 확충 방안을 논하였다. 또 첨단 산업 및 기후 기술 등 성장 분야를 대상으로 신산업 정책을 추진하고 연금·노동·재정 등의 구조 개혁을 성공시키는 방향을 제시하였다.

제2부는 생산성 주도 성장 전략의 추진 방안을 구체적으로 서술하였다. 우선 생산성 주도 성장 전략의 기반 확충을 위해 R&D 패러독스 극복, 창의적 인재 양성을 위한 교육 개혁, 혁신 성장을 위한 금융 개혁, 선순환 벤처 생태계 구축, 자율과 창의를 위한 규제 개혁 등을 다루었다. 이어서 디지털 산업, 기후 기술, 고령 친화, 첨단 과학 기술 등 성장 산업을 목표로 삼아 이들 산업의 육성에 필요한 규제 완화 및 재정 지원 등 구체적 신산업 정책 방향을 논하였다. 마지막으로 신산업 정책 추진, 인구 구조 변화 등에 따라 필요한 재원 마련 및 사회 시스템의 지속 가능성 확보를 위해 꼭 성공시켜야 할 연금·노동·재정·의료 부문의 구조

개혁에 대해 다루었다.

이 책을 집필하는 과정에서 많은 분들의 도움을 받았다. 지난해 상반기부터 경제 전문가들과 우리나라가 피크 코리아 상황인지를 진단하고, 이를 극복하는 방안에 대해 토론하는 시간을 가져 왔다. 그러던 중 트럼프 대통령 당선, 비상계엄 사태 등 국내외 상황이 급변하면서 서둘러 토론 내용을 바탕으로 책을 집필하게 되었다. 짧은 시간에 집필하게 됨에 따라 정은미 산업연구원 성장동력산업연구본부장님으로부터 자료 제공 등을 포함한 적극 협조를 받게 되었다. 특히 성창훈 조폐공사 사장님은 공직 경험을 바탕으로 책 전반에 대해 매우 유익한 코멘트를 주셨다. 토론에 참여해 주신 분들과 특히, 직접적으로 큰 도움을 주신 이 두 분에게 진심으로 감사의 말씀을 드린다.

또한 최태원 대한상공회의소 회장님과 이창용 한국은행 총재님께 고맙다는 말씀을 전하고 싶다. 두 분은 필자가 한국은행과 대한상의에서 경제연구원장을 맡아 금융에서 실물까지 연구의 지평을 넓힐 수 있는 기회를 주셨을 뿐만 아니라 이 책에 녹아 있는 많은 인사이트를 주셨다.

물론 이 책의 내용은 필자 개인의 의견이며 대한상의나 한국은행의 공식 견해와는 무관하다. 이 책이 한국 경제가 퍼펙트 스톰을 넘어 재도약하는 데에 조금이라도 도움이 되길 바란다.

2025년 3월
박 양 수

차 례

리빌딩 코리아

제 1 부

피크 코리아 극복 위한
국가 재도약 프로젝트

제 1 장

엄중한 대내외 환경

리빌딩 코리아

1.1 피크 코리아 우려와 돌파구

많은 학자들은 국가 역시 개인의 라이프 사이클과 마찬가지 발전 단계를 거친다고 이해한다. 레이 달리오[Ray Dalio, 1949~][1]는 국가가 "부상, 정점, 그리고 쇠퇴의 세 단계"를 거친다고 설명한다. 그의 '국가 발전 주기론'에 따른 '부상 단계'의 국가는 ① 강력하고 유능한 리더십을 가진 지도자가 효율적인 경제 체제를 만들고, ② 시민 의식과 직업 윤리 등을 포함하는 수준 높은 교육 시스템을 구축하며, ③ 혁신적·창의적 기술 개발과 외부로부터의 적극적인 아이디어 수용(모방)을 통해 생산성과 부wealth를 증가시켜 간다. 고성장 단계이므로 빈부 격차나 가치관 및 이념의 차이가 심하지 않고 국민이 화합하며 공동 번영을 추구한다.

'정점 단계'의 국가는 ① 노하우와 기술 모방이 한계에 도달하고, ② 근로자들이 생산성 이상의 높은 임금을 요구하면서 경쟁력이 저하되며, ③ 빈부 격차가 확대되고 부채 증가 현상이 일어나는 가운데, ④ 부유층은 자신들에게 유리하게 정치 체제를 바꾸고 엘리트 교육을 통해 자녀들을 특권층으로 만드는 반면, 저소득층은 체제의 불공정함에 분노를 느낀다.

'쇠퇴 단계'의 국가는 ① 생산성 하락으로 전체 파이가 줄면서 자원 배분을 둘러싼 경제 주체 간 갈등과 빈부 격차 확대에 따른 계층 간 갈등이 격화되고, ② 정치적 극단주의가 출현하고 포퓰리즘이 득세하며,

---

1) 미국의 투자자이자 헤지펀드 매니저, 자선 사업가. 롱아일랜드대학교와 하버드 경영대학원에서 수학하였다. 1975년 브리지워터 어소시에이츠를 설립하고 세계 최고의 헤지펀드 회사로 성장시켰다. 블룸버그에 의해 2025년 2월 전 세계 최고 부자 138위로 선정되었다.

③ 강성 지도자의 등장으로 민주주의가 위협받고 부의 재분배 등 근본적 변화가 야기될 가능성이 커진다. 이 과정은 기존 질서를 유지하면서 평화로운 방식으로 전개될 수도 있지만, 폭력을 동반하며 기존 질서를 파괴할 수도 있다.

달리오의 국가 발전 주기에 따르면, 우리나라의 현재 상황은 어떤 단계로 평가할 수 있을까? 전후 지구상에서 가장 가난한 나라 중 하나였던 우리는 세계에서 유래를 찾을 수 없을 만큼 고성장을 달성했다. 서유럽 국가들이 80~130년 걸린 경제 성장을 우리는 30년 정도 만에 해 냈다. 또한 전자·부품, 자동차, 조선, 이차 전지에 이르는 대부분의 산업에서 글로벌 10위 이내에 포진하는 산업 생태계도 갖추었다. 그런데 잠시 숨을 고르고 둘러보면 무언가 불안한 상황으로 전개되고 있음을 느낀다.

표 1.1 대한민국 주요 산업의 글로벌 위상

전자 부품	통신 장비	조선	석유 화학	이차 전지	자동차	철강	건설 기계	일반 기계	정유
3위	3위	3위	3위	2위	5위	5위	5위	6위	7위

주: 2021년 명목 산출액 기준

"헬조선", 피크 코리아

우리 경제의 평균 성장률은 지속적으로 하락하고 있다. 1980년대 9%에 달했던 연평균 경제 성장률은 1990년대 6%대 초반, 2000년대

4%대 중반, 2010년대 3% 부근으로 하락했다. 코로나19 팬데믹을 거치면서 최근에는 2%대 초반의 성장률을 기록하고 있다. 한국은행조태형 2023에 따르면, 우리나라의 잠재 성장률은 저출생·고령화에 따른 생산 인구 감소 등에 기인하여 2020년대 2%대에서 2040년대 후반에는 0% 또는 마이너스로 하락할 가능성이 있는 것으로 추정된다.

대한민국 실질 GDP 성장률 장기 추세

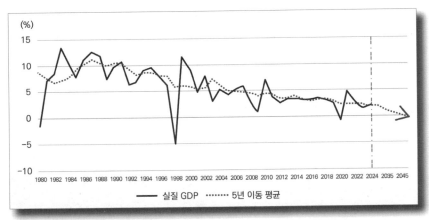

주: 2025년 이후는 조태형(2023)의 추정치   (자료: 한국은행)

　　소득 분배 구조 또한 밝아 보이지는 않는다. 대표적 소득 불평등 지표인 지니계수[2](시장 소득 기준)는 2022년 기준 0.396으로 OECD 국가들 중 높은 편에 속한다. 정부의 세금 및 사회적 이전 소득(복지 지출 등)을 반영한, 즉 소득 재분배 기능을 고려한 가처분 소득 기준 지니계수

---

2) 지니계수(Gini coefficient)는 인구의 누적 비율과 소득의 누적 점유율 사이의 상관관계를 나타내는 로렌츠 곡선을 바탕으로 작성된다. 완전 평등하다면 0, 완전 불평등한 상태라면 1이 된다.

는 0.324로 지속적으로 하락 추세를 보이고 있다. 그러나 상위 20%의 소득을 하위 20%의 소득으로 나눈 시장 가격 기준 **소득 5분위 배율**은 2023년 기준 10.7배에 달하며, 주택 가격 상승으로 부동산 자산 격차는 더욱 커 2024년 순자산 기준 상위 20% 가구의 평균 부동산 자산은 하위 20% 가구의 129배에 달한다.

이처럼 경제 성장률이 지속적으로 하락하고 소득 불평등 정도 역시 OECD 국가들 중 높은 편인데다, 최근 들어 정치·사회적 갈등마저 매우 심화된 상황이다. 특히 정치적 측면에서 보수와 진보 진영 간 극단화로 정치적 타협이 거의 불가능하다는 비관론이 팽배해 있다. 연금·노동 등의 부문에서 개혁이 이루어지지 못하고 지난 비상계엄 사태에서 보듯, 사회적 갈등의 심화로 엄청난 비용을 치르고 있다. 특히 부동산 등 자산 가격 상승으로 계층 상승의 기회를 박탈당했다고 느껴 이른바 "헬조선!"을 외치는 젊은 세대들로 하여금 가상 자산 투기 열풍을 불러 일으키게 했다.

여기에 글로벌 무역 파고는 더욱 매섭게 우리를 위협하고 있다. 주력 산업은 성숙기에 이르러 자본 투입에 의한 성장을 기대하기 어렵다. 한편 상대적으로 탄소 집약도가 높은 업종으로 구성되어 있는 우리의 산업 구조는 탈탄소·저탄소로의 공정 전환을 어렵게 만드는 요인이다. 세계 주요 국가들이 첨단 산업 육성에 사활을 걸고 있는데 반해, 우리는 정치적 **리더십 부재**로 촌각을 다투는 경쟁에서 밀리고 있다. 이러한 대내외 환경들로 인해 우리 경제가 이미 정점을 지나 쇠퇴기로 접어들고 있다는, 이른바 **피크 코리아**peak Korea 우려가 제기되는 것이다.

돌파구는 있다

하지만 정점을 지나면 쇠퇴기를 맞을 수밖에 없는 인간의 삶과 달리, 국가는 얼마든지 재도약할 수 있다. 찰스 킨들버거Charles P. Kindleberger, 1910~2003[3]는 한 국가의 발전 궤적은 S곡선을 따르지만 사람과 달리 국가는 두 번째의 S곡선을 다시 시작할 수 있다고 주장한다. 이를 위해서는 개혁을 통해 쇠퇴기에 이른 경직화된 경제 사회 시스템에 유연성과 역동성을 높여 주어야 한다. 물론 이것은 정치적으로 쉽지 않은 과업이다. 정치가들은 광범위한 개혁 프로그램을 이야기하지만 유토피아적, 또는 이념적이라 타협이 쉽지 않기 때문에 개혁이 앞으로 나아가지 못하고

1차 S 곡선과 2차 S 곡선

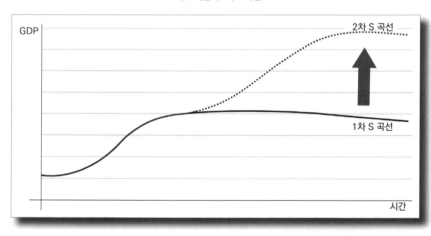

---

3) 30권 이상의 저서를 남긴 미국의 경제학자. 주식시장 버블에 대한 저서 『광기, 패닉, 붕괴』 및 『패권 안정론』으로 잘 알려져 있다. 이코노미스트지에 의해 재정 위기를 가장 잘 아는 사람으로 평가되고 있다.

교착 상태에 빠질 가능성이 높다. 구시대 사람들이 물러나고 신인들이 주도하면 더 나을 듯하지만 현재의 민주 선거 시스템에서는 이 또한 쉽지 않은 일이다.

국가 발전 주기 관점에서 미국의 미래에 대한 논쟁이 있었다. 우선 냉전 시대 이후 군사적·경제적 자원을 지나치게 소모하였고, 경제적 불평등과 정치적 분열 심화로 미국 제국이 몰락할 것이란 주장이다. 반면 군사력뿐 아니라 외교·문화·기술 등 **소프트 파워**에서 압도적 우위를 점하고 있어 패권을 계속 유지할 수 있다는 주장도 있었다. 현대의 생산 시스템이 기술 혁신을 통해 생산성 격차를 계속 확대하는 **내생적 성장**endogenous growth 시스템이라는 측면에서 소프트 파워가 효과를 발휘한다는 것이 주장의 핵심이었다. 최근 미국의 상황은 정치적 분열, 사회적 갈등, 경제적 불평등 심화로 내부적 안정성이 약화되고는 있으나 기술 혁신, 창업 생태계, 금융 시스템 등에서의 우위로 양호한 성장을 이어가고 있어 상당 기간 패권을 유지할 것이라는 주장이 우세한 분위기다.

잠깐 우리나라와 미국, 그리고 중국의 1인당 GDP 흐름을 살펴보자. 우리나라는 고도 성장기에 미국 대비 1인당 GDP 비율이 2000년대까지는 상승하였으나 이후 하락하는 모습이다. 인구 효과를 제외한 지표를 사용했기 때문에 최근 들어 우리나라와 미국의 생산성 격차가 확대되고 있을 가능성을 시사한다. 첨단 기술 분야에서는 **내생적 성장 시스템**이 크게 작동하는데, 유연성과 역동성이 강한 미국이 기술 경쟁에서 앞서고 글로벌 시장 선점(독점) 효과까지 얻으면서 두 나라의 생산성 격차를 확대시키는 것으로 보인다. 그동안 고성장을 이어 온 중국은 미국

대비 1인당 GDP 비율이 계속 상승하는 추세이다. 미국의 강한 견제에
도 불구하고 중국이 생산성 향상을 이루어 내 고성장을 지속한다면 우
리나라를 추월하게 될지 모른다.

한국, 미국 및 중국의 1인당 GDP 추이

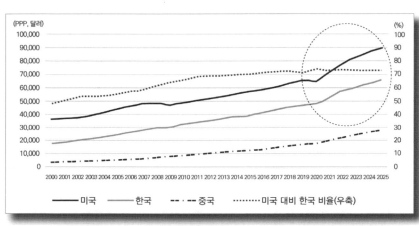

(자료: IMF)

우리나라는 국가 발전 주기의 정점에서 쇠퇴의 기로에 서 있다. 소
득 수준의 향상으로 캐치업catch-up 전략은 한계에 도달하고 주력 산업은
성숙기에 접어든 상황이다. 또한 AI 등 첨단 산업 부문의 경쟁에서도 뒤
처지고 있다. 빈부의 격차는 커지고 가난한 사람과 젊은 세대들은 불공
정하다는 분노를 느끼고 있다. 미국의 사례에서 보듯이 현대의 내생적
성장 시스템에서 쇠퇴로의 이행을 늦추거나 피하기 위해서는 경제 사회
시스템의 유연성과 역동성 확보가 필수적이다. 첨단 산업과 녹색 전환 경
쟁, 저출생·고령화 등 대내외 경제 여건하에서 우리 경제가 피크 코리아

우려를 극복하고 재도약하는 유연하고 역동적인 경제 사회 시스템을 어떻게 만들 것인가?

1.2 미·중 패권 경쟁과 각자도생

트럼프 2기 행정부가 들어서면서 미국 우선주의가 더욱 강화되고 있다. 모든 나라의 수입품에 대한 보편 관세를 20%까지 올리고, 특히 중국에는 60% 가까이 관세를 물리겠다는 공약을 발표했다. 공약을 정확히 실천할지는 아직 미지수이지만 취임 초부터 관세 카드로 중국을 압박하고 있다. 사실 중국에 대한 견제는 공화당 정부인 트럼프 1기뿐 아니라 민주당 바이든 정부에서도 계속되고 강화되어 왔다. 세계무역기구WTO 회원국인 중국에 대해 **경제 안보**라는 명분으로 매우 세련되게 견제하되, 중국과의 공급망 단절은 한국·일본·대만 등 우방국들의 협조로 해결하는 접근이었다.

2008년 글로벌 금융 위기를 겪으면서 자유 무역과 불평등에 대한 불만이 표출되기 시작했다. 미국이 자유 무역의 기치하에 중국 등으로부터 물건을 수입하면서 같은 품목을 생산하는 분야에 종사하는 미국 근로자들의 임금은 더 이상 상승을 기대할 여지가 없어졌다. 반면 미국 내 첨단 산업 근로자들의 임금은 더 크게 상승하면서, 그 결과 경제적 불평등 심화로 표출되었다. 러스트벨트 지역 주민들의 불만이 높아지며 무역 규제를 주장하는 트럼프 대통령이 당선된 것은 이러한 미국 내 경제적 상황을 반영한다.

미국의 대 중국 견제는 미국의 패권에 대한 중국의 도전을 심각하게 받아들인 이유도 작용한다. 중국은 2001년 세계무역기구WTO에 가입한 이후 급속 성장을 이루었다. 전 세계 GDP에서 미국이 차지하는 비중이 1990년대부터 최근까지 20%대에 머물고 있는 반면, 중국은 2%대에서 20% 부근까지 급상승했다. 특히 제조업 생산 규모에서는 2000년대 후반에 이미 미국을 추월했다. 전 세계 반도체 제조에서 미국이 차지하는 비중은 2010년대 중반부터 중국에 뒤지기 시작했다.

하지만 미국은 셰일오일 및 가스의 생산 가속화로 2010년 중반부터 세계 최대의 석유 생산국이 되었다. 에너지 문제가 더 이상 미국 제조업의 발목을 잡지 못하게 된 것이다. 미국의 군사비 지출은 전 세계의 40%대를 지속적으로 유지하고 있다. 중국 또한 군비 지출을 확대하고는 있지만 여전히 20% 이하에 머무른다. 이처럼 세계 최대의 군사력과 에너지 부문에서의 경쟁력까지 확보한 미국은 자신들의 패권에 도전하려는 중국을 그대로 놔둘 수 없었다. 트럼프 행정부 1기에 이어 바이든 정부에서도 반도체 등 첨단 산업 부문에서 중국에 대한 견제를 본격화한 정책적 조치들은 이런 흐름과 무관치 않다.

바이든 정부에서 '반도체 과학법'을 발효했다. 이 법은 반도체 제조 산업을 자국 내에 유치하기 위해 보조금을 지급하고 핵심 기술 유출을 방지하기 위해 중국에 대한 투자 규제를 목표로 하였다. 최첨단의 성숙된 반도체를 미국 내에서 제조·조립·시험·패키징하거나 생산 시설의 신규 건설·확장 및 현대화하는 경우 보조금을 지원한다는 내용이었다. 중국을 견제하기 위해, 이 법에 따라 미국에서 보조금을 받는 기업이 중국 내 반도체 제조업 확장을 위해 거래하는 행위를 금지하였다. 그럼에도 미국이 완전한 반도체 공급망을 갖지는 못하고 있었으므로 미국 내 제조 능력이 100%에 이르는 시점까지 한국·일본·대만 등 우방 국가들과 반도체 기술 유출 규제를 함께 시행하는 방식을 택했다.

'인플레이션 감축법' 역시 비슷한 방향으로 추진되었다. 기후 위기 대응을 목표로 전기차 생산 및 소비 확대를 위해 신차 구매 시 보조금을 지불하는 내용을 핵심으로 담았다. 다만 우려 대상국에서 생산된 핵심 광물이나 배터리를 사용하는 경우, 보조금 지급 대상에서 제외하는 중국 견제 조치가 함께 포함되었다.

각자도생

자유 민주주의라는 가치를 공유하는 동맹국끼리 반도체 분야에서 협력하고 중국을 완전히 배제시키려는 미국의 정책은 우리나라에게는 큰 도전이다. 사실 반도체 부문에 있어 중국은 미국과 보완 관계가 그리 강하지 않은 반면, 아시아 국가들과의 관계는 매우 강하다. 범용 반도체의 경우는 미국 또한 중국과 긴밀하게 연결되어 있다. 따라서 미국은 모든 반도체 부문에서 중국 제품을 배제하는 이른바, **디커플링**de-coupling이 아닌 첨단 제품 분야에 대해서만 배제하는 **디리스킹**de-risking 전략으로 전환했다. 이렇게 미국이 자국 우선주의를 강하게 드라이브 거는 상황에서 반도체 등 첨단 산업 부문에서 우리는 미국, 중국과 어떻게 협력 관계를 만들어 가야 하는가?

한편 트럼프 행정부 2기는 바이든 정부와 다소 다른 방향을 취하는 양상이다. 관세 카드 등을 통해 중국에 대한 견제 기조를 강화하는 정책은 바이든 정부의 연장선상에 있지만, 우방국을 중심으로 한 협력적 무역 질서에 대해서는 변화가 감지된다. 대미국 무역에서 대규모 무역 흑자를 기록하고 있는 국가는 우방국이라 하더라도 개별 협상을 통해 미국 생산품의 수입을 늘리게 강요하고, 관세 카드를 통해 우방국 소재 기업들이 연대를 넘어 미국 내로 옮기도록 하겠다는 의도를 노골적으로 드러내고 있다.

바이든 행정부하에서 '반도체 과학법'이나 '인플레이션 감축법'의 보조금 때문에 우리나라를 비롯 많은 국가의 기업들이 미국에 대규모 투자를 하였다. 그런데 트럼프는 관세를 높이면 기업들이 자연스럽게 미국으로 이전할 텐데 왜 보조금을 지급해야 하느냐는 논리를 들이대고 있다. 기업 입장에서 투자는 비가역적, 즉 이미 투자한 자금은 다시 되돌릴 수 없는 특성을 가진다. 미국에 투자한 많은 기업들이 기존 투자금에 대한 보조금을 채 다 받지도 못하고 울며 겨자 먹기식으로 추가 자금을 투입해야 하는 어려움에 처하게 된 것이다.

사실 미국은 2차 세계대전 이후 자국 이익을 추구하면서도 냉전 시대에 소련을 견제하기 위해 서유럽·아시아·중남미 국가들에 대해 세계

제1부 • 피크 코리아 극복 위한 국가 재도약 프로젝트

경찰로서의 역할뿐 아니라 자유 무역을 통한 경제 성장을 함께 추구했다고 할 수 있다. 그러나 구소련이 붕괴되고 중동 지역에서의 전쟁 실패 등으로 미국 내에서 고립주의와 미국 우선주의가 힘을 얻고 있다. 특히 트럼프 대통령은 선거 운동 기간 중 한국을 "돈버는 기계money machine"라 표현했다. 가치를 기반으로 한 협력이 아닌 미국의 경제적 이익을 위한 협상 파트너로 보는 것이다. 미국이 주도하는 각자도생의 시대에 우리는 어떤 포지셔닝을 취하여 생존할 것인가?

1.3 AI 등 첨단 산업 경쟁과 대규모 투자

2016년 스위스 다보스에서 열린 세계경제포럼WEF에서부터 4차 산업 혁명이란 말이 등장했다. 인공 지능, 사물 인터넷, 빅 데이터, 블록 체인 등 첨단 디지털 기술의 융합을 통해 산업 전반에 걸쳐 혁신을 이끄는 패러다임 전환을 의미한다. 4차 산업 혁명은 산업 재편, 시장 및 일자리 창출뿐 아니라 경제·사회·안보 등 일상 전반에 중대한 영향을 미칠 수밖에 없으므로 각국은 새로운 산업 정책과 경제 안보 전략을 수립하고 있다.

4차 산업 혁명의 기반 기술 중 중요한 하나가 인공 지능AI이다. AI는 방대한 데이터를 분석해 주고 인간의 의사 결정을 보조하거나 대체하는 기술로 헬스 케어, 자율 주행, 금융 등 다양한 분야에서 생산성을 높이고 새로운 비즈니스 모델을 창출하고 있다. **사물 인터넷**IoT은 초고속 통신망5G 등을 통해 물리적 기기들이 인터넷에 연결되어 데이터를 교환하는 기술이다. 스마트 팩토리, 스마트 시티 등 제조업의 디지털화 및 공정 자동화에 기여하며 생산성과 효율성을 크게 향상시킨다. **로봇 및 자동화**도 기반 기술 중 하나인데, 산업 현장에서 인력을 대체하거나 보조하는 기술로서 생산성 향상 및 비용 절감에 기여한다. 인간과 함께 작업하며 생산성을 높이는 협동 로봇Co-bot이 그 예이다.

이처럼 4차 산업 혁명 기술인 AI와 IoT, 로봇 및 자동화는 생산성을 크게 향상시키고 기업 및 국가 경쟁력을 향상시킬 수 있는 기회를 제공한다. AI 도입에 따른 생산 효율성 증대 및 신시장 확대 효과까지 고려하면 AI 선도 기업의 수익은 2030년까지 122% 상승하고, AI 비도입 기업은 23% 감소할 것으로 예상한다매킨지 2018. 또한 국가 전체의 생산성 향상에도 크게 기여한다. AI 자체 시장과 AI 기술의 산업별 적용에 따른 생산성 향상으로 2035년까지 국가별 GDP 성장률이 연평균 0.8~2.0% 포인트 상승할 것으로 전망되었다PwC Statista 2023. 미국과 한국은 2% 포인트, 중국은 1.6% 포인트 상승할 것으로 추정된다. 아울러 생성형 AI 도입에 따른 노동 생산성 증가율의 상승 효과는 국가별로 0.3~3% 포인트에 이를 것으로 예상된다골드만삭스 2023.

제1부 • 피크 코리아 극복 위한 국가 재도약 프로젝트

AI 미래의 불확실성과 선점 효과

한편 AI의 미래 모습에 대한 불확실성은 매우 큰 상황이다. AI의 미래는 우선 반도체 분야 즉, 칩chip 기술의 발전 정도에 달려 있다. 관건은 얼마나 빠르게 데이터를 분석하면서 에너지를 덜 소비하는 방향으로 발전 가능한지 여부이다. 지금 AI와 관련된 HBM고대역 메모리 반도체의 생산 여부에 반도체 기업들의 희비가 엇갈리고 있지만 어느 정도까지 계속 기술이 발전할 수 있을 것인가가 이슈이다.

두 번째는 얼마나 많은 데이터 양을 확보할 수 있는지 여부에 달려 있다. AI 학습을 위해서는 많은 양의 데이터가 필요하지만 데이터 보안 문제에 따른 한계나 학습 과정에서 포화점에 이르는 문제가 발생할 수도 있다. 세 번째는 전력 문제이다. AI의 시대는 기존 인터넷 시대에 사용했던 전력의 몇 곱절 이상을 필요로 한다. 결국 얼마나 값싼 전력을 안정적으로 확보할 수 있는지 여부가 AI·반도체 등 첨단 산업 경쟁력을 좌우하게 된다. 이상 세 가지 조건이 어떻게 결합되는지 여부에 따라 글로벌 AI 기술의 발전이 어느 정도까지 진행될지 결정되며, 각 국가의 조건에 따라 AI 기술에 따른 선점 효과 및 이익의 정도가 달라질 것이다.

이처럼 인공 지능 등 4차 산업 혁명 기술의 미래에 대한 만만찮은 불확실성에도 불구하고, AI 관련 산업 육성이나 4차 산업 혁명 기술의 적용을 통해 얻을 수 있는 생산성 향상과 글로벌 시장 선점 효과는 매우 클 것으로 예상된다. 이에 선진국들을 중심으로 AI 등 첨단 기술에 대한 엄청난 규모의 투자가 이루어지고 있다.

적극적인 투자와 지원의 필요성

4차 산업 혁명의 핵심 기술들은 막대한 초기 투자 비용을 수반한다. 연구·개발R&D 비용, 인력 양성, 인프라 구축 등이 주요 비용 요소다. AI 및 빅데이터 플랫폼 구축에는 대규모 서버 및 데이터 센터가 필요하다. 5G 네트워크 구축에는 수조 원대의 인프라 비용이 소요된다.

기업 차원에서도 대규모 투자를 해야 한다. 반도체 기업의 경우 보통 4~5년 후를 내다보며 불확실성에도 불구하고 수십조 원의 투자를 실시해야 한다. 엄청난 규모의 투자 탓에 수요 예측이 성공하면 대박을 맞을 수 있지만, 그렇지 않은 경우 경쟁에서 탈락하며 엄청난 규모의 손해를 입을 수 있다. 첨단 산업들에 대한 투자는 대체로 이와 비슷하다.

이에 미국 등 주요 선진국들은 첨단 산업 육성에 천문학적 규모의 자금을 지원하고 있다. 첨단 부문의 경쟁력 확보·유지 및 경제 안보 차원에서의 투자 비용인 것이다. 미국의 경우 반도체 부문에 390억 달러의 직접 보조금을 지급하고, 25%의 세액 공제 혜택을 주며, 법인세의 40%를 공제해 준다.

우리나라에서도 반도체·이차 전지 등 첨단 산업에 대해 국가 전략 산업 투자나 연구·개발R&D 투자에 대한 **세액 공제** 등의 형태로 지원을 확대하고 있다. 그럼에도 그 규모는 아직 다른 선진국에 비해 크게 부족한 형편이다. 예를 들어 첨단 산업 지원에 적극적인 국가들과 달리 우리나라는 이익이 발생한 기업에 한해 세액 공제 대상으로 인정되고, 손실이 발생한 경우에는 세액 공제를 받을 수 없다. 첨단 산업 부문은 투자 초기에 이익을 기대하기 어려운데, 이런 현실에 대한 고려가 없으니 민간 투자 유도에 제약이 따를 수밖에 없는 것이다.

아울러 미국처럼 과감한 재정 보조금을 지급하지도 못하고 있다. 재정적 여력의 문제이기도 하지만 첨단 산업 분야에 주로 대기업이 분포해 있는 산업적 환경에서 국민들이 가진 반(反)대기업 정서 탓에 보조금 얘기 자체가 진전되지 못하는 것이다. 물론 첨단 산업 분야에 많은 재정을 투입했다 실패하는 경우 국가의 부담 역시 매우 클 수밖에 없다. 하지만 첨단 산업 분야에 대한 투자의 성공에 국가의 명운이 달려 있다면, 재정 개혁을 통해서라도 자금을 확보하여 반기업 정서를 이겨 내고 지원을 추진하는 리더십이 필요하지 않을까?

1.4 ESG 경영과 녹색 무역 장벽

ESG(환경·사회·지배 구조) 경영은 2000년대 중반부터 본격적으로 개념화되었다고 볼 수 있다. 2004년 UNGC^{UN Global Compact}에서 〈배려하는 자가 승리한다^{Who cares wins}〉는 보고서가 발간되고 2006년에는 UN에서 책임 투자 원칙^{Principle of Responsible Investment}이 발표되었다. 사회적으로 유익한 영향을 미치는 기업에 대한 투자를 확대함으로써 사회적 해악에도 불구하고 이윤만 극대화하면 된다는 식의 과거 기업 경영 행태를 바꾸어 보자는 의도였다. 이를 위해서는 기업의 **사회적 책임**에 대한 정보가 필요하므로 15년 정도의 준비 기간을 거쳐 추진하기로 했다. 이에 2020년경 많은 기업들이 '지속 가능 경영 보고서'를 발표하기 시작했고, 공적 연금 등 기관 투자가들이 이들 보고서를 토대로 투자의 일정 부분을 결정하게 되었다.

2015년에는 **파리협정**이 체결되었다. 지구의 온도를 산업화 이전 단계에 비해 2℃ 이상 상승하지 않게 함으로써 전 지구적 재앙을 막아 보자는 취지로 각 국가들이 탄소 감축 목표 등 구체적 계획을 세워 공개하고 실천에 옮기기로 한 것이다. 이 역시 준비 기간이 필요하므로 5년 후인 2021년부터 본격 실행하기로 했다. 이후 **기후 변화에 관한 정부 간 협의체**Intergovernmental Panel on Climate Change, IPCC에서 1.5℃ 이상 상승하면 피해가 심각해질 수 있다는 경고가 나오며 온실 가스 감축을 위한 고삐를 더욱 조이자는 분위기가 형성되었다. 환경 문제에 대한 정부 차원의 노력이 강화된 것이다.

기업 측에서도 주주shareholder의 이익을 넘어 소비자 및 지역 사회에 대한 책임을 다하자는 선언이 확산되었다. 2019년에 미국의 기업가 모임인 BRTBusiness Round Table에서는 기업의 목표가 "이해관계자stakeholder의 이익 극대화"가 되어야 한다는 선언을 하였다. **이해관계자 자본주의**stakeholder capitalism를 천명한 것이다. 이러한 흐름하에 2020년 스위스 다보스에서 열린 세계경제포럼World Economic Forum, WEF의 주제가 **지속 가능성**sustainability으로 결정되기도 했다.

이상과 같은 세계 경제의 흐름은 자발성에 기반한 선언적 형태라 할 수 있다. 기업들이 ESG 경영을 통해 사회적 책임을 다하며 지속 가능성 보고서를 통해 더 많은 투자를 유치함은 물론, 사회적으로도 반기업 정서가 완화되어 기업 친화적 경제 정책이 추진될 것이라는 기대가 반영된 것이다. 그런데 세계 곳곳에서 기후 변화에 따른 피해가 현실화되기 시작했다. 폭우, 홍수, 폭설 등 각종 재앙이 상시화되는 양상을 띠면서 기후 위기 대응을 위한 ESG 경영이 **실천적 방향**으로 진화하게 된다.

실천적 진화로 규제 및 무역 장벽화

유럽이나 미국에서는 증권거래소에 상장된 회사나 일정 이상의 매출액을 대상으로 하는 기업에 대해서는 ESG 공시 또는 범위를 좁힌 기후 공시를 의무화하기 시작했다. 기업들은 기후 변화로 인한 피해 예상 정도를 산정하여 공개해야 한다. 또 제품 생산 과정에서 배출되는 이산화탄소의 양은 얼마인지, 나아가 원료 및 중간재로 사용되는 제품의 생산 과정과 사용 전력 생산 과정에서 배출된 이산화탄소 양스코프 2, 3도 공개해야 한다.

ESG 규제는 아울러 **녹색 무역 장벽화** 현상으로 나타나고 있다. 기후 위기 대응에 가장 적극적인 EU는 2050년 탄소 중립을 목표로 기업들이 제품 생산 과정에서 배출하는 이산화탄소에 대해 **탄소세**를 부과하고 있다. 기업들은 탄소 배출을 줄이는 방향으로 공정을 전환하거나 탄소세를 내야 한다. 결국 어떠한 경우이건 생산 비용의 상승으로 이어질 수밖에 없는 구조이다. 그런데 유럽 밖의 기업들은 탄소세를 내지 않으므로 유럽 기업들이 경쟁에서 뒤져 파산하거나 외국으로 생산 기지를 옮기려 할 것이다. 결과적으로 유럽 내 고용 감소로 이어지는 과정을 밟을 수밖에 없다. 이를 방지하기 위해 유럽은 **탄소 국경 조정 제도**CBAM를 도입하였다. 유럽으로 수출하는 기업들이 이산화탄소 배출량보다 적게 또는 싸게 세금을 냈다면 유럽 수출 시 추가로 부담하게 하여 유럽 기업들의 경쟁력을 유지시키겠다는 것이다. 유럽 밖의 기업에게 관세를 매기는 방식과 마찬가지의 무역 장벽 기제로 활용하는 것이다.

유럽의 **공급망 실사 제도** 역시 비슷한 정책이다. 유럽 내 기업들이 ESG 경영을 추진하면 그 과정에 추가 비용이 투입된다. 그런데 유럽 외 기업들은 이런 비용을 지불하지 않아도 되므로 유럽 기업들은 경쟁에서 불리해진다. 한편 한 국가의 노력만으로 해결되지 않는 글로벌 기후 위기의 속성상 전 세계적으로 ESG 경영을 확산시킬 필요가 있다. 따라서

경제 안보와 탄소 중립이라는 커다란 무역 장벽화의 세계적 흐름

유럽 이외의 여타 나라 기업들에게 이를 강제할 필요가 있다. 그래서 유럽에 제품을 수출하는 기업들에 대해 그 제품을 생산하는 과정에서 배출된 이산화탄소의 양, 근로자를 공정하게 대했는지 등에 대한 정보 제출을 의무화했다.

이처럼 ESG 경영이 실천적 방향으로 진화하고 무역 장벽으로 작용하면서 우리 정부와 기업도 적절하게 대응해야 살아남을 수 있게 되었다. 물론 최근 트럼프 2기 행정부에서는 파리협약 탈퇴 등 기후 위기에 대해 미온적 반응을 보이고 있어 ESG 경영의 향방에 불확실성이 높아진 것은 사실이다. 그러나 유럽의 강한 실행 의지로 보건대, 잠시 속도 조절 상황으로 인식하고 대응책을 마련해야 할 것이다.

ESG 경영에 대한 국가 간 정책 기조의 차이에 따라 정부 대응이 어려울 수 있다. 기후 공시를 서둘러 의무화하면 기업들이 글로벌 추세를 빠르게 쫓아 경쟁력을 유지하는 데 도움이 될 수 있겠지만, 일부 준비가 덜 된 기업들 입장에서는 정확하지 않은 공시 탓에 당장 소송의 대상이 될 수도 있는 문제이므로 가급적 그 시행 시기를 미루어 달라고 요구할 수 있다. 탄소 국경 제도를 생각하면 국내에서 탄소세를 충분히 부과하는 것이 국익에 도움이 될 듯하지만, 기업 입장에서는 유럽에 수출하는 특정 기업들의 문제이므로 국내의 배출권 가격(탄소세와 비슷한 역할)을 현재처럼 낮게 유지하는 정책을 선호한다. 반면 탄소 배출에 따른 비용 부담이 작으면 저탄소나 무탄소 기술의 개발이 늦어져 기후 기술 부문의 국가 경쟁력이 약화될 수밖에 없다. 어떻게 리더십을 발휘하여 이해 당사자를 설득하고 국익에 최적인 정책을 선택할 것인가?

1.5 탄소 중립 달성과 신성장 동력

기후 위기는 이제 더 이상 먼 미래의 문제가 아니다. 이미 인류는 극단적 기후 현상과 환경 재앙의 심각성을 체감하고 있다. 이에 따라 파리협약에 참여하여 2050년 또는 2060년까지는 **탄소 중립**net-zero을 달성하겠다고 선언한 국가가 140여 개국에 이른다. 하지만 이 목표를 달성하는 데는 여러 측면에서 쉽지 않은 도전에 직면할 수 있다.

탄소 중립을 실현하는 데는 몇 가지 근본적 어려움이 있다. 첫째, **국가 핵심 목표**가 여전히 경제 성장으로 간주되는 상황에서 탄소 배출량 감소를 위해 성장을 제한하거나 마이너스 성장을 감수하는 경우, 사회·정치적 저항을 불러일으킬 수 있다. 우리나라처럼 주요 산업이 성숙기에 다다른 경우라면 이미 에너지 투입 면에 있어 가장 효율적인 생산 방식을 채택하고 있음을 의미한다. 이러한 환경에서 탄소 배출 감소를 위해 원료 사용이나 공정을 급속하게 바꾸는 일이 쉽지 않고, 그렇게 한다 해도 단기적으로 경제에 큰 타격을 줄 수 있다.

둘째, 기후 위기 대응 비용과 혜택의 배분은 세대 간 불평등을 불러올 수 있다. 감축에 따른 비용은 현세대가 부담하지만, 그 혜택은 주로 미래 세대에게 돌아가기 때문이다. 물론 미래 세대가 받을 혜택의 정도 또한 불확실하다. 기후 위기가 닥쳐옴을 알면서도 적극적 대응에 주저하게 되는 이유이다. 2024년 8월, 헌법재판소는 탄소 중립법 일부 조항에 헌법 불합치 판결을 내렸다. 2050년까지 탄소 중립 달성을 위한 구체적 로드맵이 2030년까지만 되어 있고 이후에는 불분명하므로 미래 세대의 기본권을 침해한다는 내용이었다.

셋째, 국가 간 또는 기업 간 기후 변화에 따른 손실이 **불균등**하게 나타난다. 이에 따라 기후 변화로 인한 피해가 심각한 국가와 그렇지 않은 국가 간의 이해관계에 차이가 있어 지구촌 전체의 온실가스 감축 목표 이행 가능성을 약화시킨다. 트럼프 2기 행정부의 파리협약 탈퇴 역시 이런 현상에 따른 반응이다. 기업 측면에서도 탄소 배출량이 많은 기업은 배출량 감축 정책의 급격한 도입에 반대하지만, 탄소 감축 기술을 새로 개발하여 시장화하려는 기업은 감축 규제의 빠른 도입을 선호한다.

정교한 감축 목표 설정 및 비용 분담

이상에서 언급한 도전들을 고려하면 중장기 탄소 감축 목표를 설정할 때 정교한 접근이 필요하다. 우선 **국가 온실가스 감축 목표**Nationally Determined Contribution, NDC를 결정할 때 현 시점에서의 온실가스 배출량, 기업들의 적응 및 전환 가능성, 미래 세대의 피해, 글로벌 리더십 발휘 필요성 등을 종합적으로 고려하여 신중하게 접근해야 한다. 우리 경제가 감당할 능력이 전혀 안 되어 있음에도 전략적 고려 없는 무리한 감축 목표를 대내외에 약속하는 것은 문제가 된다.

일단 우리의 감축 목표가 정해지면 국내 경제 주체별로 적절하게 비용을 부담하는 방안을 고민하고 대국민 설득 작업을 해 나가야 한다. 현세대의 부담이 커지는 감축 목표에 대해서는 글로벌 합의이므로 참여해야 한다는 당위성 측면에서 접근할 수 있을 것이다. 경제 주체별로 부담해야 할 비용 규모의 결정에는 시장 메커니즘을 작동시킬 필요가 있다.

경제 주체별 분담을 시장 메커니즘을 통해 결정하는 방식으로 온실가스 감축에 대해 인센티브를 주는 제도가 있으며 **탄소세**와 **배출권 거래제**가 대표적이다. 이들 제도는 온실가스 배출에 대한 경제적 비용을 명확히 함으로써 시장 메커니즘에 따라 기업과 개인이 친환경적 선택을 하도록 유도한다. 탄소세는 온실가스 배출량에 비례해 비용을 부과함으로써 경제적 압박을 통해 행동 변화를 유도한다. 배출권 거래제는 온실가스 배출 허용량을 설정하고, 이를 시장에서 거래하도록 하여 감축을 효율적으로 도모한다.

우리나라는 배출권 거래제를 채택하고 있다. 기업들에게 온실가스 배출량에 대해 **무상 할당량**과 **유상 할당량**을 배정하고 기업 간 필요에 의해 거래가 가능하게 했다. 그러나 도입 초기에 기업의 비용 부담을 줄여주기 위해 무상 할당 비중을 매우 높게 설정했다. 이에 배출권 가격이 유럽 등에 비해 매우 낮은 수준에서 형성되고 있으며, 탄소 배출 감축에 대한 유인 체계가 잘 작동하지 않는 결과로 이어지고 있다. 물론 초기에 설정된 유·무상 할당 비율이라 이해할 수 있다. 하지만 이제는 정교하게 설계해야 하는데, 비용을 직접 부담해야 하는 기업의 입장에서는 반발할 가능성이 높다.

2025년에 2035년 국가 온실가스 감축 목표^{NDC2035}와 이에 부합하는 전체 할당량이 정해지면, 기업의 감당 가능성과 시장 메커니즘의 효율적 작동 측면을 고려하여 적절한 유·무상 할당 비율을 정해야 할 것이다. 이해관계자가 매우 많기 때문에 제도적 정합성을 갖추되 정치적 리더십을 발휘하여 최적의 방안을 마련하는 일이 매우 중요하다.

두 마리 토끼 사냥

한편 탄소 중립 달성을 단지 비용 부담으로 받아들이기보다 기후 기술과 전환 기술의 적극적 개발을 통해 글로벌 시장을 선점하는 **녹색 성장 전략**을 추진하여야 한다. 산업 부문의 감축 기술, 친환경 저탄소 기술의 혁신은 탄소 중립 목표 달성뿐 아니라 경제적 경쟁력을 강화하는 데도 기여하여 두 마리 토끼를 동시에 잡을 수 있다. 예를 들어, 에너지 효율을 개선하는 기술이나 재생 에너지 저장 기술의 발전은 **탄소 배출 감소와 에너지 비용 절감 효과**를 얻는다. 또한 기후 기술 개발에 먼저 성공한 국가는 기술 수출을 통해 새로운 시장을 창출할 수 있으며, 이는 국가 경제 성장의 새로운 원동력, 즉 신성장 동력이 될 수 있다.

이를 위해서는 대규모 투자가 필요하다. 특히 기후

탄소 중립 달성   경제 성장 드라이브

탄소 중립 달성과 새로운 경제 성장 드라이브라는 두 마리 토끼를 잡기 위해 기술에 대한 투자는 성공 가능성에 대한 불확실성이 매우 높다. 예를 들어 수소 환원 제철, 탄소 포집CCUS, 소형 원자로Small Modular Reactor, SMR 등 많은 기술들이 현재 개발 단계에 있으나, 실증 및 상용화가 언제쯤 이루어질지 가늠하기 힘들다. 이에 정부 부문의 재정 지원이 중요하다. 많은 국가들이 탄소 중립 달성을 위한 기술 개발에 엄청난 돈을 투입하고 있다. 기후 기술 개발 관련 연구 개발을 목적으로 향후 10년간 EU는 380억 유로, 미국은 350억 달러 등을 투자하기로 했다. 우리나라는 탄소 중립 혁신 기술 개발에 향후 10년간 1조 8,000억 원 정도의 자금을 투입할 예정이다. 규모면에서 비교가 되지 않는다.

우리의 재정 상황을 고려하여, 나아가 재정 개혁을 통한 자금 확보 가능성까지 고려하여 어느 정도의 자금을 투입해야 할지 심각하게 고민해야 할 부분이다. 대한상공회의소 지속 성장 이니셔티브SGI의 우리나라 탄소 중립 전환을 위한 비용 편익 분석연정인 2023 결과에 따르면, 이익이 비용을 넘어서기 시작하는 시기는 2060년경이며, 더 노력한다면 10년 이상 앞당길 수 있다고 한다. 어차피 가야 할 탄소 중립의 길이라면 이익을 극대화해야 하지 않을까?

마지막으로 기후 기술 개발과 시장 메커니즘의 성공적 도입을 위해 가장 중요한 요소는 정책 추진의 일관성이다. 탄소 중립 정책은 단기 성과를 기대하기 어려운 장기적 목표이므로 정책의 일관성이 없다면 민간 부문의 투자와 참여를 기대하기 어렵다. 예를 들어, 교체되는 정권마다 정책 방향 자체가 바뀐다면 투자 위험을 높게 평가하여 민간 부문은 적극적 참여를 주저하게 될 것이다. 그러므로 국가는 정권을 넘어서는 긴 호흡으로 목표를 설정하고, 명확한 로드맵을 제시한 후 일관되게 정책을 추진해 나가야 한다.

1.6 에너지 믹스 정책과 국가 경쟁력

과거 우리의 에너지 정책은 석유 확보에 집중되어 있었다. 에너지원의 90% 이상을 해외에 의존하고 있는 우리로선 에너지 안보가 무엇보다 중요한 과제였다. 파리협약 이후 탄소 중립이 국제 사회의 주요 의제로 부각되면서 화석 연료 기반 전력에서 재생 에너지 및 무탄소 에너지로의 전환이 필수적인 시대로 접어들었다. 주요 기업들이 ESG 경영을 강화하고 RE100(100% 재생 에너지 사용)을 선언하는 상황에서, 에너지 전환은 국가 및 산업 경쟁력과 직결되는 중요한 과제가 되었다. 현재의 생산 시스템에서는 노동과 자본 다음으로 중요한 생산 요소가 전력이다. 이에 전력을 충분히 확보하는 국가가 글로벌 경쟁에서 살아남을 수 있다는 의미로 '전자電子생존'이란 말이 유행하고 있다.

파리협약 체결 이후 각국은 탄소 중립 달성 시점을 대외에 공개하고 있다. 미국·유럽연합·일본·한국 등은 2050년을 목표로 하고, 중국은 2060년을 목표로 하고 있다. 아울러 2030년까지 각 국가는 부문별로 구체적 탄소 배출 감축 계획을 담은 국가 온실가스 감축 목표NDC를 발표하여 추진하고 있으며, 현재 2035년까지 계획을 준비하는 상황이다.

에너지 전환
기술 개발

탈탄소·저탄소
업종 전환

에너지 전환과 업종 전환을 통한 NDC 달성

우리나라도 2018년 정점 대비 40%의 감축 목표를 제시한 바 있다. 부문별로 볼 때 산업 부문의 공정 및 원료 전환 등을 통한 감축도 있지만, 재생 에너지나 무탄소 에너지로의 전환이 감축 목표 달성의 상당 부분을 담당하는 것으로 되어 있다.

트럼프 2기 행정부는 화석 연료를 계속 활용하여 싼 값의 에너지를 공급함으로써 인플레이션을 낮추는 한편, 첨단 산업의 미국 내 유치 계획을 공언한 바 있다. 그러나 우리의 경우, 높은 화석 에너지 의존도를 유지하면 우리 기업들이 EU의 탄소 국경 조정 제도 등 무역 장벽에 직면할 가능성이 높다. 또한 글로벌 주요 기업들이 RE100을 선언한 상황이고, 공급망 실사 제도 등을 통해 탄소 감축을 압박받는 상황이다. 이에 우리 기업들이 수출 경쟁력을 유지하기 위해서는 저탄소, 탈탄소 제품으로의 전환이 필수적이며, 따라서 탄소 배출이 적은 에너지 확보는 생존의 문제와 직결된다. 트럼프 2기 행정부의 화석 연료 부활 조치는, 다만 기업들의 원료 및 공정 전환에 약간의 시간을 벌어 주는 정도라 평가할 수 있다.

에너지 믹스가 답이다

에너지 전환의 주요 수단 중 하나는 태양광·풍력 등 재생 에너지 생산을 확대하고 전체 발전 가운데 비중도 높이는 것이다. 그럼에도 재생 에너지는 아직까지 생산 비용이 상대적으로 높다는 어려움이 있다. 또한 시간대별 생산량 차이, 즉 간헐성의 문제로 인해 안정적 전력 공급을 필요로 하는 첨단 산업에는 다소 장애 요인으로 대두된다. 원자력은 방사성 폐기물 처리나 안전성 문제를 제외하면, 생산 비용 자체는 상대적으로 저렴한 무탄소 에너지원 중 하나이다. 최근에는 발전 설비의 규모를 소형화한 SMR 기술이 주목받고 있다. 엄청난 에너지를 소모하는 첨단 산업 기업에 SMR을 통해 전력을 생산해 공급하는 것이다. 그러나 원자력은 전력 생산의 수시 조절이 곤란한 단점이 있다.

재생 에너지나 원자력의 간헐성 및 수시 생산 조절의 어려움을 메꿀 수 있는 대안으로 수소 에너지 및 양수 발전[4]을 들 수 있다. 전력 생산이 많아 소비를 초과하는 낮 시간에 남는 전력을 활용하여 수소를 생산하고 물을 양수 댐으로 올린 후, 필요한 시점에 전력을 생산하는 것이다. 아울러 저탄소 에너지인 LNG를 활용하는 방법도 있다. 결국 문제는 에너지 믹스energy mix를 어떤 방식으로 하는가의 결정에 있다. 재생 에너지와 원자력의 시간별 생산 제약 문제를 완화하는 방향으로 LNG나 양수 발전 등을 보완적으로 활용하는 것이다. 그동안 우리나라는 정

---

4) 높이 차가 있는 두 개의 저수지에서 낙차를 이용해 전기를 생산하고, 전기가 남아돌 때는 유휴 전기로 모터를 구동해 낮은 저수지의 물을 끌어올려 두었다가 다시 전기가 필요할 때 상부 저수지의 물을 방류하여 발전기들 돌리는 전력 생산 시스템

권에 따라 원자력을 포기하려는 때도 있었던가 하면, 재생 에너지 산업 자체를 홀대한 시기도 있었다. 그러나 글로벌 환경 변화를 생각하면 이는 꽤나 "배부른 소리"라 할 수 있다. 적절한 에너지 믹스를 구성하고 생산 능력을 계속 확충해 나가도 기업이나 가계가 필요로 하는 전력 수요를 충족시킬까 말까 하는 상황으로 이어질 것은 자명하기 때문이다.

에너지 공급 능력이 곧 국가 경쟁력

많은 연구들에 따르면, 첨단 산업은 과거에 비해 엄청난 전력을 소비한다. 또한 데이터 센터 건립 및 생활·산업 부문의 전기화 등으로 전력 수요의 증가는 매우 빠른 속도로 일어날 것이다. 국제에너지기구는 2050년이면 현재에 비해 전력 소비가 2~3배에 달할 것으로 예상한다. 첨단 산업의 경쟁력은 결국 제3의 생산 요소인 에너지를 확보할 수 있느냐의 문제로 귀결된다. 또한 에너지 수요가 계속 늘어날 것이므로 전력 생산 중 재생 에너지와 원자력의 비중을 현재 상태로 유지하더라도 생산량 자체는 지속적으로 증가되어야 한다. 원자력 발전을 중단하고 늘어나는 전력 수요를 충족시킬 수 있을지 심각하게 고민해야 한다. 어차피 계속 발전해야 하는 상황이라면 SMR 기술을 빠르게 개발하여 실용화하고 방사능 폐기물의 안정적 처리 방안을 서둘러 마련할 필요가 있다.

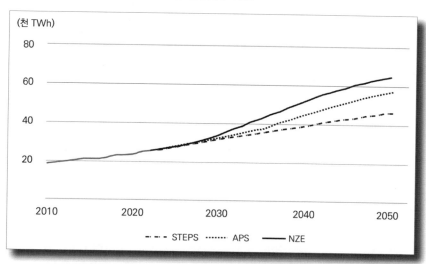

글로벌 전력 수요 전망

(천 TWh)

주: STEPS는 최근의 에너지, 기후, 산업 정책 반영, APS는 각국 정부의 에너지 및 기후 목표의 완전한 이행 가정, NZE는 APS 이상의 추가적인 조치를 전제.
(자료: IEA 2023)

　　재생 에너지의 생산에 관해서도 많은 고민이 필요하다. RE100과 기후 위기를 생각하면 재생 에너지 확대는 불가피하다. 그러나 현 단계에서는 재생 에너지의 생산 비용이 화력 발전 등에 비해 상대적으로 높다. 환경 비용을 고려하지 않은 현재의 가격 체계와 한전에서의 생산 원가보다 낮은 가격의 전력 공급, 높은 무상 할당에 따른 낮은 탄소 배출권 가격 등이 재생 에너지 생산 확대의 장애 요인이 되고 있다. 한편 동해안과 서해안을 중심으로 재생 에너지와 원자력 에너지가 생산되고 있지만, 송전망 건설이 지연되면서 출력 제어가 자주 발생한다. 출력 제어는 재생 에너지 생산업자들의 손실이라는 점에서 재생 에너지 산업 발전의 장애 요인이다.

에너지 확보는 국가 경쟁력에 가장 중요한 요소가 되었다. 재생 에너지 등을 포함하여 에너지 공급을 안정적으로 하지 못할 경우 기업들은 국외로 나갈 수밖에 없다. 한전의 적자가 계속되어 송전망 건설조차 어려운 상황에서 정치적 이유로 전기 요금의 동결 기조를 유지하거나, 정권마다 재생 에너지 및 원자력 에너지 정책에서의 일관성이 없어 민간 투자가 이루어지지 못하거나 하는 등의 상황은 모두 정치적 리더십에 관련되는 문제이다. 우리 경제의 미래 경쟁력을 위해 우리에겐 어떤 정치적 리더십이 필요한가?

1.7 저출생·고령화와 사회 시스템 유지

저출생·고령화는 우리 경제가 당면한 가장 큰 문제 중 하나다. 2024년 합계출산율 0.75명으로 사상 최저치이자 세계적으로 가장 낮은 수준이다. 많은 연구자들은 노동력 부족으로 2050년경에는 우리나라의 잠재 성장률이 마이너스로 돌아설 것을 우려하고 있다. 이 경우 경제 성장을 전제로 구축된 연금·의료·국방 등 사회 시스템을 유지하기 어려울 것이다.

출생률 하락은 인류사적 최적화 과정으로 이해할 수 있다. 사람들의 기대 수명이 늘어나고, 기술 진보로 교육을 통한 인적 자본 투자의 소득 효과가 커졌다. 또한 남녀 평등이 강화되면서 여성들의 경제 활동 참가율도 높아졌다. 인적 자본 투자에 따른 소득 효과가 커지고 기대 수명도 느니 교육에 대한 시간과 자원 투입이 늘며 결혼 연령이 높아졌다. 특히 여성들의 경우, 육아 등 출산으로 인해 본인이 희생해야 할 기회비용이 매우 커짐에 따라 결혼을 포기하거나 출산 기피 현상이 나타난다. 이에 따라 합계출산율 저하는 전 세계적 현상이며 특히 선진국들에서 더 낮게 나타나고 있다.

이 같은 글로벌 추세에 더하여 우리나라만의 독특한 경제·사회적 요인이 작동하여 세계에서 가장 낮은 출생률을 기록하고 있다. 그중 가장 큰 요인의 이면에 **초경쟁적 사회 환경**이라는 특징이 있다. 사회적 다양성을 인정하는 이해의 폭이 좁아 모든 사람들이 동일한 목표를 향해 달려가는 분위기가 형성되면서 교육 투자에 모든 것을 쏟아 붓는다. 유아기부터 대학 졸업, 그리고 취직까지 치열한 경쟁의 벨트에 태워진 채, 한순간의 실수로도 낙오자가 될 수 있다는 불안감에 앞으로만 내달린다. **노동 시장의 이중 구조** 탓에 처음부터 대기업, 정규직에 취직해야 하므로 취업 준비생으로서 재수, 삼수는 기본적 과정이 되고, 나아가 이러한 현실은 결혼 연령을 늦추는 요인으로 작용한다. 취직하고 나면 '어떻게 얻은 직장인데, 출산 및 육아로 경력이 단절되면 다른 경쟁자들에게 뒤처진다'는 생각에 아이 갖기를 늦추거나 포기한다.

대학, 학원 등 유명 교육 시설이 수도권에 집중되어 있어, 부모들은 가능하면 수도권에 생활권을 두려 하고 최소한 자식들만이라도 수도권에서 공부시키려 한다. 이는 다시 수도권 집중에 따른 집값 상승 요인으로 작용해 주거 비용을 크게 상승시킨다. 과도한 주거비와 교육비 등 자녀에 대한 양육 비용이 증가하니 아이 키우는 즐거움은 상상 속 그림일 뿐, 현실에서는 출산 자체를 주저하게 만든다. 자신이 경험했던 고통스런 경쟁 벨트를 생각하면, 자식을 낳아 그 벨트에 태울 엄두는 더더욱 나지 않는다.

세계 최저 수준의 우리나라 합계출산율은 글로벌 추세에 더해 이처럼 우리의 특이적 요인이 복합적으로 작용한 결과이다. 그렇다면 우리는 어떤 노력으로 글로벌 추세나마 따라잡을 수 있을까? 더 노력하면 과연 인구가 유지된다는 2.1명 수준까지 높일 수는 있는 것일까?

글로벌 합계출산율 추이

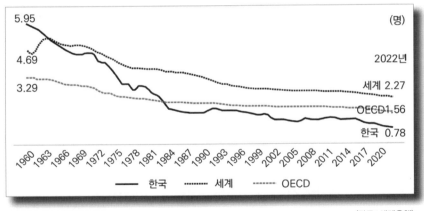

(자료: 세계은행)

출생률 회복도, 사회 시스템 유지도 쉽지 않아

우선 많은 선진국들이 2010년대 후반 출생률 저하에 대응하여 양육비 지원, 남성 육아 휴직 의무화, 여성 경력 단절 방지 대책 등 일-가정 양립 정책을 추진했다. 그 결과 합계출산율이 하락세를 멈추고 반등하는 듯했다. 그러나 그 상승 폭은 0.1~0.3명 정도에 그쳤고 이후 다시 하락 조짐을 보이고 있다. 출생률 하락이라는 글로벌 추세를 꺾기가 쉽지 않다는 의미이다.

한국은행황인도 등 2023은 수도권 인구 집중, 육아 휴직, 가족 관련 정부 지출, 청년층 고용, 비혼 출생률 등을 OECD 수준으로 맞출 경우, 합계출산율은 0.7명에서 1.5명 수준까지 높아질 수 있다는 연구 결과를 발표하였다. 특별히 눈에 띄는 것은 수도권 인구 집중 완화와 비혼 출산의 확대 효과를 가장 크게 잡았다는 점이다. 두 가지 모두 사회·문화적 측면에 관련되므로 장기간의 지속적 노력에 의해서만 달성될 수 있다. 또한 초경쟁적 문화를 바꾸지 않고서는 수도권 집중도 완화, 교육비 및 주거비 안정, 비결혼·만혼 현상 완화 등은 쉽지 않을 것이다.

이처럼 출생률 반등에 한계가 있는 상황에서 인구 증가 및 경제 성장을 전제로 설계된 국가 재정·연금·국방 등의 사회 시스템은 유지될 수 없다. 미래에 자신들이 받을 수 있다는 확신조차 없는 불확실성하에 청년들은 현재 고령자들에게 지출되는 연금을 메꾸는 데 더 많은 금액을 부담해야 한다. 생산 가능 인구 대비 고령자(유소년 포함) 비율, 즉 **부양 비율**의 상승은 고령층의 의료 보험·연금 및 여타 사회적 지출을 위해 일하는 청장년층의 부담이 크게 증가함을 의미한다. 주택 등 전체 자산의 상당 부분을 소유한 고령층이 혜택을 받는 사회 보장 시스템을 유지하는 데 젊은 층의 허리가 부러질지도 모르니 젊은이들의 반발이 일어날 수밖에 없는 게 현실이다. 그렇다고 비기축 통화국 처지에서 공공 지출을 위해 국가 부채를 계속 일으키기도 쉽지 않다. 그러므로 연금 개혁 등 기존 사회 시스템 조정은 불가피하다. 그러나 고령층 비중이 높은 인구 구조하에서 현재의 다수결 투표 시스템은 이러한 정책에 있어서의 급격한 시스템 조정을 좀체 허락하지 않는다.

저출생 문제 해결을 위해 그간 많은 재정을 투입했으나 효과는 높지 않은 것으로 평가된다. 국민들이 저출생 문제를 심각하게 받아들이기 시작하면서 윤석열 정부는 저출생 관련 재정 지출을 효과성이 높은 방향으로 바꾸고, 2010년대 선진국들이 시행했던 일-가정 양립 정책을 강하게 밀어 붙였다. 기업들도 사회적 역할을 다한다는 차원에서 정부 정책에 적극 호응하고 있다. 이러한 노력 덕분인지 2024년 하반기부터 출생률에서 반등의 기미가 서서히 나타나는 듯 보인다. 하지만 선진국들의 경험에 비추어 저출생 추세를 반전시키는 데는 시간과 노력의 한계가 있으므로 사회 시스템을 바꾸는 등 적응 전략을 추진해야 한다.

1.8 성장 전략을 통한 인구 오너스 대응

저출생은 전 세계적 현상이며 단기간에 해결이 어렵다. 많은 선진국에서 양육 비용을 낮추기 위한 재정 지원, 일-가정 양립 문화 정착 등을 통해 출생률 반등을 시도했으나 합계출산율을 0.1~0.3명 상승시키는 데 그쳤다. 출생률 회복에 성공한다 해도 실제 인구가 늘어나고 생산 가능 인구가 증가하기까지는 오랜 시간이 소요된다. 따라서 출생률 하락 또는 인구 감소 문제는 '해결'이라는 관점 외에 '적응·관리'의 관점에서 접근할 필요성이 있다.

우리보다 한참 전에 저출생·고령화 문제를 겪기 시작한 일본에서는 2024년 1월, 민간 오피니언 리더들의 모임인 인구전략회의가 〈인구비전 2100〉을 발표한 바 있다. 저출생·고령화에 대응하여 **정상화 전략**과 **강인화 전략**을 동시에 구사할 필요가 있다는 주장을 담은 보고서였다.

정상화 전략은 합계출산율을 점진적으로 반등시켜 최종적으로 전체 인구를 안정화 시키자는 전략이다. 즉 청년층의 소득 향상 및 고용 개선, 맞벌이 공동 육아 실현, 육아 지원, 대도시 집중 해소 및 주거·교육비 경감 등을 통해 출생률을 높임으로써 2100년까지 총 인구를 8,000만 명, 고령화율 30%를 만들어 내자는 것이다. **강인화 전략**은 사회의 질적 변화를 통해 다양성과 역동성이 발휘되는 사회를 구축하는 전략이다. 새로운 인구 구조에 부합하게 구조 개혁을 통해 사회 경제 시스템을 재설계하고 교육의 질적 개선 및 생산성 향상 등을 도모하자는 것이다.

한 국가의 경제 성장의 힘, 즉 성장 잠재력은 노동과 자본 그리고 생산성에 좌우

저출생·고령화, 성장 전략으로 극복

우리나라도 2024년에 저출생 극복을 위해 양육비 지원 등 정부의 재정 지원 구조를 개선하고 기업과 협력하여 일·가정 양립이 가능한 제도 및 문화를 바꾸는 방향으로 대책을 추진하였다. 그 효과가 일부 나타나고 있는 것으로 평가되고 있으나 일본의 강인화 전략과 같은 적응·관리 관점의 정책은 추진되지 못했다. 산업 경쟁력 강화, 연금·재정 등 사회 시스템 개혁 등에 여러 정부 부처가 동시에 참여하여 일사분란하게 움직이는 거버넌스 체계가 확립되지 않아 장기 과제로 미루어 놓은 데 기인한다. 이제부터는 성장 전략을 통한 저출생 문제 극복에 초점을 두고 정책을 수행해야 할 시점이다.

한국은행조태형 2023 등은 생산 가능 인구 감소에 주로 기인하여 잠재 성장률이 2040년대 후반에는 영(0) 또는 마이너스대로 하락할 수 있다고, 즉 **인구 오너스**demographic onus(생산 인구 감소에 따른 경제 성장 정체 현상)에 대해 경고한다. 잠재 성장률은 노동력, 자본 스톡 및 총요소생산성TFP에 의해 결정되는데, 이들 보고서는 일단 총요소생산성이 현재 추세를 유지하는 것을 전제로 한다. 주력 산업의 성숙기 진입으로 투자 확대를 통한 자본 스톡을 늘리기 쉽지 않은 상황에서 생산성 부문에서 획기적 개선이 없는 한 생산 가능 인구 감소로 잠재 성장률의 마이너스 전환이 불가피하다는 의미이다. 결국 노동력 감소의 영향을 투자 증가와 생산성 향상으로 어느 정도 만회할 것인지가 관건이다.

표 1.2 한국의 잠재 성장률 전망

기간	GDP 성장률(%)	성장 기여도(%P)		
		노동	자본	TFP
2021~2025	2.7	0.9	1.4	0.3
2026~2030	1.9	0.5	0.9	0.5
2031~2035	1.1	0.1	0.6	0.4
2036~2040	0.5	−0.4	0.5	0.3
2041~2045	0.2	−0.6	0.4	0.3
2046~2050	−0.1	−0.7	0.4	0.2

주: 중립 시나리오 기준

(자료: 조태형 2023)

인구 구조 변화에 대응한 성장 전략으로는 우선 인공 지능, 로봇 기술 등을 활용하는 투자를 확대하고 생산성을 높이는 것을 생각할 수 있다. 반복적이고 정형화된 업무는 **로보틱 처리 자동화**Robotic Process Automation를 통해 노동 투입을 줄이고 생산성을 높일 수 있다. 제조업이나 물류업에서는 AI 기반의 제조 로봇을 도입하여 인간 작업자와 효율적 협업을 유도하는 스마트 팩토리를 구현하면 된다. 서비스업의 경우 AI 기반 챗봇 등을 도입하여 고객 응대 서비스를 제공하는 단순한 것부터 법률·의료 서비스 등 전문 분야에서의 과학적 의사 결정 등을 지원할 수 있다. 인공 지능 등의 도입을 통해 1인당 생산성을 높이자는 전략이다.

고령 인력 활용도 제고도 성장 전략의 방법이 될 수 있다. 베이비붐 세대 이후의 고령자들은 과거에 비해 건강 상태가 양호하고 학력 수준도 높아 고급 인력이라 볼 수 있다. 인공 지능과 로봇을 활용한다면 고령층이 육체 노동뿐 아니라 정신 노동 영역에서도 큰 역할을 할 수 있다. 젊은 층은 창의·혁신·개념 설계 등의 일자리에, 고령층은 전문 서비스·관리·행정·사무 등의 일에 유도하면 일자리로 인한 세대 간 충돌을 피하면서도 고령 인력을 효과적으로 활용할 수 있을 것이다.

물론 고령 인력의 활용을 확대하기 위해서는 임금 체계를 호봉제에서 업무의 성격과 난이도에 따라 보상하는 **직무급제**로 개편해야 한다. 고령자들은 상대적으로 짧은 근무 시간을 원할 가능성이 클 터이므로 파트 타임 및 **유연 근무제**를 활성화할 필요도 있다. 정년의 획일적 연장보다는 정년 이후 재고용, 임금 피크제 등 기업과 고령자의 요구에 부합하는 다양한 방식으로 추진해야 할 것이다. 아울러 중년층부터 재교육과 평생 교육을 강화해 나간다면 고령자의 경쟁력을 더욱 높일 수 있을 것이다.

글로벌 혁신 인재 유치 등 외국 인력의 활용도 한 방법이다. 저출생·고령화는 창의적 아이디어를 만들어 내는 젊은 고급 기술 인재의 공급이 줄어 생산성 향상을 어렵게 할 뿐 아니라 글로벌 선도 기업의 유치를 어렵게 한다. 또한 인공 지능 및 디지털 전환 시대에는 첨단 기술 분야의 전문 인력 확보가 매우 중요하다. 이에 미국·일본·중국 등 주요 국가들은 고숙련 전문 인력 유치 경쟁을 벌이고 있다. 해외 전문 인력 활용 비중이 최저 수준인 우리나라로서는 정주 여건 등 다양한 인센티브 제공을 통해 글로벌 혁신 인재 유치에 적극 나서야 할 것이다.

대한상공회의소 SGI김천구 2025의 연구에 의하면, 인공 지능 도입 등을 통한 생산성 향상 효과와 고령층 활용 효과를 합하면 2040년까지 연평균 잠재 성장률을 0.4~0.7% 포인트 높일 수 있는 것으로 추정되었다. 첨단 산업 육성 및 기후 기술 개발에 적극적으로 투자하면 글로벌 시장 선점 효과도 누릴 수 있으므로 자본 및 총요소 생산성 증가는 더욱 높아지게 될 것이다. 이 같은 성장 전략의 성공을 통해 잠재 성장률이 높아지면 우리가 걱정하는 국가 재정·연금·국방 등 사회 시스템 조정의 고통을 상당히 줄일 수 있다.

제 2 장

피크 코리아 극복 원칙

리빌딩 코리아

2.1 4차 산업 혁명과 사회 안전망

2008년 글로벌 금융 위기를 전후하여 불평등 확대에 대한 관심이 세계적으로 높아졌다. 불평등의 확대는 우선적으로 사회적 불안감을 높여 경제 주체들의 경제 활동을 위축시키는 탓에 잠재 성장률을 낮추는 요인이 된다. 또한 가난한 가정에서 태어난 아이는 건강하고 교육받을 기회가 상대적으로 낮아 본인이 가진 재능을 충분히 개발·활용하지 못할 가능성이 크다. 부유한 가정에서 태어난 아이의 재능만 개발되고 가난한 아이의 재능은 사장되면 사회 전체적으로 인적 자원을 충분히 활용한다고 보기 어렵다. 교육 등 기회의 평등이 중요한 이유다.

4차 산업 혁명 시기에는 자동화와 인공 지능의 영향으로 전통적 일자리 중 상당 부분은 사라질 가능성이 크다. 그간 연구들에 따르면, 새로 창출되는 일자리도 많을 것으로 보이지만 전체적인 일자리는 줄어든다고 보는 것이 맞을 듯하다. 사회 안전망이 갖추어지지 못한 상황에서 실업자가 되면 생존권을 위협받게 된다. 사회 전체적으로 유리한 기술 진보가 누군가에게는 생존권 문제가 되는 것이다. 자동화 등으로 일자리 축소가 불가피하다면 실직하게 된 누군가는 본인의 귀책 사유에 의한 실패자라기보다는 '운이 없는' 사람일 가능성이 크다. 기술 진보에 따라 사회 전체적으로 필요한 총 노동 시간이 줄었으니 모두의 노동 시간이 줄어야 하는데, 실직된 사람이 고스란히 떠안았다고 해석할 수도 있다.

또한 4차 산업 혁명 시대는 전통적 노동에 따르는 인력의 수요는 감소하지만 창의적 아이디어를 가진 인재의 수요는 늘어나는 시대이다. 창의적 인간이 인공 지능 등과 결합하여 높은 생산성으로 **사회적 부** wealth를 늘리는 데 크게 기여하게 될 것이다. 사실 창의적 인재의 발견과 육성은 교육 및 재훈련 과정에서 이루어진다. 교육 및 재훈련 과정에 있는 사람들은 현금 흐름 면에서 저소득자이지만, 사회 전체적으로는 창의적 인재를 발견할 확률을 높이는 데 기여한다고 볼 수 있다. 또한 AI가 발전하려면 데이터의 축적 정도에 의존하며, 데이터는 개개인의 활동 과정에서 축적된다. AI를 통한 사회 전체적 생산성 향상에 일반 시민들이 모두 기여하는 셈이다.

많은 이들이 요즘 젊은이들을 향해 벤처나 창업 등에 도전적이지 않다고 비판한다. 그러나 현실적으로 한 번 실패하면 재기할 가능성이 거의 없다면 누가 쉽사리 도전에 나설 수 있겠는가? 실패하더라도 굶어죽지는 않는다는 확신이 있다면, 훨씬 도전적으로 나설 수 있지 않을까? 도전하는 젊은이가 많아질수록 역동성은 증가하며 사회 전체의 성장 가능성은 높아진다. 근로자 입장에서 사회 안전망이 어느 정도 갖추어져 있다면 즉, 노동 이동 과정에서 최소한의 생활 수준에 해당하는 **사회 안전망**이 제공된다면 자신의 역량을 계속 확장해 가며 자신에게 맞는 최적의 자리를 찾아 이동할 것이다. **노동 이동성**이 높으면 사회 전체적으로 자원 배분의 효율성이 높아진다는 것은 대개의 경제학자들이 인정한다. 이렇듯 사회 불안을 줄이고 사회 전체적으로 자원 활용성을 높이기 위해, 특히 4차 산업 혁명 시대인 지금 사회 안전망의 확충은 매우 중요하다 말할 수 있다.

굶어 죽을 일 없는 정의

이러한 인식에 가장 부합하는 정의에 대한 개념이 존 롤스^{John Rawls}의 '공정성으로서의 정의'다. 즉 자기가 어떤 재능을 가진 채, 어느 가정·국가에서 태어날지 모르는 상황에서 태어난 후의 불평등에 대비해 서로 도움을 주기로 사회적 보험을 드는 것이다. 세상에 태어나 각자의 재능과 환경에 맞추어 최선을 다하다 보면, 사회 전체의 생산 또는 후생은 극대화되지만 보상은 차별적으로 나타나므로 불평등은 어느 정도 불가피한 측면이 있다. '공정성으로서의 정의'는 보상을 많이 받은 사람이 적게 받은 자의 기본 생존권을 보장해 줄 수 있는 사회적 장치로 이해될 수 있다.

몇 년전부터 진영 간 논쟁이 되었던 기본 소득, 마이너스 소득세, 안심 소득, 변형된 최저 임금제 등의 아이디어는 '최소한의 생존권을 보장함으로써 인적 자원을 최대한 활용하자는 목적'을 공유한다고 볼 수 있다. 기본 소득제는 전 국민에게 무조건적으로 일정한 소득을 보장함으로써 모두에게 실질적 자유를 제공하고 공동의 부를 모두가 나눈다는 정신에 입각한 것으로 진보 진영에서 지지하는 어젠다이다. 태어난 곳에 쌓인 기술적·제도적 노하우는 조상의 기여이고 데이터 및 공동체 구성원으로서의 본인 기여에 따라 공동의 부를 나눌 자격을 갖추었다는 취지로 해석할 수 있다.

반면 자유 시장론자인 밀턴 프리드먼이 주장한 마이너스 소득세는 일정 소득 이하의 소득자에게 세금을 환급해 줌으로써 일정 소득을 보장하는 것으로 우리나라에서는 **안심 소득** 등의 형태로 일부 보수 진영에서 지지한다. 재원의 제약 등을 고려할 때 전체를 대상으로 조금씩 나누는 것보다 저소득, 취약 계층에 대한 지원을 촘촘하고 두텁게 하자는 취지이다. 두 아이디어 사이의 가장 큰 차이는 기본 소득이 누진 소득세 등으로 일부 환수되지만 저소득자 및 고소득자 모두에게 동일하게 지급한다는 취지이고, 마이너스 소득세에서는 애초부터 고소득자를 수혜 대상에서 제외한다는 데 있다.

한편 한국은행2024에서는 외국인 가사 도우미에 대한 **차별적 최저 임금** 적용을 주장한 바 있다. 최저 임금의 차별적 적용은 '**동일 노동, 동일 임금**' 원칙 위배로 국제노동기구 등에서 이의를 제기할 수도 있는 정책이다. 그러나 현실적으로 최저 임금이 너무 높은 경우, 고용 절벽이 발생할 수 있다. 몇 년 전 최저 임금의 빠른 인상으로 아파트 경비원들이 해고되었던 사례가 그러한 예이다. 높은 최저 임금 탓에 일부 국민은 실업자가 되고 외국인 근로자가 채용되는 고용 절벽 현상을 없애는 방식으로, 하이먼 민스키Hyman Philip Minsky, 1919~ 1996[1]가 주장한 **(변형된)최저 임금제[2]**를 생각해 볼 수도 있다. 즉 최저 임금하에서 노동을 원하는 사람은 누구나 정부가 고용해 주는 방식이다.

4차 산업 혁명 시대에 사회 불안정성을 해소하고, 인적 자원 활용의 효율을 높이기 위해서는 사회 안전망 확충이 필요하다. 물론 노인 빈

---

[1] 미국의 경제학자이면서 포스트케인지언으로 분류된다. 금융불안정가설을 주장했다. 글로벌 금융 위기 때 금융 시장의 패닉 상황을 그의 이름을 따 '민스키 모멘트'라고 불렀다.

[2] "효과적인 최저 임금 계획은 최저 임금 수준에서 모든 사람이 일자리를 이용할 수 있도록 보장해야 한다."_민스키, 『민스키의 금융과 자본주의(Stabilizing an unstable Economy, 2008)』, 김대근 역(카오스북, 2023), 516쪽

취약층 생존권 측면에서 본 공적 이전 소득

소득 양극화 지표로 많이 활용되는 가구 소득 하위 10% 대비 상위 10% 비율인 소득 10분위 배율(가처분 소득 기준)은 2014년 13.3배, 2017년 12.3배, 2020년 9.6배로 꾸준히 개선되었으나, 2022년~2023년 중에는 각각 9.9배, 9.8배로 정체 또는 악화되는 모습이다. 국가 간 비교가 용이한 소득 5분위 배율(소득 상위 20%/하위 20%)을 보면 우리나라가 6.0배(2021년)로 프랑스(4.5배), 스웨덴(4.3배) 등보다 소득 양극화가 더 심각하다. 소득 양극화는 심각한 상황인데 개선은 정체되고 있다고 평가할 수 있다.

또한 중위 소득 50% 이하 가구의 비중을 나타내는 상대적 빈곤율은 2021년 기준으로 우리나라가 15.1%로 미국(15.1%)과 비슷하며 영국(11.7%), 핀란드(6.7%) 등보다 높았다. 주요국들에 비해 취약 계층의 비중이 높은 것이다.

이처럼 소득 양극화와 취약 계층의 비중이 높지만 공적 소득 이전의 소득 양극화 완화 효과는 크지 않은 것으로 나타난다. 2017~2023년 중 공적 이전 소득 증가율은 소득 1분위 연평균 8.4%, 10분위 8.7%로 별로 차이가 없었다.

또한 코로나19 등을 거치면서 지급된 재난 지원금도 전 국민을 대상으로 하였기 때문에 양극화 완화 등에는 큰 효과를 가지지 못한 것으로 나타났다. 코로나19 팬데믹이 심각했던 2020년에 소득 1분위의 공적 이전 소득은 20.2% 증가했으나 소득 10분위는 61.6% 증가에 이르렀다.

아울러 소득 하위 70%에 속하는 고령층에게 일괄 지급하는 기초연금은 경직적 운영으로 상대적으로 소득과 자산이 많은 계층도 지급 대상에 포함되면서 노인 빈곤층에 대한 실질적 도움이 되지 못하는 작은 금액이 지원되고 있다.

사회 안전망 설계나 소득 지원 정책 추진 과정에서 취약 계층에 대한 효과에 대해 세밀하게 살펴야 한다는 의미이다.

표 2.1 소득 분위별 공적 이전 소득 증가율

	1분위	2분위	3분위	4분위	5분위	6분위	7분위	8분위	9분위	10분위
2017	6.8	5.7	10.7	8.7	15.3	8.5	2.7	7.6	0.0	−7.3
2018	9.1	13.5	14.3	3.1	10.5	8.4	18.5	5.7	22.1	0.7
2019	12.9	10.7	20.3	24.3	21.9	18.4	19.5	22.2	9.2	22.3
2020	20.2	27.0	22.0	25.8	24.2	42.5	32.0	34.9	38.9	61.6
2021	0.0	−1.8	−2.7	6.7	4.3	−7.4	4.3	−1.9	−0.3	−1.6
2022	0.6	−1.9	−7.3	−8.8	−7.6	0.3	−10.4	−4.3	−4.5	−2.9
2023	10.6	1.8	−5.3	−10.1	−4.4	−4.3	−2.0	−3.3	−0.5	1.5
평균	8.4	7.4	6.8	6.3	8.5	8.4	8.4	7.9	8.3	8.7

곤층 등 취약 계층이나 중위 소득에 못 미치는 계층에 대해 촘촘하게 생존권을 보장해야 한다. 그 방안으로 위에서 얘기한 기본 소득제나 마이너스 소득세, (변형된)최저 임금제 등을 생각해 볼 수 있다. 이들 제도는 모두 잘 디자인하면 대동소이한 결과를 얻을 수 있다. 현재까지 진영 간 이념 논쟁으로 흐르고 있지만 **재원의 가용성과 국민적 설득 가능성**을 진지하게 고민하고 타협하여 국익과 국민 기본권 보장에 최선의 방식을 찾아야 한다. 물론 그 과정에서 기초 연금 등 여타 사회 보장 제도들에 대한 정교한 조정은 반드시 동반되어야 한다.

2.2 부채 주도 성장과 소득 주도 성장

2008년 미국에서 시작된 글로벌 금융 위기의 원인으로 **부채 주도 성장**이 지목되었다. 불평등이 심화되는 경우 유효 수요가 축소될 가능성이 높다. 중산층 비중이 하락하는 가운데 소비 성향이 낮은 고소득층에 소득이 몰리고, 소비 성향이 높은 저소득층의 소비 여력은 줄어든다. 이에 따라 유효 수요가 축소되고 경제 성장은 어렵게 된다. 글로벌 금융 위기 직전 미국에서는 신흥국으로부터의 자본 유입과 **금융 혁신**으로 자산 가격 버블이 발생하며 유효 수요를 늘리는 방향으로 작용했다. 그 결과 **서브프라임 모기지 사태**로 미국 경제의 위기를 잉태했다. 부채 주도 성장은 지속 가능하지 않으며 충격에 의해 경제 위기로 전화하게 된다는 점을 극명하게 보여 준 사례이다.

서브프라임 모기지 사태로 금융 위기를 맞았던 미국 경제는 2010년대 들어 부채 조정이 이루어졌다. 그 결과 GDP 대비 민간 부채 비율이 상당히 낮아졌다. 물론 코로나19 팬더믹으로 인한 재정 지출 확대와 공급망 붕괴로 인플레이션이 크게 높아진 것도 민간 부채 비율을 낮추는 요인으로 작용한 면이 있다. 아울러 미국은 자국의 제조업 경쟁력을 높이기 위해 엄청난 노력을 기울였다. 셰일 가스 혁명에 '반도체법', '인플레이션 감축법' 등을 통해 각종 산업 정책을 시행함으로써 첨단 부문에서의 기업 경쟁력이 크게 강화되며 최근 세계에서 유일하게 경제 성장이 양호한 국가로 인정된다.

반면 우리나라는 글로벌 위기 이후에도 **가계 부채 비율**이 조정되지 않고 지속적으로 상승했다. 2014년 무렵 LTV, DTI 등 거시 건전성 규제 완화를 시작으로 저금리 기조가 장기간 이어지면서 부동산 가격이 크게 상승하고, **GDP 대비 가계 부채 비율** 역시 세계적으로 가장 높은 수

한국의 GDP 대비 가계 부채 비율 추이

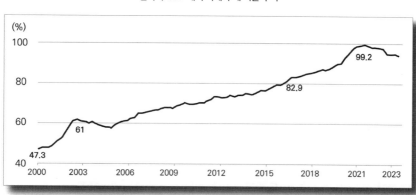

(자료: 국제결제은행)

준에 이르렀다. 일부에서는 **구조적 장기 경기 침체**secular stagnation 조짐을 보이며 세계 경제가 저성장을 이어가고, 국내 수요도 위축됨에 따라 정책 당국자들이 경기 부양 측면에서 부동산 시장 과열을 방관했을 가능성을 의심하기도 했다.

부채 주도 성장의 그림자

주택 가격의 급격한 상승은 자산 불평등을 심화시켰다. 우리나라의 순자산 기준 지니계수는 2014년 0.594에서 2017년 0.584로 잠시 낮아졌다가 2022년에는 0.606까지 상승했다. 시장 소득 지니계수 0.396(2022년)과 비교해 볼 때 우리나라는 소득보다 **자산 불평등**이 훨씬 심각하다. 주택 가격 급상승에 따른 자산 불평등 심화는 국민의 상당수, 특히 젊은 세대들에게 큰 좌절감과 함께 희망을 앗아가는 결과를 낳았다. 가계 부채가 지속적으로 늘어나 부채 수준이 과도해짐에 따라 한국은행은 고인플레이션 시기에도 금융 불안 가능성을 우려해 금리를 과감하게 인상할 수 없었으며(**부채 함정**), 이에 지금까지 가계 부채는 조정되지 못하고 있다.

정부 부채 역시 비슷한 상황이다. 저출생·고령화에 따른 인구 구조 변화로 재정 지출 수요의 지속적 증가가 불가피하므로 우리나라 정부 부채의 지속 가능성 확보가 쉽지 않다는 점은 많은 연구자들이 동의하는 바이다. 소위 **비기축 통화국**이라는 제약 탓에 우리나라 GDP 대비 정부 부채 비율이 어느 정도 높아지면, 글로벌 투자자들로부터 신뢰를 잃게 되어 경제 위기를 맞을 위험성이 커지게 된다. 그럼에도 저성장 지속 및 코로나19 팬데믹 대응 과정에서 재정 지출을 많이 늘렸다. 이에 GDP 대비 정부 부채 비율의 수준 자체는 아직까지 다른 나라에 비해 높지 않으나, 그 상승 속도는 매우 가파르게 증가하고 있다.

경기 순환 과정에서 단기적으로 **가계**나 **정부 부채**를 늘려 부족한 수요를 늘리는 일은 불가피하다. 그러나 부채 주도 성장을 장기간 이어가다 보면 기업이나 개인의 **지대 추구**rent seeking 행위가 성행하고 구조 조정이 지연될 뿐 아니라, 새로운 성장 동력 확충을 위한 노력을 소홀히 하게 된다. 한계 기업이 크게 늘고 소상공인·자영업자의 연체율도 크게 높아진 상황은 이런 부채 주도 성장의 결과물이라 할 수 있다.

소득 주도 성장의 함정

유효 수요 위축을 극복하는 방법 중 하나가 **임금 주도 성장**이다. 우리나라에서는 소득 주도 성장으로 알려져 있는데, 최저 임금 인상 등을 통한 저소득층 소득 증가 정책을 통해 전체 소비를 늘림으로써 경제 성장을 도모한다는 취지이다. 필자가 이해하는 바로 이 정책은 단기적 경기 부양이 아니라 지속 추진에 따른 중장기적 성과를 노리는 전략이다. 중장기적 시각에서 소득 불평등을 완화하여, 즉 중장기적으로 **노동 소득 분배율**의 추세적 변화를 유도하여 경제 주체들로 하여금 이를 영구적인 것으로 받아들이게 함으로써 소비를 진작시키고 유효 수요를 높이겠다는 것이다. 이를 위해서는 경제가 감당할 수 있는 최적의 최저 임금 인상 경로를 설정하고 지속적으로 추진해야 한다. 그러나 문재인 정부 시절, 이 성장 전략을 추진했던 정책 당국자나 정치권에서 이에 대한 이해가 부족했고, 경제에 부담이 될 만큼 최저 임금을 너무 빠른 속도로 인상함으로써 비난만 난무했을 뿐, 정책 효과는 얻지 못하는 결과로 나타났다.

한편 소득 주도 성장 전략 비판에 타당한 면도 없지 않지만, 이의 대안이 부채 주도 성장이 될 수는 없다. **부채 주도 성장**은 빚을 내 부족한 유효 수요를 쉽게 메꾸겠다는 전략으로, 길게 보면 오히려 부채 부담 증가로 수요를 더욱 위축시키고 외부적 충격 발생 시 경제 위기를 맞이하게 될 수 있다. 특히 비기축 통화국의 경우 부채 비율이 여타 국가에 비해 특출하게 높은 경우 투기 세력의 공격 대상이 될 가능성이 크다.

진검 승부를 위한 거시 경제 정책

미국 경제가 다시 부활하고 있는 데는 글로벌 금융 위기 이후 공화당과 민주당 모두 정권에 상관없이 경쟁력 제고를 위한 산업 정책들을 지속적으로 추진한 데 있다는 점을 인식해야 한다. 중국의 부상으로 위협을 느낀 미국이 트럼프 행정부 1기에 보호 무역주의를 강화했고, 바이든 행정부에서는 기후 기술 및 첨단 산업 부문의 부흥, 에너지 산업의 경쟁력 회복 등을 위한 정책을 강력하게 추진하였다. 이를 바탕으로 빅 테크 등 첨단 산업 부문에서 독점적 지위를 확보함으로써 지금 미국은 전 세계의 자금을 빨아들이며 높은 성장을 지속하고 있는 것이다.

따라서 **미시** 정책을 통해 경제의 구조 개혁과 성장 동력 발굴을 추진함으로써 장기적 경제 성장을 도모하는 가운데, **거시 경제 정책**은 리스크를 관리한다는 차원에서 접근해야 한다. 우선 **거시 건전성 정책**은 자산 가격의 버블이 일어나지 않게 함으로써 자본이 건전 부문으로 흘러들어가게 해야 한다. **통화 정책**은 장기간의 완화 기조는 피하고 금융 안정을 조금 더 고려하는 차원에서 수행되어야 한다. **재정 정책**도 중장기 건전성을 유지하는 플랜하에서 세출 구조에 대한 면밀한 분석 및 개혁을 통해 재원을 확보하고 이를 첨단 산업 육성, 사회 안전망 유지 등에 잘 배분해야 한다.

2.3 성장 전략 추진과 중앙은행

중앙은행의 역할은 기본적으로 **통화 정책**을 통해 **물가 안정**을 달성함으로써 중장기적으로 경제 성장에 도움을 주어야 한다는 것이 1990년대까지의 컨센서스였다. 그러나 글로벌 금융 위기를 전후하여 **금융 안정**의 중요성이 부각되었다. 저금리 기조를 장기간 유지하면 기업을 포함한 경제 주체들이 기술 혁신 등을 통한 경쟁력 강화보다 부동산 투기 등 렌트 추구 행위에 중점을 두게 된다. 또한 과도한 유동성에 따른 자산 가격 버블은 결과적으로 경제 위기까지 초래할 수 있으므로 경제 성장에 부정적 영향을 미치게 된다. 이에 따라 현재는 **물가 안정과 금융 안정**을 달성함으로써 중장기적인 경제 성장을 도모하는 일이 **중앙은행의 역할**에 대한 새로운 컨센서스로 자리 잡았다고 볼 수 있다.

그렇다면 중앙은행은 첨단 산업 육성 및 기후 기술 개발 등 성장 전략을 추구하는 과정에서 어떤 역할도 하지 말아야 하는 것일까? 이와 관련하여 최근 진행되는 논의가 기후 위기 대응을 위한 중앙은행의 역할이다. 중앙은행이 자금 가용성을 높이고 조달 비용을 낮추어 주는 등의 정책 조치를 통해 경제 주체들의 기후 위기 대응 노력을 강화하자는 **적극주의**가 있다. ECB, 일본은행 등 중앙은행과 IMF 등 국제기구들이 이러한 적극주의 행보를 보이고 있다. 반면 기후 위기를 위한 적극적 역할 수행 과정에서 독립성과 시장 중립성 등 중앙은행의 기본 원칙을 위배할 가능성을 들어 비판하는 시각도 있다. 기후 위기 대응을 위한 중앙은행의 정책 수행 과정에서 정부나 의회의 개입이 커질 수 있고, 중앙은행의 기후 금융 채권 등 자산 매입으로 자산 가격의 상대 가격 체계를 크게 바꿀 수 있다는 측면을 우려하는 것이다. 더하여 기후 위기 대응에 과도하게 발권력을 투입하면 중앙은행 본연의 임무인 물가 안정과 금융 안정을 저해할 수도 있다는 것이다.

중앙은행의 기후 위기에 대응 역할

중앙은행은 중장기적으로 지속 가능한 경제 성장을 달성하기 위해 기후 위기에 대응하는 자원 배분 기능을 수행할 필요가 있다고 본다. 이는 물가 안정을 통한 장기 경제 성장 도모라는 중앙은행의 목적과 기후 위기 대응 지원을 통한 지속 가능한 성장 달성이 궤를 같이하기 때문이다. 다만 기후 위기 대응을 위한 정책 수단을 활용함에 있어 단기적 조정보다는 장기 시계하에서 중앙은행의 독립성과 시장 중립성을 해치지 않는 방향에서 추진될 필요가 있다.

중앙은행이 독자적 판단하에 장기적 관점에서 기후 금융 관련 정책 수단을 마련하고 수행한다면 중립성에 위배되지 않는다. 또한 기후 금융 관련 자산에 대한 투자가 단기적 변동성을 자제하면서 장기적 추세로 이루어지면 시장 중립성도 위배하지 않을 것으로 보인다. 예를 들어 장기적 본원 통화 증가분의 일정 비율을 기후 위기 대응 부문에 활용하면 될 것이다.

기후 위기에 대응한 중앙은행의 자금 배분 정책 수단으로는 녹색 금융 중개 지원 대출, 기후 대응 채권 등으로의 적격 담보 확대, 기후 대응 채권 매입 등을 생각해 볼 수 있다. 은행들이 녹색 기업에 대출해 주는 경우, 중앙은행이 그 일정 비율을 상대적으로 낮은 금리로 대출해 주는 것이다. 또한 중앙은행이 공개 시장 조작이나 금융 기관 대출 시 기후 대응 채권을 적격 담보로 인정하는 것이다. 아울러 중앙은행이 양적 완화와 같은 정책 수행 시, 탄소 배출이 상대적으로 낮은 기업의 채권을 우선적으로 매입해 주는 조치를 생각해 볼 수 있다.

중앙은행의 1차적 목표는 물가 안정과 금융 안정을 통해 장기적 성장을 도모하는 데 있다. 따라서 기후 기술 개발 및 저탄소 공정 전환 등 기후 대응 금융 프로그램에 의해 과도하게 유동성이 풀리는 일은 피해야 한다. 이와 관련하여 생각해 볼 것은 2010년대에 일부 학자들이 주장했던 **현대 통화 이론**Modern Monetary Theory이다.

현대 통화 이론 등 유혹에 조심해야

현대 통화 이론은 중앙은행이 비용을 들이지 않고 본원 통화를 발행하므로 정부가 완전 고용을 달성할 수 있을 때까지 중앙은행으로부터 영0에 가까운 차입 비용을 지불하며 재정 지출을 확대할 수 있다는 논리이다. 대부분의 주류 경제학자들은 이 이론에 비판적 입장을 보인다. 그러나 글로벌 금융 위기 및 코로나19 팬데믹 직후 경기 침체에 대응한 정부 지출이 급격하게 늘며, 각국 정부의 재정 적자와 정부 부채가 급증하는 상황에서 정치인들의 관심이 높아진 바 있다.

현재처럼 고령화 진전 및 저성장에 대응한 재정 수요가 빠르게 증가하고 기후 기술 개발 및 첨단 산업 육성에 엄청난 투자가 요구되는 상황에서 현대 통화 이론이 다시 부각될 가능성이 없지 않다. 하지만 그렇게 하기에는 많은 제약이 따르며, 특히 비기축 통화국으로서는 채택하기 더욱 어려운 측면이 있다.

우선 구조적 장기 침체와 세계 공장으로서의 중국의 역할 등으로 양적 완화 조치를 수행하더라도 **인플레이션**이 발생하지 않았던 이전의 시절과는 상황이 달라졌다. 국제 정세의 변화로 곳곳에서 전쟁이 발생하고 경제 안보 중시로 공급망 단절이 수시로 나타나고 있으며, 탄소 중립 전환 과정에서 **인플레이션**이 높아질 가능성이 커졌다. 따라서 현대 통화 이론처럼 중앙은행의 과도한 통화 공급은 고인플레이션을 낳을 확률이 더욱 높아졌다. 또한 우리나라처럼 소규모 개방 경제이자 비기축통화국인 경우 재정 규율이 약화되면, 해외 투자자들의 신뢰 저하로 급격한 자본 유출과 외환 시장 불안이 발생할 가능성이 있다. 자본 유출은 통화 가치 하락을 통해 수입 물가 상승, 인플레이션으로 이어지게 된다.

한편 코로나19 팬데믹 기간을 거치면서 나타난 예상치 못한 인플레이션으로 정부 및 민간 부채의 GDP 비율, 즉 **채무 부담**이 하락하는 현상이 나타남에 따라 일부에서는 인플레이션을 통해 과도한 부채를 감축하려는 유혹에 빠질 수 있다. 그러나 인플레이션을 통해 부채를 감축하려는 정책 당국의 의도를 민간이 예상한다면, 국채 이자율이 급격하게 상승하는 등 의도했던 결과를 얻기 어렵다. 절제되면서도 섬세한 통화 정책과 재정 정책이 추진되어야 한다.

2.4 신산업 정책과 규제 혁신

1980년대 이후 신자유주의 사상이 세계 경제 질서를 지배하면서 특정 산업에 대한 지원 등 산업 정책이 금기시되고, 규제 완화 또는 철폐가 가장 중요한 화두로 등장했다. 신자유주의는 시장을 자율적 경제 활동의 중심으로 보고, 가격 메커니즘을 통해 자원을 효율적으로 배분해야 하며, 정부의 경제 활동 개입 즉, 규제나 보조금 지급 등은 비효율을 유발한다고 주장했다. 특히 규제는 시장 참여자의 자율성과 창의성을 억압하여 경제 성장을 저해하는 요인으로 간주했다. 또한 노동 시장 유연성을 강화하고 국가 간 관세와 무역, 자본 이동 장벽을 철폐하는 자유 무역 및 세계화를 선호했다.

신자유주의 사상을 기반으로 한 세계 경제 질서는 경제 성장을 가속화하고 기업의 효율성을 증대시켰으며, 경쟁 촉진을 통해 기술 혁신을 창출하는 긍정적 효과를 만들었다. 반면 경제적 불평등을 심화시키고 금융 시장의 불안정성을 높임으로써 글로벌 금융 위기의 원인이 되었으며, 지구 환경을 급격하게 악화시키는 부정적 영향도 초래했다.

글로벌 금융 위기 이후 이 같은 부정적 영향이 부각되면서 미국과 유럽 등 선진국들을 중심으로 산업 정책이 부활되었다. 산업 정책이 부활한 이유로는 우선, 글로벌 금융 위기로 경기 침체가 심화되고, 대형 금융 기관 및 기업에 대한 구제 금융이 시행되면서 정부 역할이 중요하다는 인식이 확산된 것을 들 수 있다. 또한 실물과 괴리된 금융의 확장은 금융 위기를 발생시킬 수 있으며, 제조업과 혁신 산업 등 실물 경제의 성장이 중요하다는 생각이 힘을 얻은 것도 작용했다.

산업 정책의 부활

디지털 전환과 기술 혁신의 가속화 속에 중국의 급격한 부상도 산업 정책 부활의 원인이다. 중국은 2015년부터 선진국으로부터의 기술 독립을 목표로 '중국 제조 2025'를 추진하며 AI·양자·바이오 등 첨단 기술 역량을 높여 가고 있다. 이에 다급해진 미국이 중국을 견제하기 시작하여 '반도체 과학법Chips and Scinece Act' 및 '인플레이션 감축법IRA' 등을 통해 첨단 기술 및 장비의 대對중국 수출을 통제하고, 첨단 산업 공급망에서 중국을 배제하는 정책을 추진하고 있다. 유럽·일본 등 주요 선진국들도 첨단 기술 경쟁력을 국가 경쟁력의 핵심으로 인식하고 관련 산업 육성 정책을 적극 시행하고 있다.

탄소 중립 달성 및 기후 기술 개발을 통한 경쟁력 확보 노력도 산업 정책 부활에 작용했다. 각국은 기후 위기에 대응한 탄소 중립 달성을 위해 기후 기술 개발에 대한 지원을 강화하고 있다. 산업과 경제의 녹색 전환을 위해 2021년부터 2030년까지 약 1조 유로를 투자하는 유럽 그린딜European Green Deal, 2020이 대표적이다. 유럽 내 기업들의 이산화탄소 배출을 줄이도록 하는 가운데, 역외 기업에 대한 가격 경쟁력 하락을 방지하기 위해 탄소 국경 조정 제도CBAM를 도입하였는데, 이 역시 산업 정책의 하나라 볼 수 있다.

아울러 코로나19 팬데믹과 러시아-우크라이나 전쟁(이하 러우 전쟁) 등으로 공급망 안정의 중요성이 부각된 것도 원인이다. 팬데믹으로 주요 제조업 허브의 생산이 중단되면서 특정국 의존도가 높은 공급망의 취약성이 드러났고, 러우 전쟁은 이를 더욱 심화시켰다. 이에 각국은 주요 물자의 자국 내 생산 역량을 강화하는 한편, 동맹국과의 협력을 통해 공급망을 다변화하려는 산업 정책을 강화하고 있다.

결국 최근의 새로운 산업 정책은 ① 기존 산업에 인공 지능 기술 등을 접목하거나 반도체·바이오 등 미래 첨단 산업을 육성하고, ② 환경과 삶의 질을 개선하기 위한 저탄소·탈탄소 기술의 개발 및 탄소 중립 전환을 지원하며, ③ **공급망과 경제 안보를 확보하기 위한 기술 주권과 기술 패권**을 유지하는 방향으로 이루어지고 있다. 신자유주의적 사고, 또는 워싱턴 컨센서스를 기반으로 산업 정책을 반대해 오던 OECD도 2022년에 환경 문제 해결 등 **임무 지향적**mission-oriented **산업 정책은 가능하다는 신산업 정책 프레임워크**를 발표하기에 이르렀다.

규제를 어찌 규제할꼬

산업 정책이 부활하면서 산업 정책과 **규제 완화** 또는 **규제 철폐** 간 상충 관계를 어떻게 바라볼 것인가가 이슈가 될 수 있다. 규제 완화는 시장의 자율성을 강조하고 기업 활동의 자유를 확대하려는 데 목적이 있다. 일반적으로 규제가 완화되면 민간 기업의 투자를 촉진하고 경쟁을 통한 기술 혁신을 가속화하며 경제의 역동성이 강화된다. 그러나 산업 정책은 정부의 개입을 의미하므로 잘못 결합되는 경우 부작용을 낳을 수 있다. 신산업 정책과 규제 완화는 궁극적으로 경제 성장과 산업 발전이라는 공통 목표를 추구하지만, 적용 방식과 초점의 차이로 상충될 수 있는 것이다.

예를 들어 탄소 배출 규제를 완화할 경우, 기업들은 단기적 시계에서 비용 절감을 위해 친환경 기술 투자를 줄이게 되는데, 이는 장기적으로 탄소 중립 목표 달성 및 지속 가능 성장을 저해할 수 있다. 신산업(자율 주행차, 드론, 바이오 테크 등)의 초기 개발 과정에서 안전 관련 규제가 없는 경우, 사고 발생 시 소비자 신뢰를 상실해 산업 자체가 뿌리 내릴 수 없게 된다. 재생 에너지 확대를 위한 신산업 정책이 추진되는 동시에 기존 화석 연료 산업에 대한 규제 완화가 이루어진다면 정책 간 불일치로 시장의 혼란을 초래할 수도 있다.

결국 기업 활동의 역동성을 확보할 수 있으려면 규제 완화·철폐와 신산업 정책을 정교하게 설계할 필요가 있다. 이를 위해서는 산업 정책의 방향성과 혁신 친화적 규제 프레임워크를 잘 결합해야 한다. 신산업 정책은 특정 산업(첨단 산업, 기후 기술 등)에 대해 환경 보호와 사회적 포용성까지 고려하여 명확한 정책 목표와 지원 방향을 제시하고, 시장 역동성이 강화되도록 규제 완화도 병행 추진하는 것이다.

스마트한 규제가 필요

신산업이 초기 단계에서 경쟁력을 확보하려면 불필요한 진입 장벽을 제거하여 기업 간 경쟁을 촉진해야 한다. 스타트업을 대상으로 초기 진입 규제를 완화하거나 세금 감면과 같은 인센티브를 제공해야 한다. 또한 기술 혁신이 활발히 이루어지려면 기존 규제 체계를 유연하게 조정할 필요가 있다. 기술 발전 속도가 특히 빠른 분야에서는 데이터 기반으로 규제의 효과를 실시간으로 평가하고 불필요한 규제는 신속히 제거해 주어야 한다. **탄소 배출권 거래제**[ETS]처럼 환경 목표를 달성할 수 있도록 탄소 배출량을 정하되, 탄소 배출권이 시장 메커니즘에 따라 거래되도록 하는 스마트한 접근이 필요하다.

아울러 **규제 샌드박스** 등 혁신 친화적 규제 프레임워크를 도입함으로써 산업 정책과 규제 완화의 조화를 효과적으로 구현할 수 있다. 규제 샌드박스는 기업이 새로운 기술이나 서비스를 제한된 환경에서 기존 규제의 적용을 받지 않고 테스트할 수 있는 제도이다. 최근처럼 모빌리티 등의 산업에 인공 지능이 결합되는 경우 지역 단위의 테스트 베드가 필요하다. 대한상공회의소 최태원 회장이 2023년에 제안한 메가 **샌드박스**[3]가 그런 접근 방식이다.

신자유주의적 사고로 산업 정책을 금기시하던 시대는 지났다. 물론 규제 완화를 통해 혁신 등 경제의 역동성도 높여야 한다. 재생 에너지 및 친환경 산업 지원, AI 등 첨단 산업 육성, 지역 특화 신산업 육성

---

3) 자세한 내용은 박양수 외 2인(2025) "한국 경제의 재도약을 위한 포괄적 전략: 메가 샌드박스" 참조.

등 새로운 산업 정책을 추진하는 과정에서 신산업을 시험하기 위한 규제 샌드박스 확대 등 규제 혁신도 함께 이루어져야 한다. 이를 위해 정책 설계 및 실행 과정에서 기업·정부·학계·시민 사회가 협력하여 산업 정책과 규제 완화 간 균형 잡힌 솔루션을 도출해 내는 일이 중요하다.

2.5 포괄적 접근 전략과 지역 성장

2000년대 이후 수도권으로의 인구 집중이 심화되며 지역 소멸이 현실화되는 가운데 수도권과 비수도권 간 소득 격차도 확대되고 있다. 그동안 지역 성장을 위한 다양한 대책을 추진했음에도 별다른 성과는 거두지 못한 것으로 평가되고 있다. **지역 균형 발전을 중소 생활권 단위**로 추진하면서 산업 단지가 시·군·구 단위로 분산 배치되었고, 그 결과 주택·문화·의료 등 정주 여건과 연계된 생태계 구축에 실패한 것이 가장 큰 원인으로 지적된다. 정주 여건을 갖춘 거점 도시 부근에 규모가 큰 앵커 기업과 관련 클러스터가 형성되지 못하면 수도권 집중은 심화될 가능성이 더욱 크다.

수도권 집중 현상은 저출생의 원인으로도 지목된다. 진화론적 관점에서 경쟁이 심화되면 출생률이 하락하고 인구 밀집도가 높은 지역의 합계출산율은 낮게 나타나는 경향이 있다. 합계출산율을 높이는 가장 효과적 방법이 수도권 집중 완화라는 연구한국은행 2023 결과를 고려하면,

수도권 인구 집중을 강화하는 방향으로 취해지는 정책은 저출생 대책과 충돌한다. 지역 성장과 저출생 원인에 대한 고려 없이 첨단 혁신 산업 지원을 위한 수도권 인프라 확충 등은 저출생 문제 해결을 요원하게 할 수도 있다는 의미다.

우리나라는 비수도권에서 생산된 전력을 송전망을 통해 전력 수요가 많은 수도권으로 공급하는 **중앙 집중형 전력 공급 시스템**으로 운영되고 있다. 그러나 송전망 건설이 지역 주민과의 갈등 등으로 지연되면서 필요한 지역으로 전력을 송출하지 못하는 상황이 종종 발생한다. 즉 동쪽 벨트에는 원자력 등 무탄소 에너지, 서쪽 벨트에는 재생 에너지가 많이 생산되고 있지만 송전망 건설이 지연되면서 용인, 평택 등 반도체 클러스터에서의 전력 확보가 어려워지는 것이다. 만약 값싼 전기 요금 등 인센티브를 제공하여 무탄소 에너지를 필요로 하는 기업을 수도권 이남 지역에 유치할 수 있다면 지역 발전과 전력 수급 문제를 동시에 해결할 수 있게 될 것이다.

기업 유치를 위한 인센티브와 규제 프리존

한편 앞서 언급하였듯, 세계적으로 전개되는 **지경학적 분절화**Geo-economic Fragmentation, **탄소 중립** 등의 무역 질서하에 기업은 저탄소·탈탄소 제품을 생산하기 위한 최적의 입지를 찾아가게 될 것이다. 트럼프 2기 행정부의 관세 인상 등 강력한 고립주의 및 미국 우선주의 정책은 기업들의 미국 이전을 고민하게 만들 것이다. 또한 첨단 산업이나 기후 기술의 경우, 단일 기업의 수준을 넘어서는 대규모 투자가 필요한데, 주요국들이 국가의 명운을 걸고 엄청난 보조금 지급 등 인센티브를 통해 기업 유치 경쟁을 벌이고 있다.

첨단 산업이나 기후 기술 관련 산업은 신기술일 가능성이 높기 때문에 글로벌 시장의 선점을 위한 선제적 투자와 기존 규제의 상충 가능성이 크다. 첨단 산업이나 기후 기술 육성을 통해 글로벌 시장을 선점하기 위해서는 규제 샌드박스적 접근이 필요한 이유이다. 특히 빅데이터·인공 지능 등과 연계된 스마트 시티·자율 주행 등의 사업은 규모가 큰 지역 단위로 이루어져야 하므로 **규제 프리존** 방식의 접근이 필요하다.

저출생·고령화, 지역 소멸, 주력 산업 성숙기 진입 등으로 피크 코리아의 위기에 직면한 우리로선 국토의 효율적 활용과 첨단 산업 및 기후 기술 산업의 유치·육성을 통한 새로운 돌파구가 반드시 필요한데, 가능할까? 해내야 하고 할 수 있다고 생각한다. 저출생, 지역 소멸, 탄소 중립, 첨단 산업 육성, 규제 완화 등의 복합적 문제는 개별적 접근이 아닌 포괄적 접근이 이루어져야 하며 치열한 고민을 통해 솔루션을 찾아내야 한다.

메가 샌드박스, 복합적 문제의 포괄적 솔루션

포괄적 솔루션 중 하나로 생각할 수 있는 것은 **기회 발전 특구와 분**

산 에너지 특구 및 규제 자유 구역 등을 결합하여 광역 거점 도시 주변에 첨단 산업 관련 앵커 기업을 유치해 내는 것이다. 대한상공회의소 최태원 회장도 2023년 2월, 이러한 아이디어를 가지고 혁신적이고 실험적인 '메가 샌드박스'의 도입 필요성을 제기하였다.

SGI[박양수 등 2025]가 발표한 자료에 따르면, 메가 샌드박스는 광역 거점 도시 또는 그 인근에 ① 지역에 특화된 미래 전략 산업을 지정하고, ② 대학, 에너지 공급, R&D, 정주 등 인프라를 조성하며, ③ 산업 단위의 규제를 대폭 유예하는 한편, ④ 재정과 조세 인센티브 제공 등을 통해 기업 이전과 투자 활성화를 유도하는 제도를 말한다.

예를 들어 어느 정도의 정주 여건과 인력 공급을 위한 대학 등이 갖추어진 광역 거점 도시 또는 인근에 첨단 산업 앵커 기업 및 클러스터가 진출하고 주변과 상생 지역권을 형성한다. 지역에서는 산업용 부지, 전력 및 용수, 인적·물적 자원 이동의 교통 접근성, 지역의 혁신 자원(대학, 연구소, 풍부한 전문 인력) 등을 기업에 제공한다. 또한 중앙정부와 지방정부가 협력하여 규제를 철폐하고, 획기적으로 세제 및 보조금 등의 재정을 지원한다. 수도권 집중 완화가 필요한 시점이라는 측면에서 재생 및 무탄소 에너지 공급에서 유리한 동남권과 서남권의 거점 도시를 중심으로 우선적으로 추진해 볼 필요가 있다고 본다.

이와 비슷한 아이디어로 성공한 사례들이 있다. 우선 아랍에미레이트연합[UAE]의 **두바이 차터 시티**[charter city]이다. 주력 산업인 석유 산업 의존도를 완화하고 금융 허브를 구축하기 위해 UAE와 별도의 사법 체계로 운영되는 두바이 국제금융센터를 설립하였다. 관세 자유 구역으로서 자본 및 배당금의 자유 송금, 외국인 인재 무제한 채용 등을 통해 금융 기업을 성공적으로 유치한 케이스다. 스웨덴의 말뫼시 클러스터도 있다. 주력 산업인 조선업의 쇠퇴와 인구 유출로 지역 경제가 위축됨에 따라 바이오·IT·미디어를 육성하기 위한 **미디어 진화 도시**media evolution city를 조성하였다. 민간 기업과 말뫼시대학의 협력하에 지자체는 교육·주거·문화 등 친환경 뉴타운을 조성하여 많은 스타트업과 대기업을 유치하였다.

2.6 실용적 리더십과 사회적 대타협

우리나라가 주력 산업의 성숙기에 접어든 가운데, 세계 각국은 첨단 산업 육성 및 기후 기술 개발에 총력을 기울이고 있다. 트럼프 2기 행정부 들어 미국은 자국 우선주의를 기치로 관세 등 다양한 카드로 무역 장벽을 높이고 있다. 수출 주도의 구조를 가진 우리 경제는 엄청난 도전에 직면해 있으며, 재도약의 계기를 마련하지 못하면 저출생·고령화로 20년 후 잠재 성장률이 마이너스로 떨어지는 것은 예정된 수순이다. 이 같은 상황인데도 정치적·사회적 갈등이 극에 달하고, 비상계엄 선포와 대통령 탄핵 소추라는 국가적 위기 상황을 맞았다.

현실을 돌아보면, 국가 발전 주기상 정점에서 쇠퇴기로 넘어갈 때 나타나는 현상의 하나인 정치·사회적 갈등이 지금 극도로 심각한 수준이다. 자산 및 소득 불평등이 심화되고, 경제 주체들의 계층 간 이동이 제약되며 주택 등 자산 가격 급등에 따른 상실감으로 소득 및 자산의 계층·세대 간 갈등이 크게 확대되었다. 경제 주체들이 공동체 이익은 뒤로한 채 각자의 기득권 챙기기에 급급하고, 정치권 역시 보수와 진보 간 타협의 분위기를 찾을 수 없다. 4차 산업 혁명 시대의 일자리 안정성에 대한 우려, 불충분한 사회 안전망 등으로 첨단 산업 경쟁력 강화를 위해 필요한 노동 시장 유연성 강화 정책은 한발짝도 나아가지 못하고 있다.

리더십 부재, 갈등 조정과 구조 개혁 실패로

극단적 대립에 따른 갈등 관리가 이루어지지 않으면서 산업 경쟁력 강화에 필수적인 인프라 확충이 지연되고 있다. AI 기술 발전, 데이터 센터 건설, 반도체 등 첨단 산업 육성 등에는 엄청난 양의 재생 에너지를 포함한 무탄소 에너지가 필요한데, 지역 주민의 반발 등으로 송전망 건설은 계속 지연되고 있다. 무탄소 에너지인 원자력 발전을 계속하는 데 필수적인 고준위 방사능 폐기물 처분장(방폐장) 건설이 주민들의 반대로 계속 실패하고 있다.

과거 권위주의 정부 시절에는 SOC 등 인프라 확충 사업이 신속하게 추진되었으나, 민주화 이후에는 주민들의 환경과 재산권 침해에 대한 인식이 강해져 사업 추진에 어려움이 커졌다. 송전망이나 방폐장 건설이 원활히 추진되지 않는 데에는 정부와 정치권이 합리적 보상 방안을 마련하고 주민과 지자체를 설득하는 리더십을 발휘하지 못한 데도 상당 부분 기인한다 할 수 있다. 물론 적극적 행정으로 사업을 성사시키더라도 정권이 바뀐 후에 어려움을 겪는 사례들에 대한 학습 효과로 공무원들이 복지부동하는 행태를 보이는 현상 또한 작동하는 것으로 보인다.

한편 경제 시스템을 대폭 바꾸는 **구조 개혁**은 더욱 어렵다. 김대중 정부는 외환 위기 시절에 **노사정 합의**를 통해 금융·기업·노동 및 공공 부문의 구조 개혁에 성공했다. 그러나 박근혜 정부의 노동 개혁, 윤석열 정부의 노동 및 연금 개혁 등은 모두 실패로 돌아갔다. 이는 위기 시가 아니면 개혁 성공이 어렵다는 특성을 반영하기도 하지만, 정부와 정치권, 나아가 대통령이 명확한 어젠다와 전략, 구체적 대책을 마련하고 국민과 적극적으로 소통해 추진력을 확보하는 리더십을 살리지 못했던 데기인한다고 본다.

위기를 기회로 바꿀 실사구시 리더십

우리 경제가 쇠락의 길로 가느냐, 아니면 재도약을 하느냐의 기로에서 대통령 탄핵, 트럼프 2기 행정부 출범, 글로벌 무역 파고 등 위기감이 극대화된 지금이 **경제 시스템 전환**이란 개혁을 성공시킬 수 있는 절호의 기회라고 생각한다. 위기 모드라지만 일정 정도 국민의 공감대를 형성할 수 있는 어젠다를 설정하고, 국민 전체를 설득해 내기 위해서는 최고 지도자의 **실용적 리더십**이 매우 중요한 시점이다.

정치는 가치 지향적(이념적)이고 대의명분을 중시하며 정권 쟁취를 목적으로 하는 행위다. 그러나 작금의 대내외 상황은 보수와 진보를 떠나 가치 중립적으로 민생과 실리에 초점을 맞추고 정책을 추진할 지도자를 필요로 한다. 첨단 산업 육성 및 기후 기술 개발을 위해 산업 정책과 규제 혁신이 잘 결합된 국가 발전 전략을 수립하고 사회적 합의를 이끌며 강하게 추진해 나가야 한다. **규제 완화**는 보수의 가치인 **신자유주의적 사고**에 기반하고, **산업 정책**은 진보 진영의 **정부 개입주의**를 배경으로 한다. 이제는 둘을 잘 엮어내는, 즉 **실용**이 필요한 시기인 것이다.

국가 재도약 프로젝트

현 단계에서의 국가 발전 어젠다와 전략을 세운다면 다음과 같은 방향이 될 것으로 생각한다. 우선, **생산성 주도 성장** 등 경제의 역동성을 제고하고 **사회 통합**을 강화함으로써, 피크 코리아를 극복하고 **지속 가능한 행복 국가**로 재도약하는 것이 목표가 될 것이다.

이를 위한 전략은 먼저 양적 성장에서 생산성 주도 성장으로 전환하기 위해 도전적 연구·개발R&D, 창의적 교육, 생산적 금융, 선순환적 벤처 생태계 구축, 스마트한 규제 등 제도를 과감하게 개선한다. 디지털·그린 등 첨단 산업과 고령화 등으로 수요가 증가하는 산업, 과학 기술 분야 등 성장 산업을 대상으로 규제 개혁과 과감한 재정 지원을 결합한 신산업 정책을 추진한다. 아울러 4차 산업 혁명 및 고령화 시대에 맞춘 사회 시스템 조정을 위해 그동안 미뤄진 재정·노동·연금·의료 등의 분야에 대한 구조 개혁을 성공시킨다.

필자의 생각을 적었지만 사실, 국가 발전을 위한 어젠다와 전략을 수립하고 실행하는 일은 정권을 넘어 일관성을 가질 수 있도록 **사회적 대타협**을 기반으로 추진되어야 한다. 법뿐 아니라 관행을 바꾸는 근본적 시스템의 변화를 가져오므로 기업·노동계·시민 단체·주주 등 이해관계자, 나아가 모든 국민의 동의를 얻어야 한다. 외환 위기 때 김대중 정부가 4대 구조 개혁을 성공시킬 수 있었던 것도 노사정 합의가 기반이 되었기에 가능했다.

정교한 패키지딜로 사회적 대타협을

대통령 선거가 실시되면, 후보자는 선거 운동 기간 중에 국가 발전 의제 및 전략의 추진 필요성을 제기하여 국민의 이해를 구하고, 취임 직후부터 개혁 과제에 대한 논의를 시작해야 할 것이다. 학계 및 전문가·기업·노조·시민 단체가 참여하여 실무안을 바탕으로 각계의 이익을 대변하는 그룹(예: 경제사회노동위원회)과 전문가적 분석과 평가를 수행하는 오피니언 리딩 그룹이 사회적 대화를 실시한다. 이후 대통령과 국회가 최종 결정하고 신속하게 법제화 등을 추진해야 할 것이다.

한편 다양한 이해관계자가 합의에 이르기 위해서는 개별적으로 접근하는 대신 **패키지딜**package deal로 가야 한다. 이해관계자의 손익이 개별

건마다 다르기 때문에 주고받는 식의 협상은 쉽지 않기 때문이다. 개혁은 정권 출범 초기부터 모멘텀을 가져야 하므로 무쟁점 조치들은 준비되는 대로 추진하고, 패키지딜에 해당하는 부분은 정교한 설계와 합의를 거친 후 시행하는 투트랙two track 방식이 좋을 것이다. 과거 김영삼 정부의 '신경제 5개년 계획' 때처럼 가칭 〈리빌딩 코리아 프로젝트〉를 강력하게 추진할 필요가 있다.

현재와 같이 정치·사회적 갈등이 최고조에 달한 상황에서 사회적 대타협을 이끌어내 국가 발전 전략을 성공시키기 위해서는 인내력·설득력·조정력과 함께 결단력이 필요하다. 정치적 노선과 상관없이 설득하고, 이해관계자의 손익을 조정하며, 무수한 고비를 넘어 결단력을 가지고 일관되게 추진해야 하기 때문이다. 독일의 하르츠 개혁을 이끌어낸 슈뢰더 총리는 정권을 잃는 위험까지 감수하며 개혁을 성공으로 이끌어낸 것으로 평가된다. 우리도 그런 지도자를 가질 수 있기를 기대한다.

국가 재도약 프로젝트

리빌딩 코리아

3.1 〈리빌딩 코리아 프로젝트〉의 목표와 방향

우리나라는 주력 산업이 성숙 단계에 진입하는 가운데 지경학적 분절화, 글로벌 첨단 산업 육성 경쟁, 탄소 중립 전환 등 엄청난 도전에 직면해 있다. 또한 저출생·고령화로 인구 오너스 구간에 진입하고 있으며, 극한 정치·사회적 갈등으로 사회적 불안감이 높아지고, 전력 등 인프라 확충, 구조 개혁 등이 교착 상태에 빠졌다. 이에 특단의 대책을 세우지 않으면 피크 코리아를 피할 수 없을 것이며, 현재의 연금·재정·국방 등 사회 시스템 유지도 불가능해질 것이다. 우리 경제 주체 모두가 피크 코리아에 대한 경각심을 가지고 대전환을 이루어 내야 한다. 위기는 기회라는 말처럼 대통령 탄핵, 트럼프 2기 행정부 출범 등으로 위기의식이 극대화된 지금이 국가 재도약을 위한 개혁 추진의 기회라 생각한다.

그렇다면 국가 발전 전략은 어떤 모습이어야 할까? 최근 첨단 산업, 기후 기술 등 신산업의 생산 시스템은 **내생적 성장**endogenous growth 메커니즘이 작동한다. 생산 과정에서 같은 노동과 자본을 투입하더라도 기술 혁신, 규제 완화, 시장 선점 등을 통하여 기하급수적으로 생산성을 높일 수 있는 것이다. 이에 피크 코리아를 극복하는 방안으로 혁신과 선도의 **생산성 주도 성장 전략**을 채택할 것을 제안한다. 이를 통해 우리 경제의 역동성을 제고하고 사회 통합도 강화함으로써 지속 가능한 행복 국가로 재도약하자는 것이다.

지속 가능한 행복 국가를 향한 정책 추진 방향

이 같은 목표하에 국가 재도약을 위한 〈리빌딩 코리아 프로젝트〉는 다음과 같은 방향으로 추진할 필요가 있다.

① 생산성 주도 성장을 통한 선도 경제로의 전환을 위해 디지털 및 그린 산업, 고령 산업, 과학 기술 산업 등의 성장 분야에 대해 과감하게 재정 지원하는 신산업 정책을 실시한다.

② 생산성 향상을 선도적으로 도모할 수 있도록 도전적 연구·개발 R&D, 창의적 교육, 생산적 금융, 선순환적 벤처 생태계 구축, 스마트한 규제 등을 위해 제도를 과감하게 개선한다.

③ 신산업 정책 추진, 4차 산업 혁명 및 고령화 시대에 맞춘 사회 시스템 조정을 위해 재정·노동·연금·의료 등의 분야에 대한 구조 개혁을 추진한다.

④ 경제의 유연성과 역동성을 확보하기 위해 4차 산업 혁명 시대에 맞게 기본 생존권을 보장하는 사회 안전망을 구축한다.

⑤ 경제 주체들에게 만연한 지대 추구 행위, 구조 조정 지연 등을 피하기 위해 부채 주도 성장으로 흐르지 않는 거시 경제 정책을 수행한다.

⑥ 신성장 동력 확보, 탄소 중립 달성 등에 초점을 두고 산업 정책

을 실시하되, 스마트한 규제 시스템을 구축하여 시장 경제 시스템에 의해 구성원 간 적절한 비용 부담과 자원 배분이 이루어지도록 한다.

⑦ 국가 발전 전략은 우리 경제가 처한 복합적 문제를 개별적 접근이 아닌 포괄적 솔루션을 찾고 진영·세대·이해 당사자를 어느 정도 아울러 정권이 바뀌어도 일관성을 확보하도록 설계한다.

⑧ 발전 전략의 추진은 실용적 리더십을 발휘하여 사회적 대타협을 바탕으로 추진한다.

리빌딩 코리아 프로젝트 비전과 전략

3.2 생산성 주도 성장 전환

한국 경제가 피크 코리아를 극복하기 위해서는 양적 성장에서 생산성 주도 성장으로 전환해야 한다. 이를 위해 R&D·교육·금융·벤처 생태계의 혁신이 필수적이며, 우리 경제에서 큰 비중을 차지하지만 생산성이 낮은 서비스업·중소기업·자영업자의 경쟁력 강화가 필요하다. 또한 경제 주체들의 자율성과 창의성을 제고하기 위한 규제 완화가 요구된다.

코리아 R&D 패러독스를 넘어

한국은 세계 최고 수준의 R&D 투자에도 불구하고 성과는 기대에 미치지 못하는 이른바 '코리아 R&D 패러독스'를 겪고 있다. GDP 대비 R&D 비율(5.21%)은 세계 2위, 금액 기준은 6위이지만, 논문 발표 수는 12위에 그친다(2022년 기준). 이를 해결하려면 우선, 정부 R&D 예산의 40%를 사용하는 정부 출연 연구소(이하, 출연연)의 연구 역량을 제고해야 한다. 현재 과학기술연구회 산하 25개 출연연과 경제·인문사회연구회 산하 26개 출연연이 운영되고 있다. 이들 출연연의 역할과 기능을 기업 연구소와 대학의 연구 역량 강화 등 시대 변화에 맞추어 재정립하고, 중복 기능을 통합하여 연구소 운영의 효율성을 제고해야 한다.

대학은 기초 연구의 중심 기관으로 박사급 연구원의 56%가 근무하며, 전체 과학 기술 논문의 72%를 발표하고 있다. 그러나 대학이 차지하는 정부 R&D 예산 비중은 24%에 불과하다(2022년 기준). 대학의 연구 역량을 높이기 위해 투자를 확대하고, 대학 간 역할 분담을 명확히 해야 한다. 과학 기술 특화 대학과 일부 종합 대학은 연구 중심 대학으로 육성하고, 나머지 대학들은 교육 및 산학 협력 중심 대학으로 발전시켜야 한다. 아울러 현재 교수 개인 단위로 배정되는 예산을 연구 조직 단위로 전환해 연구 역량을 체계적으로 강화할 필요가 있다.

출연연과 대학들은 연구 개발 성과를 산업 현장으로 이전하기 위해 기술 이전 전담 조직^{TLO}을 두거나 기술 지주 회사를 운영하지만 성과는 미흡하다. 연구 과제 선정 단계에서 시장 수요를 반영하고, 연구 개발부터 제품화·생산·판로 개척까지 전 과정을 관리하여 연구 성과가 경제 성장으로 이어지도록 해야 한다.

교육 개혁, 창의적 인재 양성을 위해

한국의 교육열은 경제 발전에 기여했으나, 현재의 암기식 교육 방식은 창의성과 문제 해결 능력을 저해하는 등 그 한계에 다다랐다. 이에 따라 AI 시대에 맞는 창의적 인재 양성을 위한 교육 개혁이 시급하다. 현재 대학수학능력시험(이하, 수능)은 객관식 평가 방식으로 공정성을 유지한다지만, 창의적 사고와 문제 해결 능력을 충분히 평가하지 못한다. 이를 보완하기 위해 논술형 및 서술형 평가를 도입하여 비판적 사고와 창의력을 강화해야 한다. 또한 대학 서열화로 인한 과도한 입시 경쟁과 사교육 부담을 완화하기 위해 대학을 학부·학과 중심으로 특성화하고, 획일적 서열 구조에서 벗어나야 한다. 이를 위해 입시와 정원 제한, 등록금 규제 등을 완화하여 대학들이 특색 있는 교육 프로그램과 선발 방식, 장학금 패키지 등을 통해 우수 학생들을 유치할 수 있도록 해야 한다.

AI 시대에는 AI와 인간 교사가 협력하여 맞춤형 교육을 제공하는 것이 중요하다. AI는 개별 학생의 학습 패턴을 분석해 최적의 학습 경로를 제공하고, 인간 교사는 학생들과 소통하며 동기를 부여하고 개별적 피드백을 제공하는 역할을 수행해야 한다.

한국의 공교육 투자는 OECD 평균을 상회하지만, 대학에 대한 투자 비중은 상대적으로 낮다. 이를 개선하기 위해 대학 등록금 규제를 폐지하고, 초·중등 교육에 집중된 교육 교부금(내국세의 20.79%)을 고등 교육에도 활용할 수 있게 해야 한다.

금융 개혁, 혁신 성장을 위해

우리 경제가 혁신 성장하기 위해서는 금융 기관이 부동산 대출 중심에서 벗어나 생산적 부문에 자금을 공급해야 한다. 금융 당국은 **총부채상환비율**DTI, **총부채원리금상환비율**DSR 등 차주의 소득을 고려한 대출 규제를 강화해야 한다. 또한 부동산 대출의 과도한 증가세가 지속될 경우 은행별 부동산 대출 총액 한도 설정도 고려할 필요가 있다.

기업 금융을 확대하기 위해서는 담보가 부족하더라도 기술력이 있는 기업에 대한 **기술 금융**을 강화해야 한다. 또한, 부동산 중심의 담보 제도를 보완하여 재고 자산이나 기계 설비 등을 활용한 동산 담보 대출을 활성화하고, 정책 금융 기관은 신용 보강을 통해 기업 금융 확대를 촉진해야 한다.

자원의 효율적 배분을 위해서는 워크아웃과 법정 관리 제도를 활용하여 회생 불가능한 기업을 신속히 정리해야 한다. 금융 기관이 손실을 회피하기 위해 회생 가능성이 낮은 기업의 만기를 연장하는 문제를 방지하도록 감독 기관은 대손 상각 처리의 적용을 엄격하게 해야 한다.

또한 직접 금융 시장 활성화를 위해서는 '코리아 디스카운트' 해소가 필수적이다. 실제 지분에 기반한 의결권 행사가 가능하도록 제도를 개선하고, 주가 조작·내부자 거래·허위 정보 유통 등 불공정 거래 행위를 철저히 근절해야 한다. 아울러 공매도 제도 등 정책의 **글로벌 스탠다드**를 준수하고 일관성을 유지해 예측 가능성을 높여야 한다.

정책 금융 기관은 중소기업과 신산업 지원, 기업 구조 조정 촉진 등의 역할을 하지만, 기관 간 기능 중복과 지원 효과 미흡 등이 문제로 지적된다. 수출입은행과 무역보험공사, 신용보증기금과 기술신용보증기금 등 유사 기관의 재편을 검토할 필요가 있다.

벤처 생태계 구축, 경제의 역동성 확보를 위해

벤처 기업은 경제 역동성을 유지하는 핵심 동력이다. 창업 활성화를 위해서는 성공한 창업가가 존경받는 문화를 조성하고, 이들이 연쇄 창업가나 엔젤 투자자로 활약할 수 있도록 유도해야 한다. 미국과 달리 은둔형 벤처 기업가가 많다는 것은 사회적으로 큰 손실이다.

벤처 시장은 정부 주도에서 민간 주도로 전환되어야 하며, 정부는 민간이 기피하는 리스크가 큰 분야나 세컨더리 펀드 등에서 **시장 조성자** 역할을 강화해야 한다. 민간 모펀드 설립과 기업의 스케일업을 지원하기 위해 펀드 출자자 범위를 은행권, 연기금, 일반 국민까지 확대할 필요가 있다. 특히 **퇴직연금**(2023년 기준 382조 원)의 벤처 펀드 출자를 허용하여 낮은 수익률(10년간 연환산 2.07%)을 개선하고, **모험 자본 시장**에 유동성을 공급해야 한다. 투자자의 원활한 자금 회수를 위해 인수·합병 M&A과 비상장 주식 거래를 활성화하고, 세컨더리 펀드 확대를 추진해야 한다. 대기업의 창업 기업 투자 활성화를 위해 **기업형 벤처 캐피털**CVC의 외부 자금 모집 한도를 완화하고, 해외 투자 한도 규제 역시 조정할 필요가 있다.

현재 벤처 투자 관련 법률이 금융위원회와 중소벤처기업부로 이원화되어 있어 규제 중복에 따른 비효율성이 존재한다. 이를 해소하기 위해 모든 벤처 투자 펀드가 단일 법률하에 규율될 수 있도록 통합법 제정을 추진해야 한다.

서비스업, 중소기업 및 자영업자 경쟁력 제고

한국 경제에서 큰 비중을 차지하는 서비스업과 중소기업, 자영업자의 낮은 생산성과 영세성은 지속 성장을 저해한다. 이를 해결하기 위해 우선 '서비스발전기본법'의 신속한 제정이 필요하며, 이 법을 통해 서비스업 발전 계획을 수립하고 재정·세제 지원, 규제 완화 등을 체계적으로 추진해야 한다. 법 제정 이전에는 행정 입법을 활용해 선제적으로 정책을 시행할 필요가 있다.

또한 시장 진입과 퇴출이 원활해야 서비스업 생산성이 향상된다. 연구에 따르면, 한국 소매업 생산성의 60% 이상이 새로운 기업의 진입과 기존 기업의 퇴출에서 발생한다. 이에 따라 경쟁을 제한하는 규제를 완화해야 한다. 서비스업에 대한 R&D 투자 확대도 필수적이다. 과학 기술 R&D와 달리 서비스 R&D는 비공식성·비기술성 등의 특성 탓에 지원이 미흡한데, 의료·관광·금융·물류 등 유망 서비스업을 중심으로 지원을 강화해야 한다. 또한, 법률 상담, 부동산 중개 플랫폼, 공유 숙박 등 신산업의 성장을 저해하는 규제를 개혁해 새로운 시장 창출을 촉진해야 할 것이다.

중소기업이 지속적으로 성장할 수 있는 생태계를 조성해야 한다. 현재 중소기업은 중견기업이나 대기업으로 성장할 경우 지원이 축소되고 새로운 규제가 적용되는 탓에 '피터팬 증후군'이 발생한다. 이를 해결하기 위해, 중소기업이 중견기업으로 졸업한 이후에도 세제·재정 지원을 점진적으로 연계하여 성장 유인을 제공해야 한다. 성장하여 중소기업에서 벗어날 경우, 오히려 이에 대해 보상하는 새로운 정책적 접근이 필요하다. 또한 중소기업 지원 제도를 개편하여 구조 조정을 촉진해야 한다. 정부 지원이 한계 기업의 생존을 장기화하는 부작용을 초래하고 있는 만큼, 지원 대상을 성장 가능성이 높은 기업으로 한정하여 지원 상한을 설정해야 한다. 지원 프로그램을 통합하고, 졸업 제도를 적극 활용하여 성장과 스케일업 중심으로 개편해야 한다. 한편, 중소기업 적합 업종 제도의 폐지도 필요하다. 이 제도는 중소기업 보호에는 일정 역할을 했으나, 경쟁력을 높이는 데 기여하지 못했다는 평가를 받고 있다. 경쟁 제한이 아닌, 경쟁력 강화를 목표로 정책 방향을 전환해야 한다.

한국의 높은 자영업자 비율은 고용 불안정과 생산성 저하의 주요 원인이다. 이를 해결하기 위해 과잉 창업을 방지하고, 신중한 창업을 유도해야 한다. 예비 창업자 대상 컨설팅 및 교육을 강화하고, 시장 정보를 제공하여 숙고된 창업이 이루어질 수 있도록 인프라를 구축해야 한다. 많은 퇴직 인력이 자영업으로 유입되는 현실을 고려하여 정년 이후 재고용 제도를 활성화하여야 한다. 또한 자영업을 성장형과 생계형으로 구분하여 맞춤형 지원을 제공해야 한다. **성장형 자영업자**는 중소기업으로 발전할 수 있도록 세제·금융 지원과 경영 컨설팅을 강화해야 한다. 반면 **생계형 자영업자**는 임금 근로자로 전환할 수 있도록 폐업 지원과 직업 훈련 등이 필요하다.

규제 완화, 자율과 창의를 위해

규제 완화는 경제 활동의 자율성과 창의성을 촉진하는 효과적 정책 수단으로 평가된다. 그러나 역대 정부가 다양한 방식으로 추진했음에도 큰 성과를 거두지는 못했다. 이를 해결하기 위해서는 규제 개혁을 담당하는 조직의 역량을 강화하고, 불필요한 규제 신설을 억제하는 체계를 마련해야 한다.

규제 개혁 조직의 역량 강화를 위해 규제개혁위원회를 상임위원회로 전환하고, 국무조정실 내 규제조정실을 독립 기구화하여 전문성을 높여야 한다. 또한, 규제 신설이나 강화 시 기존 규제를 폐지 또는 완화하도록 의무화해 전체 **규제 비용 총량**을 관리해야 한다(예: 영국의 One-In, Two-Out 제도). 이를 통해 불필요한 규제의 증가를 방지하고, 경제의 자율성을 확대할 수 있다.

규제 개혁의 시험장인 샌드박스를 보다 효율적으로 운영하기 위해 현재 6개 부처, 8개 분야로 나뉜 제도를 통합해야 한다. 동일한 제도를 여러 부처가 운영하면서 효율성이 저하되고 있으므로 일원화가 필요하다. 또한, 공무원 중심에서 신청자 중심으로 운영 방식을 전환해야 한다. 현재 규제 샌드박스 중 사업자가 책임지는 실증 특례가 대부분이며, 공무원이 책임지는 임시 허가는 적다. 이를 개선하려면 공무원의 적극 행정을 유도할 수 있는 면책 제도를 도입하여야 한다.

또한 신규 비즈니스 모델이 기존 사업자와의 갈등으로 좌절되지 않도록, 규제 갈등 해결 시 국민 전체의 이익을 고려하는 의견 수렴 과정을 강화해야 한다. 그리고 규제 갈등 해결은 상위 기구의 결정이 중요하므로 '갈등 현장 → 소관 부처 → 국조실 → 최상위 의사 결정 체계'로 이어지는 **규제 갈등 관리 프로세스**를 구축할 필요가 있다. 한편 의원 입법에는 사전 영향 분석이 없어 규제 양산 위험이 크다. 이에 따라 규제적 성격이 강한 법안이나 일정 금액 이상의 경제적 영향을 미치는 의원 입법에 대해 **규제 영향 분석 제도**를 도입하여 불필요한 규제가 늘어나는 것을 방지해야 한다.

3.3 신산업 정책 추진

최근 각국은 기술 패권 경쟁에 대응하여 첨단 산업을 육성하는 산업 정책을 적극 추진하고 있다. 이제는 비교 우위 **전략**이 아닌, AI·바이오 등 첨단 업종에서 절대 우위를 확보하기 위한 경쟁이 심화되고 있다. 따라서 경쟁국보다 얼마나 효과적으로 정책을 실행하는지 여부가 핵심이며, 이에 대응하기 위해 **신산업 정책**을 제안한다. 성장 분야를 타깃으로 규제 개혁과 적극적 재정 및 세제 지원 등을 통해 선도적인 **생산성 주도 성장**을 도모하는 것이다.

첫째, 신산업 정책 대상은 **성장 산업**으로 한다. 여기에는 ① 디지털·그린 등 첨단 산업, ② 고령화·외국인 증가로 수요가 늘어나는 산업(예:

보건 의료, 실버 산업, 외국인 대상 서비스업[1] 등), ③ 우주·양자 등 미래 과학 기술 분야를 포함한다. 특히 대상은 제조업뿐 아니라 서비스업도 포함하는데, 이를 통해 산업 간 융합을 촉진하고 제조업 중심 정책으로 인한 서비스업의 불균형 성장 문제를 해소할 수 있다. 성장 산업을 대상으로 하는 이유는 이해관계자가 상대적으로 적어 규제 개혁이 용이하고, 미래 유망 산업이므로 국민적 공감대를 얻기 쉽다는 장점이 있다. 아울러, 성장 산업에서 고용이 창출되고, 자원이 이동하면서 자연스러운 구조 조정을 유도하는 효과도 기대할 수 있다.

둘째, 지원 수단은 **규제 개혁과 공급·수요 측면 정책을 포괄**해야 한다. 성장 산업에는 주 52시간제, 수도권 대학 정원 규제, 입지 규제 등 맞춤형 규제 개혁이 필요하다. 공급 측면에서는 R&D 투자 확대, 설비 투자 세액 공제, 고급 인력 양성, 생산 인프라 구축을 지원하고, 수요 측면에서는 공공 조달을 통한 내수 확대 및 글로벌 시장 진출을 지원하는 정책이 필수적이다.

셋째, 지원 수준은 경쟁국과 동등하거나 그 이상이어야 한다. 예를 들어, 반도체 산업 세액 공제율은 미국·일본 수준으로 상향 조정하고, 경쟁국과 유사한 **직접 보조금 제도**를 도입해야 한다. 이러한 신산업 정책은 한국이 '피크 코리아'를 극복하고 글로벌 경쟁에서 생존하며, 새로운 도약을 이루는 기반이 될 것이다.

---

1) 이 책에서 다루지 못했지만 국내 유입 외국인이 빠르게 증가하고 있는 점을 감안할 때 이들의 입국, 정착, 국내 소비 관련 서비스 또한 새로운 산업으로 포함할 수 있을 것이다.

디지털 산업

디지털 기술의 발전은 반도체를 **전략 자산**화하고 있으며, 로봇과 인공 지능의 산업적 활용을 촉진하고 있다. **첨단 반도체**는 정보 통신, 자동차, 의료 기기 등 다양한 산업에서 필수적인 부품으로 사용된다. 또한 AI, 자율 주행, 양자 컴퓨팅 등 미래 제품과 산업도 첨단 반도체에 의존한다. 미·중 패권 경쟁 등으로 국제 분업을 통한 효율성보다 기술 안보 및 경제 안보가 강조되는 흐름의 복판에 첨단 반도체가 자리하고 있다. 이에 첨단 반도체 산업은 첨단 기술 확보와 공급망 안보뿐만 아니라 제조 효율성까지 동시에 높여야 하는 과제를 안고 있다. 공정 미세화에 대응하기 위해 하공정에서 상공정 부문까지 제조 역량을 확장해야 한다.

또한 산업 부문의 디지털 전환을 위해 첨단 센서에 대한 설계 및 공급을 원활하게 해야 한다. 아울러 첨단 반도체 기술의 개발 및 설계 역량을 갖추어야 한다. 중장기적으로 차세대 반도체를 생산하기 위한 소재 및 장비에 대한 투자도 확대해야 한다. 한편 첨단 반도체 산업의 혁신 역량을 강화하기 위해 고급 기능 인력을 양성해야 하며 이를 위해 대학부터 석·박사 과정 전체에 이르는 커리큘럼의 혁신, 이론과 현장에 대한 교육의 통합 등이 필요하다. 아울러 동맹국 위주의 배타적 경쟁이 진행되는 상황에서 차세대 반도체 기술을 위해 해외 핵심 장비 생산, 기초 연구 등에서 국가 간 협력을 강화해야 한다.

로봇은 하드웨어와 소프트웨어의 발전을 통해 산업 전반에서뿐 아니라 일상생활에서도 점점 더 많이 활용되고 있다. 제조 로봇, 협동 로봇, 그리고 서비스 로봇을 넘어 인간을 닮은 휴머노이드 로봇으로 발전하고 있다. 우리 로봇 산업의 경쟁력 제고를 위해서는 보급 확대가 필요하다. 이를 통해 기업에는 판로 개척과 경쟁력 강화의 기회가 되고, 수요 기업은 인력 부족 문제를 해결하며 생산성을 높일 수 있다. 보급 확대가 우선 필요한 분야는 생산성 부족과 인력난으로 어려움을 겪고 있는 중소기업과 소상공인, 그리고 서비스업 등이다. 이들이 로봇을 구입할 수 있도록 다양한 지원 방안을 마련해야 한다. 친환경차 보급 정책을 참고하여, 로봇 구매 시 보조금 지원, 세금 감면, 공공 부문의 의무 구매 제도 등의 도입을 고려할 필요가 있다.

다음으로 핵심 부품(감속기, 서보모터, 센서, 제어기 등)과 소프트웨어(자율이동 SW, 자율 조작 SW 등) 기술 확보가 필수적이다. R&D 지원을 대폭 확대하고, **핵심 기술 내재화**를 위한 전략적 투자와 연구·개발 인프라를 구축해야 한다. 아울러 사람 중심으로 설계된 기존의 법·제도를 로봇 환경에 맞게 재설계해야 한다. 예를 들어, 산업용 로봇의 안전 기준을 현실화하고, 서비스 로봇의 운용 규제를 명확히 하여 기업들이 시장에 적극적으로 진출할 수 있도록 해야 한다.

인공 지능[AI] 산업은 인간과 유사한 지능을 구현하는 기술로, 단일 지능(언어, 음성, 시각)에서 복합 지능, 초거대 AI로 확장하면서 국가와 기업의 경쟁력을 결정할 게임 체인저로 급부상하고 있다. 최근 AI 온 디바이스(on device), 하드웨어 인프라, AI 클라우드, AI 기반 비즈니스 효율화 등 다양한 사업 모델과 기업들이 등장하고 있다. 자율 주행차(자동차+AI), 휴머노이드(로봇+AI), 에이전트(스마트폰+AI) 등 산업과 AI의 융합은 고부가 신산업을 창출하며 기업의 미래 생존을 좌우할 것으로 예상된다. 산업 AI는 자동차, 조선, 가전과 같은 전통 산업에서도 클라우드, 데이터, AI 기술이 결합되면서 산업별 도메인에 최적화된 알고리즘을 개발하고 빠르게 활용되고 있다.

또한 AI는 금융, 바이오헬스, 법률, 관광 및 여행, 유통, 공공 서비스 등 다양한 산업 분야에서 서비스를 고도화하고 있다. 산업 AI 도입을 통한 생산성 향상과 산업 전환을 위해서는 데이터 인프라 구축, 연구·개발 투자 확대, 현장에 기반한 AI 전문 산업 인력 양성, AI 혁신 기업 육성 등이 시급하다. 아울러 산업 부문의 특성을 반영하는 AI 규제 및 윤리 가이드라인이 마련되어야 한다. 특히 산업 부문에서는 AI의 신뢰성과 보안성을 강화하고 공정하고 투명한 AI 기술을 개발하여 지속 가능한 혁신 자원으로 활용하는 것이 필요하다.

탄소 중립 신산업

한국은 다양한 산업에서 글로벌 경쟁력을 갖추고 있지만, 온실가스 감축이 어려운 난감축 산업의 비중이 높아 국가별 온실가스 감축 목표 달성 및 녹색 무역 장벽 등 여건을 고려할 때 산업과 기업 측면에서는 심각한 도전에 직면해 있다. 그러나 **저탄소 기술** 부문에서 혁신을 이루어 낸다면 산업 도약의 기회가 될 수 있다. 철강 산업에서 수소 환원 제철 기술, 화학 산업에서 기초 원료의 화학 제품 전환COTC 기술, 페플라스틱 활용 기술, 발전 부문의 소형 원자료^{SMR} 기술, 에너지 저장 장치^{ESS} 기술 등의 개발에서 선점하게 된다면 게임 체인저를 만들 수 있게 된다. 이를 위해서는 정부 주도의 대담하고 적극적인 투자가 필요하다. 혁신 공정 기술은 기술 개발 이후 스케일 업에 상당한 시간과 자본 투자가 필요하므로 통합형 R&D로 추진해야 한다. 탄소 중립 투자가 수익으로 돌아오는 데 오랜 시간이 소요되기 때문에 기업들의 대규모 투자에 대한 인센티브를 제공해야 하고, 민관 협력을 통해 전환 금융을 활성화해야 하며, 그린 인프라 구축에 대한 구체적 타임라인을 제시해야 한다. 저탄소 제품을 생산하는 기업들에 대해 비용도 보조해야 한다. 마지막으로 이차전지의 경우처럼 저탄소 제품의 공급망이 안정되어야 하므로 주요국의 핵심 기업을 실시간으로 모니터링하고 긴밀히 연계해야 한다.

에너지 부문에서도 탄소 중립 달성, 첨단 산업 육성을 위해 친환경 에너지원 확대를 포함한 **한국형 전원 믹스**를 구축하고, 이에 부합하는 에너지 시장과 제도를 정비해야 한다. 또 에너지 전환과 함께 새로운 에너지 산업을 성장 동력화하여 글로벌 시장에서 주도적 역할을 해야 한다. 이를 위해 우선, 다양한 에너지 공급 옵션을 확보해야 한다. 수소·암모니아 혼소 발전, 태양광·풍력 등 재생 에너지 산업을 적극 육성하고 SMR, 에너지 저장 장치^{ESS}, 고전력 반도체, 마이크로 그리드와 같은 신에너지 산업을 조기에 산업화해야 한다. 계통 수용성을 개선하기 위해 배전 선로, 변압기, 신규 변전소 등의 전력 계통 인프라에 대한 투자도 시급하게 추진해야 한다.

현재의 단일 전기 요금 체계는 재생 에너지 기술 개발과 보급을 촉진하는 데는 적절치 않으므로 발전원별, 지역별로 전기 요금을 차등화하는 방향으로 나가야 한다. 중앙 집중식 발전·송전 체제는 한계에 다다랐으므로 전력의 디지털화 및 분산형 전력망을 도입해야 한다. 또한 여러 부처에 있는 에너지 관련 업무를 통합하여 일관된 정책을 수립하고 추진해야 한다. 아울러 금융 시장 지원을 통해 에너지 신산업의 사업화 단계에서 불확실성을 해소하고, 에너지 상품 거래소 설립과 다양한 탄소 중립 금융 상품의 거래 플랫폼도 구축해야 한다.

고령 친화 산업

고령 인구의 증가와 이들의 높은 자산 수준으로 **고령 친화 산업**은 향후 빠른 성장이 예상된다. 우선, **실버타운**을 확대해야 한다. 실버타운의 수요는 지속적으로 증가하고 있으나 공급이 따라가지 못하고 있다. 정부와 지자체는 유휴 부지를 활용하고, 용도 변경 및 용적률 완화 등 규제 완화를 추진해야 한다. 또한, 건축비 등의 재정적 지원을 통해 공급을 촉진할 필요가 있다. 일본의 사례를 참고하여 실버 주택 공급 및 수요의 확대를 위한 특별법 제정도 추진할 필요가 있다.

둘째, **고령자 금융**을 활성화해야 한다. 먼저, 부동산 유동화를 촉진하기 위하여 주택연금제도의 주택 가격 기준(9억원)을 상향 조정하는 한편, 다주택자의 제한적 허용 등 제도 개선이 필요하다. 또한 **자산 관리 신탁**을 활성화할 필요가 있다. 한국 고령자의 약 10%가 치매를 앓고 있는 상황에서, 이들의 의사 능력 부족으로 동결된 자산이 경기 침체의 위험 요소가 될 수 있다. 셋째, 건강 관리 강화를 위해 의료 데이터 등을 활용하여 보험과 헬스케어를 결합한 '인슈어헬스InsureHealth' 시장을 육성할 필요가 있다.

한편 1인 가구 증가와 고령화로 2022년 기준, 전체 가구의 25%가 반려동물을 보유하는 등 관련 산업이 확대되고 있다. 이에 먼저 펫 헬스케어 시장 활성화를 위해 보험사와 동물병원, 펫 숍 간 제휴를 확대하고, 간편한 보험 청구 절차를 마련해 펫 보험에 대한 가입자의 접근성을 높여야 한다. 또한 진료 항목을 표준화하고, 평균 진료비 정보를 공개하여 소비자의 합리적 선택을 지원해야 한다. 한편 펫 푸드 시장의 발전 역시 중요하다. 펫 푸드를 가축용 사료와 별도로 분류하고, 품질 기준을 강화하여 소비자 신뢰를 높일 수 있게 한다. 그리고, 산업 발전과 동물 복지 강화를 위해 반려동물 등록제를 강화하고, 반려동물 보유세 도입을 검토할 필요가 있다. 이 세수는 동물 보호 시설, 유기 동물 보호 등 동물 복지와 관련된 정책에 한정적으로 사용될 수 있을 것이다.

보건 의료 산업

보건 의료 분야는 2022년 기준, 의료 지출이 GDP의 9.7%에 이르고 2023년 기준, 종사자가 105만 명에 달하는 중요 산업이다. 인구 고령화에 따라 보건 의료 산업의 중요성은 더욱 커질 전망이다. 이에 따라 우선 제네릭 의약품 중심에서 벗어나 **신약 개발 경쟁력**을 강화해야 한다. 블록버스터급(연 매출 10억 달러 이상) 신약 개발을 목표로 연구 개발에 대한 투자를 확대하고, 규제 개선 역시 필수적으로 동반되어야 한다. 한국의 임상 시험 법정 승인 기간은 30일로 미국·일본과 비슷하지만, 병원의 임상시험심사위원회IRB 승인 절차(2~4주)가 추가로 필요해 실제 기간은 더 길어진다. 한편, 신약 개발 성과를 보상하는 약가 정책이 필요하다. 한국의 신약 약가는 OECD 평균 대비 70% 수준으로, 제약사들이 한국보다 해외에서 먼저 출시하는 '코리아 패싱' 현상이 빈번하다. 신약 개발을 촉진하려면 표적 발굴 역량이 뛰어난 미국·프랑스 등과의 공동 연구를 활성화하고, AI 활용을 확대해야 한다.

의료 기기 산업 역시 고령화와 기술 발전으로 지속 성장이 예상된다. 정밀 제조 기술과 ICT 분야에 강한 한국적 현실에서 의료 기기는 미래 유망 산업으로 평가받는다. 그러나 국내 의료 기관의 국산 기기 평균 사용률은 61.3%에 그친다(2020년 기준). 이는 국산 기기의 사용 경험 부족이 주요 원인인데, 국산 의료 기기의 신뢰도를 높이기 위해 의료 기기 선도 병원을 지정하고, 공공 병원에서 국산 장비 사용을 확대해야 한다.

디지털 헬스케어 또한 미래 유망 산업이다. 빅데이터와 AI 기술 발전을 기반으로 빠르게 성장하는 산업으로, 개인 맞춤형 의료 서비스 제공과 신약 개발 등에 중요한 역할을 한다. 한국은 전 국민 단일 건강보험 체계를 기반으로 방대한 공공 의료 데이터를 보유하고 있으며, 전자 의무 기록EMR과 웨어러블 기기의 확산으로 의료 데이터 활용 가능성이 커지고 있다. 그러나 시민 단체와 의료계의 반대로 공공 의료 데이터 접근이 어렵고, 가명 처리된 민간 의료 정보 활용 또한 제한적이다. 데이터 개방을 단계적으로 확대하고, 데이터 소유권과 책임 소재를 명확히 하여야 한다.

비대면 진료는 디지털 기술을 활용해 의료 접근성을 높이는 중요한 분야다. 글로벌 시장은 2020년부터 2027년까지 연평균 30.9% 성장할 것으로 예상되지만, 한국은 의료계의 반대로 1988년 이후 36년간 시범 사업에 머물러 있다. 반면, 미국은 1997년 고령자 연방 건강보험에 비대면 진료를 포함했고, 일본도 2015년 전면 허용했다. OECD 38개국 중 비대면 진료를 전면 허용하지 않은 국가는 한국이 유일하다. 따라서 비대면 진료의 제도적 기반을 조속히 마련해야 한다.

첨단 과학 기술 관련 산업

과학 기술 산업으로 우주·양자 산업에 주목하자. 먼저 우주 산업은 이제 민간이 주도하는 **뉴 스페이스**New Space 시대가 도래하면서 경제와 산업의 핵심 분야로 떠오르고 있다. 특히 재사용 발사체 기술의 발전으로 비용 절감이 이루어지면서 우주 산업은 우주 인터넷·우주 관광·우주 광물 채굴 등 다양한 분야로 확장되고 있다. 한국도 정부 중심의 **올드 스페이스**Old Space 구조에서 벗어나 민간 중심의 뉴 스페이스로 빠르게 전환해야 한다. 현재 연구와 사업이 한국항공우주연구원항우연과 한국항공우주산업KAI에 집중되어 있어 민간 기업으로의 기술 이전이 핵심 과제로 떠오르고 있다. 그리고 정부 정책도 미국처럼 연구 개발 중심에서 조달 방식으로 전환해야 하며, 정부는 민간 기업이 개발한 사업 자체를 구매하여 민간의 창의성을 활용해야 한다.

우주 산업 클러스터 정책도 효율성을 높일 필요가 있다. 현재는 발사체(전남), 위성(경남), 연구·인재 개발(대전) 등으로 자원이 분산되어 있어 협업과 시너지 창출이 제한적이다. 보다 효과적인 산업 육성을 위해 클러스터 간 연계를 강화하고, 핵심 분야를 집중적으로 육성하는 전략이 요구된다.

우주 산업 발전을 위해서는 국제 협력도 필수적이다. 발사체 및 무인 탐사와 관련해서는 독자적 기술 역량 확보가 중요하지만 유인 탐사·우주 정거장·탐사 기지 등 대규모 프로젝트는 국제 협력을 통해 추진하는 것이 현실적이다. 이에 따라 한국은 미국·유럽·일본 등 주요 우주 선진국과 양자 및 다자 간 협력을 강화하여야 한다.

2024년 10월, 구글은 슈퍼 컴퓨터로 10셉틸리언(10^{24}) 년이 걸릴 문제를 양자 컴퓨터를 사용해 단 5분 만에 해결했다. 전문가들은 양자 과학 기술이 AI를 잇는 미래 산업과 안보의 핵심 게임 체인저가 될 것으로 전망하고 있다. 현재 양자 분야는 상용화 초기 단계로, 지배적 기술이 확정되지는 않았다. 특히 양자 컴퓨팅 구현을 위한 플랫폼의 경우, 특정 기술에 집중하기보다는 다양한 기술에 투자하여 향후 주류 기술을 따라갈 수 있는 기반을 마련해야 한다.

해독할 수 없는 암호 통신에 활용되는 **양자 통신** 분야에서는 국내 대기업이 주도적으로 표준화에 참여하고 있으며, 전후방 산업 생태계도 점차 조성되고 있다. 정부는 양자 통신 기술의 국제 경쟁력을 높이기 위해 적극적으로 지원하여야 한다.

다만, 양자 산업의 시장 규모가 아직 크지 않고 활성화 시점이 불확실해 기업들이 투자를 주저하는 상황이다. 정부는 연구자들이 도전적으로 연구를 수행할 수 있도록 연구·개발R&D 인프라를 조성하고, 양자 파운드리와 소재·부품·장비 시장에서 강점을 발휘할 수 있게 하는 전략적 지원이 필요하다. 또한 양자 분야의 기술 통제가 강화되면서 국제 협력도 기술 동맹국 내에서만 이루어지는 추세다. 이러한 환경에서 최고 수준의 연구 역량을 확보하기 위해 미국·EU 등 양자 선도국과의 국가 차원의 기술 동맹을 강화하고, 실질적 협력을 확대해야 한다.

3.4 구조 개혁 성공

고령 인구 증가로 인한 연금 등 복지 지출 증가, 신산업 정책 추진을 위한 재원 확보, 정년 연장 등 고령 인력의 활용도 확대 등을 위해 연금·노동·재정 및 의료 부문의 개혁이 필요한 상황이다. 그러나 개혁은 장기적 성과에도 불구하고 기득권층의 저항과 단기적 비용 부담으로 세계 어느 나라에서나 어려운 과제다. 특히 위기가 닥치지 않으면 개혁 동력을 확보하기 어렵고, 강력한 리더십과 철저한 준비 없이는 개혁에 대한 저항을 극복하기도 힘들다. 한국도 IMF 위기 이후의 4대 구조 개혁을 제외하면 개혁 성과가 미흡한 것이 사실이다. 한국이 피크 코리아를 극복하기 위해서는 그동안 미뤄진 연금·노동·재정·의료 등의 구조 개혁에서 성공을 이뤄 내야만 한다.

연금 개혁, 지속 가능성과 형평성을 고려해야

1988년에 도입된 국민연금은 가입을 촉진하기 위해 보험료율을 3%로 낮게 책정하고, 소득 대체율은 70%로 높게 설정했다. 그러나 이러한 설계는 태생적으로 재정 불안정을 초래했고, 이후 부분 개혁을 통해 현재는 보험료율 9%, 소득 대체율 40%로 조정되었다. 2023년 기준 연금 가입자는 2,238만 명, 기금 규모는 1,036조 원에 달한다.

하지만 현행 제도를 유지할 경우, 2041년부터 연금 재정이 적자로 전환되고, 2056년에는 기금이 소진될 것으로 전망된다. 이후 2057년부터 연금 지급을 위해서는 가입자가 소득의 29.7%를 보험료로 부담해야 한다. 이러한 구조는 세대 간 형평성 문제를 더욱 심화시켜 기성 세대는 '적게 내고 많이 받는' 반면, 청년 세대는 '많이 내고 적게 받는' 구조에 놓여 있다. 그러나 1998년과 2007년 두 차례 연금 개혁 이후에는 추가적 개혁이 이루어지지 않고 있다.

보험료율과 소득 대체율 조정, 즉 모수 개혁에 합의가 어려운 것은 국민연금의 소득 재분배 기능을 위해 소득 대체율 상향 조정이 필요하다는 주장이 강하기 때문이다. 기초연금 등을 통해 노후 소득 보장의 공백을 메우고 인구 구조, 기대 수명, 경제 상황에 따라 보험료율과 소득 대체율이 조정되는 **자동조정장치 도입** 등을 통해 **모수 개혁과 구조 개혁을** 모두 성공시켜야 한다.

노동 개혁, 유연성과 안정성 두 마리 토끼를 잡아야

노동 개혁은 기업이 변화하는 환경에 신속히 대응할 수 있도록 노동 시장의 유연성을 높이면서도 근로자의 고용 안정성을 강화하는 것을 목표로 한다. 역대 정부들 모두 노동 개혁을 추진해 왔으나 **고용 안정성 강화**에는 일정한 성과가 있었던 반면, **시장 유연성 확보**는 여전히 부족한 상황이다.

한국의 **고용 안정성**은 OECD 평균 수준으로 평가받는다. 2020년 기준 고용보험의 소득 대체율은 48.5%로 OECD 평균(50%)과 유사하며, 비정형 근로자와 예술인까지 가입 대상에 포함하고 있다. 그러나 정규직과 비정규직 간 양극화가 심각하고, 노동 시장이 경직적이라는 비판을 받는다. 노동 시장 유연성은 2022년 스위스 국제경영개발대학원 IMD 국가 경쟁력 평가에서 63개국 중 44위를 기록하는 등 매우 낮은 수준이다. 정규직의 경우 저성과자에 대한 일반 해고가 어렵고, 기간제 근로자의 사용 기간이 2년으로 제한되며, 파견 근로도 32개 업종에서만 허용된다. 연구직 등 고소득 전문직의 주 52시간 근로 시간 규제가 경직적으로 적용되어 기업 경쟁력 강화에 부정적 영향을 미치고, 직무급제를 도입하지 못하고 강한 연공성을 보이는 임금 체계로 정년 연장 등 고령 인력 활용이 제약되고 있다.

생산성 주도의 성장을 위해서는 기업이 환경 변화에 따라 자원을 효율적으로 재배치할 수 있어야 한다. 이를 위해 노동 개혁은 근로자 보호를 기반으로 기업이 인력 운용을 유연하게 할 수 있도록 균형 잡힌 방향으로 추진될 필요가 있다. 또한 직무급 도입 등을 통해 노동 시장의 이중 구조를 개선함으로써 과도한 경쟁에서 비롯되는 저출산의 고리도 차단해야 한다.

재정 개혁, 성장 동력과 사회 안정성 확보를 위해

정부 부채 증가와 재정 수지 적자로 **재정 건전성**에 대한 우려가 커지고 있다. 역대 정부 모두 지속 가능한 재정을 위해 노력하지 않은 건 아니었으나, 국가 부채 증가와 재정 적자는 여전히 심화되는 추세다. 지난 20년간 **GDP 대비 국가 부채 비율**은 매년 1%p 이상 증가했다. 2004년 21.6%였던 부채 비율은 2023년 46.9%로 상승하여 20년간 25.3%p 늘었다. 정부의 2015년 장기 재정 추계에서는 2060년 국가 채무 비율을 GDP 대비 62%로 전망했으나, 2020년 추계에서는 81.8%로 상향 조정되었다. 첨단 산업 지원 등에 대한 추가적 재정 지출 필요성은 고려하지 않고 온전히 급격한 인구 구조 변화의 영향만 반영하여 조정되는 수치가 그렇다.

G20 평균(121.1%, 2023년 기준)과 비교하면 한국의 부채 비율이 상

대적으로 낮아 보이지만, 비기축 통화국들이 낮은 부채 비율(2023년 기준, 덴마크 30.4%, 뉴질랜드 45.9% 등)을 유지하고 있다는 점을 고려하면, 한국의 상황을 낙관하기 어렵다. 따라서 지속 가능한 성장을 위해서는 국가 채무 증가 속도를 조절하고, 재정 지출의 효율성을 높이는 방향으로 개혁을 추진해야 한다. 재정 준칙과 신규 의무 지출에 대한 재원 확보를 사전 의무화하는 페이고pay-go 원칙 도입, 유사·중복 사업의 재조정 등 지출 구조 개선, 4대 공적 연금의 구조 개혁 등을 통해 재정의 지속 가능성을 높이고 신산업 정책 추진에 필요한 재원을 확보해야 한다.

의료 개혁, 국민 건강과 성장 동력 확보를 위해

한국의 의료 시스템은 적정한 건강보험 보장률을 유지하면서도 의료 재정 지속 가능성, 필수 의료 강화, 의료 산업 발전, 의료 인력 확충 등 여러 과제를 안고 있다. 정부는 의료 개혁을 위해 지속적으로 노력해 왔으나 뚜렷한 성과를 내지 못했다는 평가를 받고 있으며, 현재는 개혁 동력이 상실된 상황이다.

한국은 전 국민 의료보험을 통해 의료 접근성이 우수하며, 심혈관 질환과 암 등 중증 질환 치료에서 뛰어난 성과를 보이고 있다. 이러한 의료 제도 덕분에 평균 수명은 83.6세(2021년)로 OECD 평균(80.3세)보다 길다. 그러나 고령화 등의 영향으로 의료 재정 지속 가능성이 우려된다. 2021년 기준 GDP 대비 경상 의료비는 9.3%로 OECD 평균(9.7%)보다 낮지만, 격차가 빠르게 줄어들고 있으며 조만간 역전될 가능성이 크다. 정부 전망(2024년)에 따르면, 건강보험 재정은 2026년부터 적자로 전환되며, 준비금이 소진될 것으로 예상된다.

또한 의료 제도는 구조적 문제를 안고 있다. **행위별 수가제와 실손보험의 보편화**는 과잉 진료 가능성을 높이고, 상급 병원 환자 집중은 의료 전달 체계의 비효율성을 초래한다. 아울러 의료 산업 발전이 더딘 가운데, 필수 의료 분야의 취약성과 의료 인력 부족 문제도 심각하다. 따라서 지속 가능한 의료 재정을 확보하고, 필수 의료를 강화하며, 의료 인력을 확대하는 방향으로 개혁을 추진해야 한다.

갈등 관리의 리더십 회복

국가의 지속 가능한 발전을 위해서는 인프라 확충이 필수적이다. 그러나 최근에는 환경 및 재산권 침해에 대한 주민들의 반발로 사업 추진이 어려워지고 있다. 정부는 주요 사업에 대한 **갈등 영향 평가**를 도입하여 사전 관리를 시도하고 있지만, 예방적 접근이 부족하고 사후 대응도 미흡하다는 지적이 많다.

갈등이 제대로 관리되지 못한 사례로 원전 관련 이슈를 살펴보자. 원전은 탄소 중립과 에너지 안보 측면에서 그 중요성이 더욱 부각된다. 현재 우리나라는 26기의 원전이 가동 중이며, 4기의 신규 원전이 건설 중이다. 그러나 사용 후 핵연료 저장 시설 확보는 1983년 이후 9차례 시도되었으나 주민 반대로 모두 무산되었다. 현재는 원전 내 임시 저장 시설에 보관되고 있지만, 고리·한빛·한울 원전은 각각 2032년, 2030년, 2031년경 포화 상태에 이를 전망이다.

또한 AI 기술 발전과 데이터 센터 확대로 전력 수요가 급증하고 있지만, 전력을 공급해 줄 송전망 건설은 해당 지역 주민들의 반발로 어려움을 겪고 있다. 지난 10년간(7차~10차 전력 수급 기본 계획) 송전망 건설 계획에 따라 착공된 36개 사업 중 단 3개만 적기에 준공되었고, 나머지는 지연되었다. 대표적 사례로 밀양 송전탑 건설을 둘러싼 갈등이 있었다. 당시 한전은 2005년 신고리 원전 전력을 수도권으로 송전하기 위해 밀양을 경유지로 선정했으나, 주민 반발로 공사가 9년간 지연되어 2014년에야 완료할 수 있었다. 이 과정에서 383명이 입건되고, 두 명이 극단적 선택을 하는 등 심각한 갈등이 있었다.

이처럼 주민의 강한 반발이 지속 가능 발전에 필요한 인프라 확충 지연의 중요 요소이지만 정치권과 공무원이 국가적 관점에서 미래 비전과 사업 관련 정보를 정확히 제공하고 사회적 공론 형성을 위한 리더십을 발휘하면 긍정적 결과를 얻을 수 있을 것이다.

외환 위기 극복을 위한 구조 개혁 성공 사례

김대중 정부는 1997년 외환 위기 극복을 위해 금융·기업·노동·공공 부문 등 4대 구조 개혁을 추진했으며, 이는 한국 경제의 체질을 근본적으로 개선한 대표적 성공 사례로 평가받는다.

외환 위기 이전에도 김영삼 정부에서 경제 구조 개혁을 시도했으나, 경제 주체들이 안정적 성장에 익숙해 긴급성을 느끼지 못하면서 개혁 동력이 약화되었고, 결국 이후의 외환 위기를 막지 못했다. 특히 금융권·대기업·노동조합·공공 기관 등은 강하게 저항하며 기득권 유지에 나섰다. 반면 **4대 구조 개혁**은 IMF의 요구가 촉매 역할을 했지만, 한국 정부가 이를 경제 구조적 문제 해결의 기회로 인식하고 주도적으로 개혁을 추진했다.

4대 구조 개혁의 성공 요인으로는 IMF의 강한 개혁 요구뿐 아니라 국민들의 위기의식과 김대중 정부의 **확고한 리더십**이 중요한 역할을 했다. 외환 위기는 한국 사회 전체에 심각한 위기감을 조성하며 국민과 정치권, 노사가 기존 경제 구조를 유지하면 경제가 악화될 수밖에 없다는 공감대를 형성하게 했다.

김대중 대통령은 개혁을 추진하는 과정에서 강한 리더십을 발휘했다. 그의 풍부한 정치적 경험과 국민적 신뢰는 개혁의 추진력을 높이는 데 기여했다. 특히 국민과의 소통을 강조하며 개혁의 필요성을 적극적으로 설득했고, 여야 협력을 이끌어 개혁이 지속될 수 있도록 했다.

김대중 정부는 개혁 과정에서 노동자·사용자·정부가 협의할 수 있도록 **노사정위원회**를 구성했다. 위원회를 통해 노동자들의 희생을 인정하고 보호하는 한편, **고용 유연성**을 확보하기 위한 정책적 보완책을 마련하여 노사 간 합의를 도출하고, 개혁 과정에서의 갈등을 최소화하며 협력 기반을 다질 수 있었다.

제2부로 넘어가기 전에

지금까지 글로벌 경제 환경 변화 및 국내 여건 등에 비추어 피크 코리아 우려와 대응 방안 관련 주요 이슈를 살펴보고, 국가 재도약 프로젝트로 혁신과 선도를 위한 생산성 주도 성장 전략을 제시하였다. 제2부에서 생산성 주도 성장 전략의 구체적 내용을 살펴보기 전에 제1부의 주요 메시지를 다시 상기해 보자.

1. 우리나라는 주력 산업의 성숙 단계 진입, 뒤처진 첨단 산업 경쟁력, 저출생·고령화, 성장률의 지속적 하락, 정치·사회적 갈등 격화 등 국가 발전 주기상 정점에서 쇠퇴로의 기로에 선 징후가 나타나고 있다. 경제 사회 시스템에 유연성과 역동성을 회복시키는 것이 피크 코리아 극복의 길이다.

2. 미·중 간 패권 경쟁의 구도하에 바이든 정부는 경제 안보 차원의 동맹국 간 협력 체계 구축을 통해 중국을 견제하였다. 트럼프 2기 행정부는 고립주의와 미국 우선주의를 더욱 강화하며 관세 인상 등을 통해 우방국 기업과의 연대를 넘어 미국 국내로의 기업 유치를 추구한다.

3. 4차 산업 혁명 시대에 AI 등 첨단 산업 기술은 생산성 향상과 글로벌 시장 선점 효과를 통해 위기에 처한 우리 경제에 게임 체인저가 될 수 있다. 투자의 성공 여부가 불확실한 상황에서 대규모 투자가 필요하기 때문에 반기업 정서 등을 극복하고 정부의 과감한 재정 지원이 이루어져야 한다.

4. 기후 위기 현실화로 ESG 경영이 실천적으로 진화함에 따라 기후 공시가 의무화되고 탄소 국경 조정 제도 등 무역 장벽이 등장했다. 트럼프 2기 행정부의 미온적 반응에 따른 속도 조절에도 불구하고 나아갈 방향이므로 이해 당사자 간 설득을 통해 기업의 글로벌 경쟁력을 유지하는 리더십이 발휘되어야 한다.

5. 탄소 중립을 위한 국가 온실가스 감축 목표는 기업 적응 가능성 등을 고려하여 신중하게 설정하되, 배출권 거래제 등 시장 메커니즘을 정교하게 설계하여 경제 주체 간 비용을 적절히 분담해야 한다. 기후 및 전환 기술 개발을 통해 신성장 동력을 만들 필요가 있으며 이를 위해 정책의 일관성이 중요하다.

6. 첨단 산업 발전 및 생활·산업 부문 전기화로 에너지는 제3의 생산 요소가 되고 있다. 탄소 중립 및 무역 장벽 극복을 위해 재생 에너지, 원자력 등 적절한 에너지 믹스로 발전량을 빠르게 늘려 가야 한다. 에너지 정책 방향이 정권마다 바뀌며 일관성을 가지지 못하면 글로벌 경쟁력 확보는 요원하다.

7. 우리나라 저출생 현상은 인류사적 최적화라는 글로벌 트랜드에 초경쟁 사회라는 특이 요인이 복합된 결과다. 선진국들의 경험에 비추어 일−가정 양립 등 정책 추진에도 인구 수준을 유지하는 합계출산율에 도달하는 것은 한계가 있다. 따라서 연금 재정 등 사회 시스템의 개혁은 불가피하다.

8. 저출생·고령화 추세를 반전시켜 인구 감소를 피하기는 쉽지 않으므로 적응·관리 측면의 접근도 필요하다. AI·로봇 등을 활용한 생산성 향상, 고령 인력의 활용도 제고 및 글로벌 혁신 인재 영입 등 성장 전략을 통해 잠재 성장률 하락을 막고 사회 시스템 조정에 따른 고통을 완화해야 한다.

9. 4차 산업 혁명 시대에 창의적 인재 발굴, 적극적 노동 이동 및 창업 등 경제의 역동성 확보를 위해 기본 생존권을 보호하는 사회 안전망이 필요하다. 기본 소득, 마이너스 소득세 등과 관련한 이념 논쟁은 그만두고 리더십을 발휘하여 재원 확보 및 국민 설득 가능성을 고려한 최선의 방안을 디자인해야 한다.

10. 유효 수요를 늘리기 위해 소득 주도 성장 전략을 활용할 수 있으나 단기적 경기 부양책이 아니라는 점을 명심하고 생산성 향상에 기반한 장기적 시계에서

추진해야 하며, 통화 및 재정 정책을 장기간 완화적으로 가져 가는 부채 주도 성장 전략도 구조 조정만 지연시킨다. 미국 경제의 부활은 2010년대 이후 정권을 넘어서며 추진된 강력한 산업 경쟁력 강화 정책의 결과이다.

11. 중앙은행은 지속 가능한 경제 성장을 달성하기 위해 기후 위기에 대응하는 자원 배분 기능을 수행할 필요가 있다. 다만 중앙은행의 독립성과 시장 중립성을 훼손하지 않는 선에서 이루어져야 한다. 현대 화폐 이론처럼 과도한 발권력 투입과 이를 통한 정부 채무 부담 경감 시도는 위험한 발상이다.

12. 신자유주의적 사고로 산업 정책을 금기시하던 시대는 지났지만 규제 완화·철폐를 통해 경제의 역동성을 높여야 한다. 첨단 산업 육성, 기후 기술 개발 등을 위한 신산업 정책과 혁신 친화적 규제 시스템 구축을 함께 추진해야 한다.

13. 주력 산업 성숙기 진입, 녹색 무역 장벽, 생산 가능 인구 감소 등에 따른 피크 코리아 위험은 국토의 비효율적 활용과도 연결되어 있다. 저출생, 지역 소멸, 탄소 중립, 첨단 산업 육성, 규제 완화 등 복합적으로 얽힌 문제는 개별적이 아닌 포괄적으로 해결하는 방안을 모색해야 한다.

14. 쇠퇴냐 부활이냐의 기로에서 대통령 탄핵, 트럼프 2기 행정부 출범 등 위기감이 극대화된 지금이 경제 시스템 전환을 위한 절호의 기회다. 보수, 진보를 아우르는 실용적 경제 리더십을 통해 정교하게 설계된 피크 코리아 극복 방안을 수립하고, 사회적 대타협을 기반으로 일관되게 추진해야 할 시점이다.

15. 혁신과 선도의 생산성 주도 성장 전략을 골자로 하는 국가 재도약 프로젝트를 추진하여 경제의 역동성을 높이고 사회 통합을 강화하여 지속 가능한 행복 국가를 만들 필요가 있다.

16. 생산성 주도 경제로 전환하기 위해 획기적으로 제도를 개선한다. 출연연 개편 등을 통한 연구 개발 역량 강화, AI 시대에 맞는 교육 시스템 구축, 혁신 성장을 위한 금융 개혁 및 규제 완화, 서비스업 및 중소기업 생산성 제고 등을 추진한다.

17. 첨단 디지털 산업, 탄소 중립 산업, 고령 친화 산업 및 과학 기술 관련 산업 등의 성장 분야를 타깃하여 신산업 정책을 추진한다. 규제 완화 및 적극적 재정·세제 지원 등의 측면에서 경쟁국과 동등하거나 그 이상으로 지원함으로써 과감한 선제적 투자를 유도한다.

18. 고령 인구 증가로 인한 복지 지출 증가, 신산업 정책 추진을 위한 재원 확보, 정년 연장 등 고령 인력의 활용도 확대를 위해 연금·노동·재정 부문의 개혁을 추진한다. 국민연금의 지속 가능성을 확보하고 노동 시장의 유연성과 이중 구조를 개선하며 지출 구조 개선 등을 통해 재정의 지속 가능성을 제고한다.

제 2 부

혁신과 선도의 생산성 주도 성장 전략

제 4 장

생산성 주도 성장으로의 전환

리빌딩 코리아

4.1 코리아 R&D 패러독스 극복

피크 코리아를 극복하기 위해서는 그동안의 양적 성장에서 생산성 주도 성장으로 전환해야 한다. 이를 위해서는 R&D와 교육·금융 그리고 벤처 생태계의 혁신이 필요하고, 경제에서 큰 비중을 차지하지만 생산성이 낮은 취약 부문인 서비스업과 중소기업, 자영업자의 경쟁력 제고도 중요하다. 아울러 이를 뒷받침하기 위해 자율과 창의를 제고하기 위한 규제 완화가 필요하다.

먼저 R&D 시스템의 혁신 전략에 대해 살펴보자. 그동안의 추격형 R&D 방식을 벗어나 세계 최초를 목표로 하는 R&D로의 전환이 시급하다. 또한 R&D에 있어 세계 최고 수준의 자원을 투입하고도 성과는 낮은 '코리아 R&D 패러독스'를 극복해야 한다.

투자는 많지만 성과는 작은 R&D 시스템

한국은 전 세계적으로 R&D 투자가 많은 국가로, 이는 그동안 경제 성장의 동력이 되어 왔다. 2022년 기준 한국의 총 R&D 규모는 112조 원으로, GDP 대비 비율(5.21%)은 이스라엘(5.56%, 2021년 기준)에 이어 세계 2위, 금액 기준으로는 세계 6위에 해당한다. 이 가운데 정부 R&D 예산은 총 22조 원으로, 이는 GDP 대비 1.37%에 해당하는데 일본(1.69%)보다는 낮지만, 미국(0.67%), 독일(1.1%) 등 주요 선진국들보다는 높은 수준이다.

그러나 성과는 미흡한 편이다. GDP 대비 R&D 비율은 세계 2위, 금액 기준은 세계 6위를 기록하고 있지만, 2022년 기준 과학 기술 논문 발표 수 (76,100건)는 세계 12위에 머

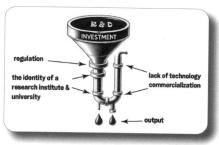

R&D 패러독스

물러 있으며, 논문의 질을 나타내는 피인용 수는 5년 평균(2018~2022년) 9.26회로 일본(8.35회)을 제외하고 미국(10.83회), 독일(11.01회), 중국(9.89회) 등 주요 국가보다 낮다. 또한 정부 출연 연구소(이하 출연연)와 대학 등 전체 공공 연구 기관의 기술 이전 수입은 2,810억 원(2022년 기준)으로 미국 상위 1개 대학(2020년도 택사스대학 기술 이전 수입 3억 6,000만 달러)보다도 낮은 수준이다. 이는 R&D 결과의 사업화가 매우 미미하다는 것을 보여 주는 증거이다.

'코리아 R&D 패러독스' 극복을 위해서는 연구 주체인 출연연의 개혁과 대학의 연구 역량 강화, 그리고 R&D 전문 관리 기관의 효율적 운영, R&D 결과의 사업화 촉진 및 국제 협력 활성화가 필요하다.

출연연 개혁

출연연은 정부 R&D 예산의 40%를 사용하는 핵심 연구 기관으로,

연구 역량 제고가 시급하다. 출연연은 고도 성장 과정에서 산업 발전에 크게 기여해 왔으나, 최근 대학의 연구 역량이 강화되고 대기업 연구소의 경쟁력이 높아지면서 정체성 위기를 겪고 있다. 이에 따라 출연연의 역할과 기능을 시대 변화에 맞게 재정립해야 한다. 현재 23개 출연연의 총괄 기구인 과학기술연구회에서 소속 기관에 대한 연구 기획과 융합 연구의 활성화를 시도하고 있으나, 그 역할이 미흡하다는 비판이 많다. 또한 출연연의 과도한 세분화로 중복 연구와 비효율성 문제가 지적된다. 따라서 연구회와 산하 출연연의 기능과 역할을 재정립하고, 23개 출연연의 통폐합을 통해 효율성을 높이는 방안을 검토해야 한다. 이러한 변화는 과학 기술 분야뿐 아니라 경제·인문사회연구회와 그 산하 26개 출연연에도 적용되어야 할 것이다.

표 4.1 국가과학기술연구회 소속 연구 기관(총 23개)

연구분야	연구기관
기초 과학 및 융합	과학기술연구원(KIST), 기초과학지원연구원(KBSI), 과학기술정보연구원(KISTI), 천문연구원(KASI), 핵융합에너지연구원(KFE)
생명 과학 및 의료	생명공학연구원(KRIBB), 한의학연구원(KIOM), 안전성평가연구소(KIT)
산업 기술 및 에너지	생산기술연구원(KITECH), 전자통신연구원(ETRI), 기계연구원(KIMM), 전기연구원(KERI), 에너지기술연구원(KIER), 화학연구원(KRICT), 재료연구원(KIMS), 지질자원연구원(KIGAM)
건설 및 교통	건설기술연구원(KICT), 철도기술연구원(KRRI)
표준 및 측정	표준과학연구원(KRISS)
식품 및 농업	식품연구원(KFRI), 세계김치연구소(WiKim)
원자력 및 항공 우주	원자력연구원(KAERI), 항공우주연구원(KARI)

앞으로 출연연은 대학 및 기업과 역할을 차별화하여 **원천 기술 연구**에 집중하고, 선도형 R&D를 위한 첨단 기술 개발, R&D 역량이 부족한 중소기업 지원, 공적 역할이 요구되는 공공 섹터 연구에 주력해야 한다. 또한 기초 연구를 담당하는 대학과 상업화 연구를 맡는 산업계와의 연결고리로서 산학연 협력을 강화해 연구 성과가 실질적으로 사업화에 기여할 수 있도록 해야 한다.

출연연 개혁과 관련해 참고할 사례로는 미국의 DARPA와 독일의 **프라운호퍼연구소**가 있다. DARPA는 미국 국방부 산하 연구 개발 기관으로 첨단 기술 개발을 목표로 설립되었다. 이 기관은 위험 감수 및 빠른 의사 결정, 다분야 협력을 통해 인터넷·GPS·스텔스 기술 등 현대 사회에 필수적인 기술 기반을 마련한 것으로 유명하다. 독일의 프라운호퍼 연구소의 사례는 시사하는 바가 많다. 77개의 연구소로 구성된 세계 최대의 응용 연구 기관으로, 연구 자금의 70% 이상을 산업계와의 공동 프로젝트를 통해 조달하며, 실제 산업에서 필요한 기술을 개발한다. 이 연구소는 프로젝트 기반으로 운영되며, 필요에 따라 연구 그룹이 자유롭게 구성되고 해체될 수 있는 유연한 구조를 갖추고 있다.

대학 역량 강화

대학은 주로 기초 연구를 수행하는 기관으로 박사급 연구원의 54%가 근무하고 있으며, 전체 과학 기술 논문의 76%를 발표하고 있다

(2022년 기준). 이는 대학이 국가 연구 인프라의 중요한 축을 담당하고 있음을 보여 주는 자료이다. 그러나 정부 R&D 예산에서 대학이 차지하는 비중은 24%에 불과하다.

대학의 기초 연구 역량을 높이기 위해서는 먼저 **투자**가 확대되어야 한다. 다음으로 대학 간 여건 차이 등을 고려한 **역할 분담**이 필요하다. 과학 기술에 특화된 대학과 일부 종합 대학은 **연구 중심** 대학으로 집중 육성하고, 나머지 대학은 **교육과 산학 협력**에 중점을 두도록 한다. 이러한 **선택**과 **집중** 전략을 통해 일부 분야에서는 세계 최고 수준의 연구 역량을 갖춘 대학이 나오도록 해야 한다.

한편 R&D 예산 배분 방식에서의 개선이 필요하다. 현재는 교수 개인 단위로 예산이 배정되지만, 이를 대학 내 연구 조직 단위로 전환하여 연구 조직의 역량을 강화해야 한다. 연구 인력 역시 대학원생이 아닌 박사 후 과정과 전담 연구 인력 중심으로 재편해야 한다. 이를 통해 대학의 연구 역량을 강화하고, 장기적이고 심화된 연구가 가능하도록 해야 한다.

연구 조직과 인력에 대한 지원도 강화해야 한다. 우수한 연구 조직과 인력에는 매년 일정 연구비를 보장하여 안정적 연구 환경을 제공해야 한다. 더불어, 연구 평가 기준도 단순히 논문 수보다는 논문 피인용 수, 기술 이전 성과, 사회적 기여도 등 **연구의 질적 성과를 평가**하는 지표를 도입할 필요가 있다.

R&D 전문 관리 기관 효율화

정부의 R&D 예산은 과기부·산업부 등 부처별로 배분되고, 각 부처의 R&D 전문 관리 기관이 이를 관리하고 있다. 그러나 이러한 부처별 예산 배분과 관리 구조는 연구 자원의 분산과 중복성을 초래하여 R&D 자원의 효율적 사용을 방해하고 있다. 효율적인 R&D 예산 집행을 위해서는 먼저 부처 간 공동 연구 프로젝트를 활성화하고, 다양한 부처가 협력하여 다학제적 연구를 수행할 수 있는 협력 플랫폼을 구축해야 한다. 또한 R&D 전문 관리 기관 간의 정보 공유와 협력 체계를 구축하고, 연구 과제를 통합적으로 관리할 수 있는 시스템을 도입해야 한다.

표 4.2 주요 부처의 R&D 전문 기관

주무 부처	기관명
과학기술정보통신부	과학기술기획평가원, 연구재단
산업통상자원부	산업기술평가관리원, 에너지기술 평가원
중소벤처기업부	중소기업기술정보진흥원
국토교통부	국토교통과학기술진흥원
보건복지부	보건산업진흥원
농림축산식품부	농림식품기술기획평가원
환경부	환경산업기술원
방위사업청	국방기술품질원

R&D 결과의 사업화 촉진

출연연과 대학들은 연구자들이 개발한 기술을 기업에 이전하기 위하여 **기술 이전 전담 조직**Technology Licensing Organization, TLO을 두고 보유 기술을 출자한 기술지주회사를 운영하고 있으나 그 성과는 현재 미흡하다. 출연연과 대학 등 전체 공공 연구 기관의 연간 기술 이전 수입은 2,810억 원(2022년 기준), 기술 이전율(기술 이전 건수/신규 확보 기술 건수)은 31.7%에 그치고 있다. 또한 전국 80개 산학연 협력 기술지주회사의 전체 수익도 370억 원(2022년 기준)에 불과하다.

기술 이전 및 상업화를 촉진하기 위해서는 먼저 연구 과제 선정 단계에서부터 시장 수요를 반영하는 시스템이 필요하다. 벤처 캐피털과 기술 평가 기관이 초기부터 참여하면, 시장성 높은 기술 개발이 이루어질 수 있다. 다음으로 **기술 상용화** 전 과정을 통합적으로 지원하는 체계를 마련해야 한다. 초기 연구 개발부터 제품화·생산·판로 개척·마케팅까지 전 과정을 하나의 가치 사슬로 관리하여 R&D 결과물이 실질적인 제품과 서비스로 이어지게 해야 한다. 또한 R&D 자금 지원과 같은 공급 측면의 정책뿐 아니라, 공공 조달과 같은 **수요 기반 정책**도 적극 활용해야 한다. **혁신적 공공 조달**은 새로운 기술이나 제품의 상용화에 중요한 역할을 하며, 정부가 초기 수요를 창출함으로써 기술의 상용화를 가속화할 수 있다. 마지막으로 TLO가 연구 기관 내부와 외부 시장을 연결하는 중개자로서 역할을 제대로 수행하려면, 이들의 역량 강화가 필수적이다. TLO 직원에 대한 체계적 교육 프로그램을 도입하고, 외부 전문가를 적극적으로 영입해야 한다.

대학 R&D 사업화 흐름도

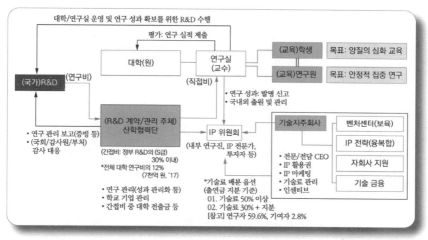

(자료: 손수정 2020)

국제 협력 강화

한국이 R&D 경쟁력을 높이기 위해서는 국제 협력을 강화하고, 세계적 연구 네트워크와의 연결을 촘촘히 해야 한다. 먼저 **글로벌 연구 협력 지도**를 작성하여 국가 전략 분야에서의 국제 협력을 체계적으로 추진해야 한다. 이를 통해 한국의 연구 강점 분야와 연계된 주요 국가·기관·대표 연구자·차세대 연구자들의 연구 성과를 분석하고, 이를 기반으로 협력의 우선순위를 설정할 필요가 있다. 둘째, 한국도 유럽연합의 'Horizon Europe' 프로그램 같은 **대규모 국제 프로젝트에 적극 참여**하여,

선진국과의 연구 협력은 물론, 글로벌 기술 혁신 네트워크의 일원으로 자리매김해야 한다. 셋째, 연구 인력 교류와 공동 교육 프로그램을 활성화해야 한다. 해외 우수 연구 인재가 한국으로 유입되도록 유도하는 것은 물론, 한국의 연구 인재들이 국제적 연구 현장에서 경험을 쌓을 수 있도록 지원해야 한다. 넷째, 우수 연구 인재의 유출 방지와 해외에서 활동 중인 인재의 유입 활성화에 대한 전략적 접근이 필요하다. 동시에, 개발도상국의 우수 과학 인재들을 적극적으로 유치하고, 이들이 한국에서 연구와 교육을 받을 수 있는 기회를 확대해야 한다. 이와 같은 **국제 협력 강화 전략**을 통해 한국은 세계적인 연구 네트워크에 적극 참여하고, 글로벌 기술 혁신의 선도적 역할을 수행할 수 있을 것이다.

4.2 창의 인재 양성을 위한 교육 개혁

국민들의 높은 교육열과 앞서 살펴본 R&D 투자가 한국 경제 발전에 크게 기여한 점은 부인할 수 없는 사실이다. 미국 전대통령 오바마는 '한국의 교육 시스템'을 빠른 경제 성장을 이끈 중요 요인으로 언급하며, 미국도 이를 본받아야 한다고 평가한 바 있다. 그러나 현재의 암기식 교육은 한계에 직면했다. 이제 우리는 'First Mover'로 전환하고, 저출생 문제와 AI 혁명이라는 시대적 과제에 대응해야 할 때이다. 이를 위해서는 학생 한 명 한 명이 AI 시대에 걸맞은 창의성을 갖추도록 하는 **교육 개혁**이 시급하다.

교육, 투자는 많으나 부족한 창의성

오바마가 말했듯, 교육을 매우 으뜸으로 중시하는 한국은 높은 공교육 투자와 학업 성취도로 세계적 주목을 받고 있다. 2021년 기준, GDP 대비 공교육 투자 비율은 5.2%로 OECD 평균(4.9%)을 상회하며, 25~34세 청년층의 고등 교육 이수율은 69.7%로 OECD 1위를 기록한다OECD 교육 지표 2024.

하지만 이러한 성과 뒤에는 여러 가지 문제점이 존재한다. 첫째, 한국의 교육은 대학 입시에 집중되어 있다. 학생들은 대학수학능력시험수능에서 높은 점수를 받기 위해 암기식 학습에 의존하고 있어 창의력이 부족하다는 평가를 받는다. 한편 단 한 번의 대입 시험으로 인생이 결정되는 고부담 시험 문화는 학생들과 학부모들의 심리적 압박을 가중시킨다. 둘째, 극단적 대학 서열화가 과도한 입시 경쟁을 초래한다. 명문 대학 입학을 위해 거의 모든 학생과 학부모들이 사교육에 의존하면서, 2023년 기준 고등학생 자녀를 둔 가구의 소비 지출 19.6%가 사교육비에 투입되었다. 특히, 사교육 인프라가 좋은 서울 강남 지역으로의 이주 현상이 심화되면서, 부동산 가격 상승 등 사회적 문제로 이어지기도 했다. 셋째, 고등 교육에 대한 투자 부족도 큰 문제로 지적된다. 초·중등 교육에 대한 공교육 투자 비율은 GDP 대비 3.4%로 OECD 평균(3.2%)을 상회하지만, 고등 교육 단계에서는 0.7%로 OECD 평균(1.0%)에 못 미친다. 이에 따라 학생 1인당 고등 교육비 지출액도 1만 3,000달러로, OECD 평균 2만 달러에 크게 못 미친다(이상 2021년 기준). 이로 인해 대학의 연구·교육 환경이 열악해 글로벌 경쟁력에서 뒤처지고 있다. 마지막으로 빠른 기술 발전에 대비하기 위한 **평생 교육**의 중요성이 점점 커지고 있지만, 한국의 성인 평생 교육 참여율은 2023년 기준 32.3%로 OECD 평균(40.4%)보다 낮다. 이는 성인들이 새로운 기술과 지식을 습득할 기회를 충분히 얻지 못하고 있음을 의미한다.

논술형 대학 입시 도입

한국의 수능은 객관식 평가로 공정성을 추구한다지만, 학생들의 창의성과 사고 능력을 제대로 평가하지 못하고 있다. 이에 따라 주요 선진국들처럼 논술형 또는 서술형 평가 방식으로 입시 제도를 전환하여야 한다. 이미 미국의 SAT(논술형), 일본의 대학 입학 공동 테스트(서술형), 독일의 아비투어(논술형), 프랑스의 바칼로레아(논술형 및 서술형) 등 많은 나라들이 논술형과 서술형 시험을 시행하고 있다. 물론, 논술형 평가 도입 시 채점의 공정성에 대한 우려가 있다. 그러나 해외 사례를 참고하여 일관된 채점 기준을 마련하고, 채점 과정의 투명성을 확보하는 등 공정성을 높이기 위한 개선 방안을 모색할 수 있다. 또한 일본의 대학 입학 공동 테스트처럼 복수의 시험 기회를 제공하여, 학생들이 다양한 시점에서 자신의 역량을 평가받을 수 있도록 해야 한다. 이를 통해 학생들은 자신의 능력을 다각도로 보여 줄 수 있으며, 대입 스트레스 역시 완화할 수 있을 것이다.

학과와 학부 중심 대학 순위

한국의 극단적 대학 서열화는 과도한 입시 경쟁과 사교육 부담의 주요 원인으로 지적되고 있다. 이와 같은 문제를 해결하기 위해서는 대학의 서열을 전체 순위로 평가하기보다는 각 대학들이 특정 학문 분야에서 강점을 가질 수 있게 **특성화 대학**을 육성해야 한다. 미국의 경우, 하버드대학교가 종합 순위에서 최상위를 차지하더라도, MIT는 공학과 컴퓨터 공학, Caltech은 물리학과 천문학, NYU는 영화와 예술, 경영학 분야에서 각각 강점을 가진다.

각각의 대학이 특정 분야에서 두각을 드러내기 위해서는 정부의 재정 지원뿐 아니라, 교육부의 **규제 완화**가 필수적이다. 입시·정원·등록금 등 다양한 차원에서의 규제를 폐지하여 대학들이 특성화된 교육 프로그램과 선발 방식, 장학금 패키지 등을 통해 우수 학생을 유치할 수 있도록 해야 한다. 이와 함께 상위 대학은 **지역별 비례 선발제** 도입을 검토할 필요가 있다. 주요 대학이 자발적으로 지역별 학령 인구 비율을 반영한 비례 선발제를 도입하면, 우리 사회의 큰 문제인 지역 간 소득 수준이나 사교육 환경의 차이가 입시에 미치는 영향을 줄일 수 있을 것이다.

고등 교육 투자 확대

한국의 공교육 투자는 OECD 평균을 상회하지만, 대학에 대한 투자는 상대적으로 부족하다. 이를 해결하기 위해서는 우선 대학 등록금에 대한 규제를 폐지해야 한다. 교육부는 2009년부터 각 대학에 등록금을 동결하도록 사실상 규제하고 있다. 대학이 등록금을 올릴 경우, 국가 장학금을 배정받지 못할 뿐 아니라 다른 예산 지원에 있어서도 불이익을 받을 수 있다는 우려 때문에 등록금을 동결해 왔다. 2009년부터 2023년까지 누적 소비자 물가 상승률만 해도 37%에 이르며, 이러한 상황이 지속될 경우 대학들은 재정 문제로 경쟁력이 더욱 약화될 수밖에 없을 것이다.

또한 교육 교부금 산정 방식을 인구 구조 변화에 맞게 개편하여야 한다. 1972년에 제정된 지방교육재정교부금법에 따라, 내국세의 20.79%를 교육 교부금으로 조성해 초중등 교육에 사용하고 있다. 하지만 급감하는 학령 인구에도 불구하고 교육 교부금은 오히려 증가하여 학생 1인당 지원금은 2014년 641만 원에서 2023년 1,207만 원으로 두 배 가까이 늘었다. 초·중등 교육에만 사용되고 있는 교육 교부금을 고등 교육에도 활용해야 하는 이유다.

AI 교육 강화

AI 시대에는 AI와 인간 교사의 역할 분담을 통한 맞춤형 학습 경험 제공을 생각해 볼 필요가 있다. AI는 보조 교사로서 개별 학생의 학습 패턴과 성취도를 실시간으로 분석하고, 그에 맞는 학습 콘텐츠와 학습 경로를 제공할 수 있다. 인간 교사는 학생들과 직접 소통하며 학습 동기를 높이고, 피드백을 제공하는 맞춤형 코치로서의 역할을 담당한다. 특히 새로운 환경에서는 학생들이 창의성과 문제 해결 능력을 높이고, 개인

AI 시대, 교육의 변화를 모색해야

적으로 또는 협업하여 질문하는 능력을 키우는 데 중점을 두어야 한다.

이를 위해 **AI 디지털 교과서**AI Digital Textbook, AIDT 활용이 효과적 출발점이 될 수 있다. AIDT는 학생 개개인의 능력과 수준에 맞는 맞춤형 학습 기회를 지원할 수 있게 AI를 활용하여 다양한 학습 자료 및 학습 지원 기능을 탑재한 교과서이다.

초등학교 입학 연령 인하

초등학교 조기 입학은 2022년 사회적 논란 속에 공론화 과정을 제대로 거치지 못한 채 중단되었다. 하지만 조기 입학은 아이들의 학습 능력과 인지 발달을 촉진할 수 있는 잠재적 이점이 있다. 개인적으로는 경제 활동을 더 빨리 시작할 수 있는 기회를 제공하고, 국가적으로는 저출생에 따른 노동력 부족 문제를 완화할 수 있는 방안이 될 수 있다. 그럼에도 조기 입학이 아이들의 학업 스트레스와 정서적 불안감을 증가시킬

우려 역시 없지 않다. 따라서 조기 입학의 장단점을 면밀히 분석하고, 해외 사례를 참고하여 개선 방안을 마련한 후 재추진할 필요가 있다.

평생 교육 확대

상대적으로 부족한 우리나라의 평생 교육을 강화하기 위해서는 수요와 공급 양 측면에서 개선이 필요하다. 수요 측면에서는 대표적인 구직자 교육 훈련 바우처인 국민내일배움카드의 지원 방식을 연령대 특성에 맞게 차등 지급하여야 한다. 현재는 전 연령층에 동일한 금액을 지원하고 있으나 노동 시장 진입기나 생애 전환기(전직, 퇴직 시기)에 있는 사람들에게는 더 높은 수준의 지원이 필요하다. 또한 신기술 훈련과 같은 일부 과정은 자부담 비율이 전액 면제되어 도덕적 해이를 불러일으킬 수 있으므로 최소한의 자부담(예: 10%)을 통해 수강생의 책임감을 높일 필요가 있다. 이와 더불어, 재직자의 직무 역량 강화를 위해 **장기 유급 휴가 훈련제**를 활성화하여야 한다. 공급 측면에서는 **성과 중심**의 공급 체계를 구축하여 훈련의 질을 향상시켜야 한다. 현재 정부가 훈련 기관에 제공하는 지원금은 정액제로 운영되고 있는데, 우수 기관에게는 추가 인센티브를 제공하는 방식으로 개편하여야 한다. 또한 훈련생의 만족도 평가 데이

평생 교육 강화를 위한 방안 마련

터를 축적하여 훈련 기관 간 자발적 경쟁voting with the feet을 유도하고, 훈련 기관 평가는 취업률과 같은 성과 지표를 중심으로 개편해야 한다.

4.3 혁신 성장을 위한 금융 개혁

우리 경제의 혁신 성장을 위해서는 금융 개혁이 필수적이다. 은행은 부동산 대출 중심에서 벗어나 생산적 부문에 자금을 공급해야 하며, 부실 기업을 신속히 퇴출시켜 자원의 효율성을 높여야 한다. 그리고, 혁신적이지만 위험이 큰 기업들에 자본이 원활히 유입될 수 있게 만들어 줄 자본 시장 발전이 시급히 추진되어야 한다. 더불어, 기능 중복 문제로 비판받고 있는 정책 금융 기관의 재편도 필요하다. 금융 개혁은 경제 성장의 새로운 동력이 될 것이다.

부동산 중심 대출과 자본 시장의 코리아 디스카운트

한국의 금융 시스템은 자본 시장 중심으로 운영되는 미국과 달리, 은행 중심으로 운영된다. 그런데 국내 은행들은 부동산 대출 영업에 집중하여 손쉽게 수익을 올린다는 비판을 받는다. IMF 위기 이후 대규모 기업 부도로 구조 조정을 경험한 은행들은 자금 공급처를 기업 중심에서 가계 중심으로 전환하여 온 것이다.

1999년 일반 은행의 **기업 대출**은 전체 대출의 62.7%였으나, 2023년에는 50.0%로 줄었다. 반면, **가계 대출**은 같은 기간 35.6%에서 48.2%로 증가했다. 특히, 2023년 기준으로 가계 대출 중 73.4%가 **주택담보대출**이다(은행통계정보시스템). 이러한 주택담보대출 중심의 가계 대출 증가는 막대한 가계 부채와 급격한 부동산 가격 상승을 초래해 우리 경제에 큰 부담이 되고 있다.

한편 경쟁력을 상실한 부실 기업의 시장 퇴출이 지연되어 경제의 효율성이 저하되고 있다. 한국은행 조사에 따르면, 영업 이익으로 이자 비용을 감당하지 못하는 기업 비율이 40.1%에 달하고, 영업 적자를 기록한 기업 역시 27.8%에 이른다한국은행, 2023년 기업경영분석.

더불어 자본 시장의 신뢰도가 낮아 기업들이 직접 금융을 조달하기 어려운 상황이다. 국내 기업의 저평가 현상, 이른바 **코리아 디스카운트**가 지속되며 최근 들어 "국장 탈출은 지능 순"이라는 말까지 유행하고 있다. 실제로 2012년에서 2021년 사이 국내 상장사의 **주가순자산비율**PBR은 선진국의 52% 수준에 불과했고, 신흥국(58%)보다도 낮았다.

이러한 문제들을 보완해야 할 **정책 금융 기관**들의 기능 역시 기대에 미치지 못한다. 수출입은행과 무역보험공사, 신용보증기금과 기술신용보증기금 등 정책 금융 기관들 간의 역할 중복과 비효율성이 크고, 이들이 지원하는 중소기업에 대한 정책 효과 역시 미미하다는 연구 결과들이 다수 존재한다.

은행의 부동산 대출 적정화 및 기업 금융 강화

은행은 담보를 바탕으로 안정적 수익이 보장되는 부동산 대출에 큰 유인을 느낀다. 따라서 금융 당국이 적절한 대책을 마련하지 않는다면 부동산 대출 증가는 계속 유지될 가능성이 크다. 이를 방지하기 위해 금융 당국은 **주택담보인정비율**LTV뿐만 아니라 **총부채상환비율**DTI, **총부채원리금상환비율**DSR 등 차주의 소득을 고려한 대출 규제를 강화해야 한다. 또한 부동산 대출 상품을 변동 금리부 일시 상환에서 원리금 균등 상환으로 전환하도록 유도해야 한다. 이러한 대책에도 부동산 대출 증가세가 과도하게 지속된다면, 은행별로 부동산 대출 총액 한도를 설정하는 방안까지 고려해야 한다.

한편 **기업 금융 확대**를 위해서는 담보가 부족하더라도 기술력 있는 기업에 대한 대출 한도 상향이나 금리를 우대하는 **기술 금융**을 강화해야 한다. 현재 중소기업 대출 잔액의 29%를 차지하는 기술 금융(2023년 기준)을 확대하는 동시에, 은행이 기술신용평가사에 부당한 영향을 미치지 못하도록 관리 체계를 강화해야 한다. 또한 기술신용평가사들이 관대한 평가를 내리지 않도록 평가 등급 기준을 엄격히 하여 평가 정확도를 높여야 한다.

부동산 위주의 담보 제도를 보완하기 위해서는 재고 자산이나 기계 설비 등 **동산 담보 대출**을 활성화할 필요가 있다. 이를 위해 동산 가치 평가를 고도화하고, 담보로 인정되는 동산의 범위를 확대하는 등의 노력이 요구된다. 또한 정책 금융 기관이 중소기업이나 혁신 기업에 신용

보강을 제공함으로써 은행의 기업 금융 확대를 촉진할 수 있을 것이다.

디지털 금융 활성화

핀테크·빅테크 기업·인터넷 은행 등은 인터넷·모바일·AI 등의 디지털 기술을 활용한 새로운 서비스로 **금융 혁신**을 주도하고 있다. 디지털 금융의 확산은 지급 결제와 송금·환전·자산 관리 등 다양한 서비스에서 금융 접근성을 크게 확대시키고, 비용을 대폭 절감하며, 사용 편의성으로 고객 만족도를 높이고 있다.

정부는 디지털 금융을 촉진하기 위해 **규제 샌드박스** 제도를 개선하여 디지털 금융에 적합한 유연한 규제 체계를 마련해야 한다. 또한 디지털 금융의 기반이 되는 데이터 개방 확대 및 표준화를 위해 지속적으로 노력해야 한다. 디지털 환경에서 해킹 및 데이터 유출 위험성이 높은 만큼, 금융 기관이 강력한 보안 체계를 구축하도록 유도하고, 개인 정보 보호도 강화해야 한다. 아울러 디지털 금융에 취약한 고령층 등의 계층을 위해 교육 프로그램 도입으로 디지털 격차를 줄이는 것도 중요한 과제이다.

핀테크 등 디지털 금융 확산 및 촉진을 위한
방안이 마련되어야

부실 기업의 원활한 구조 조정

금융 자원의 효율적 배분을 위해서는 채권 금융 기관 간 워크아웃 또는 법정 관리 제도를 통해 회생 가능성이 있는 기업은 살리고, 회생이 불가능한 기업은 신속히 정리하여야 한다. 그러나 채권 금융 기관은 회생 가능성이 없는 기업에 대해서도 손실 회피를 위해 만기를 연장하는 경향이 있는데, 감독 기관은 금융 기관이 이들 기업에 대한 대손상각 처리를 엄격하게 하도록 해야 한다.

채권 은행 협약에 따르면, 신용 위험 평가에서 C, D 등급을 받은 기업들은 워크아웃이나 법원 회생 절차를 신청해야 하지만, 실제로는 이 규정을 지키지 않는 경우가 많다. 따라서 감독 당국의 관리 강화를 통해 이러한 문제를 개선해야 한다.

또한 워크아웃과 법정 관리 제도에서 채무자 권리가 강화되면서 채권자들이 신규 자금 지원이나 출자 전환을 기피하고 있다. 이를 해결하기 위해서는 법정 관리 절차에서 채권자에게 신규 자금 지원에 대한 우선 변제권을 부여하고, 채권자가 직접 워크아웃을 신청할 수 있도록 제도 개선이 필요하다.

자본 시장 선진화

국내 증시로 투자자들이 돌아오게 하려면 '코리아 디스카운트'를 해소하는 것이 중요한 과제이다. 우선 주가 조작과 내부자 거래, 허위 정보 유통 등 불공정 거래 행위를 철저히 근절해야 한다. 이를 위해 불공정 거래에 연루된 자는 임원 선임 및 자본 시장 거래를 일정 기간(예: 10년) 제한하는 등 엄격한 처벌을 도입해야 한다. 임원 및 대주주의 주식 거래에 대해서는 사전 공시를 강화하고, 온라인 허위 정보 유통에 대한 감시 수준도 높여야 한다.

또한 정책의 글로벌 스탠다드를 준수하고 일관성을 유지해 예측 가능성을 높여야 한다. 공매도 금지 및 금융 투자 소득세 도입 논란은 대표적인 문제성 정책으로, 대부분의 선진국이 허용하고 있는 제도는 도입하거나 유지하는 방향으로 정책의 일관성을 가져가야 한다. 아울러 모든 주주가 이사 선임과 보수 책정, 문제성 거래에 대한 거부 등의 의결권 행사에서 실제 지분에 비례한 권한을 가질 수 있도록 제도를 정비할 필요가 있다.

정책 금융 기관 재편

정책 금융 기관은 중소기업과 신산업 지원, 기업 구조 조정 촉진 등 시장 실패를 보완하는 중요한 역할을 하지만, 기관 간 역할 중복과 지원 효과의 미흡으로 비판에 직면해 있다. 이를 해결하기 위해 현행 기관별 운영 체제를 지주회사와 자회사 형태로 재편하면 업무 중복을 최소화할 수 있다. 우선적으로 수출입은행과 무역보험공사, 신용보증기금과

표 4.3 주요 정책 금융 기관

구분	기관명	주요 역할
정책은행	산업은행	기업 구조 조정, 산업 자금 지원
	중소기업은행	중소기업 금융 지원
	수출입은행	무역·해외 사업 금융 지원
	무역보험공사	무역 보험, 수출 신용 보증
보증기관	신용보증기금	중소기업·스타트업 신용 보증
	기술보증기금	기술 기업·혁신 기업 보증 지원
기금운용기관	한국벤처투자	모태펀드 운용, 벤처캐피털 투자
	성장금융투자운용	스타트업·혁신 기업 투자
	중소기업진흥공단	중소기업 정책 자금 운용
	한국농어촌공사	농어업 관련 기금 운용
	주택도시보증공사	주택 사업자 금융 보증
	한국주택금융공사	주택 담보 대출 보증
	한국자산관리공사	부실 채권 정리, 구조 조정 지원

기술신용보증기금 등 중복되는 기능을 가진 기관들의 재편을 고려할 수 있을 것이다.

또한 **중소기업 지원 정책**은 수혜 기업의 생존율은 높이지만 생산성은 오히려 저하된다는 분석이 많다. 이는 정책 금융 기관이 성장 잠재력이 있는 기업을 선별하지 못한 결과이므로 선별 능력을 강화할 필요가 있다. 중소기업에 대한 정책 보증 역시 국제적으로 비교할 때 그 규모가 과다하며, 은행과 기업 모두의 도덕적 해이를 초래할 수 있다. 이를 해결하기 위해 은행별로 보증과 대위 변제 총량을 설정해 위탁 운영하면, 은행은 기업의 성장 가능성을 고려해 보증 한도와 비율을 차등화할 수 있어 효율성을 높일 수 있을 것이다.

4.4 민간 중심 벤처 생태계 구축

혁신과 모험을 특징으로 하는 벤처 기업은 경제의 역동성을 유지하는 핵심 동력이다. 미국이 탁월한 성장을 이루는 배경에도 실리콘밸리의 민간 중심 벤처 생태계가 큰 역할을 하고 있다. 우리도 우수한 인재들이 벤처 창업에 적극 나서고, 민간 자금이 풍부하게 벤처 시장에 유입되며, 벤처 인재와 자본이 회수되어 재투자되는 민간 주도의 선순환 벤처 생태계를 구축해야 한다.

양적 성장, 그러나 질적 미흡

2022년 말 기준으로 한국의 벤처 기업 수는 약 3만 5,000개, 근무자 수는 81만 명이며, 그중 유니콘 기업(기업 가치 1조 원 이상 비상장 기업)은 22개로 세계 10위에 속한다. 벤처 투자 규모는 10조 9,000억 원으로, 미국과 중국 등에 이어 세계 5위 수준이다. 우리의 벤처 시장은 양적으로 크게 성장했지만, 질적 성장은 여전히 미흡하다. 창업 기회는 있어도 창업 의향이 있는 사람은 25%에 불과하며 글로벌 기업가 정신 모니터링 보고서 2023, 벤처 시장은 모태 펀드와 성장 사다리 펀드 등 정부 자금이 주도

벤처 생태계를 활성화해야

하고 있어 민간의 역할이 제한적이다. 2021년 기준으로 전체 벤처 펀드 9조 2,000억 원 중 3분의 2(5조 9,000억 원)가 정책 금융의 지원을 받아 결성되었다.

벤처 시장의 주요 플레이어 중 벤처 캐피털을 제외한 크라우드 펀딩, 엔젤 투자자, 엑셀러레이터 등의 역할이 부족하다. 벤처 기업의 투자 유치 경험 조사(2023년 기준)에 따르면, 크라우드 펀딩은 1.5%, 엔젤 투자자는 9.0%, 엑셀러레이터는 3.8%에 그친다. 또한 펀드와 건별 투자 규모가 작아 벤처 기업의 스케일업이 어렵다. 2015년에서 2021년 간 벤처 펀드 평균 규모는 미국 1,900억 원, 중국 1,100억 원에 비해 한국은 279억 원에 불과했으며, 건별 투자 규모 역시 22억 원으로 미국의 5분의 1, 중국의 3분의 1 수준이다. 유니콘 단계로 성장한 후에는 국내 자본은 거의 없이 대부분 외국 자본에 의존하는 구조가 되고 있다.

회수 시장이 발달하지 않은 점도 문제다. 벤처 투자자들은 주로 IPO를 통해 자금을 회수하지만, 창업 후 IPO까지 평균 13년이 소요된다. M&A나 세컨더리 펀드 등의 중간 회수 시장이 활성화되지 않아 투

자자들이 후기 투자에 집중함으로써 초기 투자가 미흡한 실정이다.

표 4.4 창업 단계별 주요 자금 조달원

단계	주요 자금 조달원
창업	자기 자본, 엔젤 투자, 정부 지원금
시드 투자	프리-시드, 시드 라운드, 엑셀러레이터
초기 투자	시리즈 A, 시리즈 B
성장 단계	시리즈 C, 시리즈 D~F
회수 단계	IPO, M&A, 세컨더리 마켓

벤처 창업 활성화

벤처 창업 활성화를 위해서는 정부가 나서 성공한 창업가가 존경받는 사회적 문화를 조성해야 한다. 성공한 창업가들이 연쇄 창업가로서 새로운 도전에 나서거나, 후배 창업가를 육성하고 투자하는 비즈니스 엔젤로 활약하도록 유도하는 것이 중요하다. 한국에는 미국과 달리 은둔형 벤처 기업가가 많은데 이는 사회적으로 큰 손실이다.

또한 기술 창업 성공 가능성이 높은 대학 교수나 연구원의 창업을 장려한다. 이를 위해 창업 휴직 관련 규제를 완화하고, 이중 소속을 허용해야 한다. 현재 논문 중심의 재임용 및 승진 기준을 연구 및 기술 사업화 성과가 적절히 평가될 수 있도록 인사 평가 제도를 개선해야 한다.

아울러 정부 지원 사업에서는 TIPS^{Tech Incubator Program for Startup} 프로그램처럼 민간 전문가가 지원 기업을 선정하는 방식을 다른 벤처 및 중소기업 지원 사업에도 확대 적용하여 지원의 효율성을 높여야 한다. 또한 보조금이나 출연금에 의존하는 지원 방식에서 벗어나 회수 및 재투자가 가능한 투·융자 방식을 확대하여 자금의 순환 구조를 강화할 필요가 있다.

마지막으로 실패한 기업가가 재기할 수 있는 환경을 마련해야 한다. 사회적으로 실패에 대한 인식을 개선하고, 연대 보증 폐지와 신용 회복 지원을 통해 금융 채무에서 벗어날 수 있도록 도와야 한다. 또한 재기 초기에 필요한 자금 지원뿐 아니라 후속 단계의 지원을 강화하고, 재도전 기회에 대한 통합 정보 플랫폼을 구축해야 한다.

민간 중심의 벤처 투자

벤처 시장은 현재처럼 정부가 주도하는 방식에서 민간 주도로 전환해야 하며, 정부는 리스크가 큰 분야나 세컨더리 펀드 등 민간이 기피하는 영역에서 시장 조성자 역할을 강화해야 한다. 예컨대, 모태 펀드·자펀드의 투자 기간 제한(현행 4년)을 폐지하고, 존속 기간(평균 7년)을 확대하여 인내 자본의 역할을 강화할 필요가 있다.

우선 민간 모펀드 설립과 기업의 스케일업을 지원하기 위해 펀드 규모를 확대하고 기업당 투자 규모를 늘려야 한다. 이를 위해 은행권과 연기금, 일반 국민 등으로 펀드 출자자 범위를 넓혀야 한다. 은행들이 펀드 출자를 위험 자산으로 분류해 소극적인 점을 고려하여, 펀드 출자의 위험 가중 자산 비율을 하향 조정하고 출자에 대한 인센티브(예: 모태 펀드 자펀드의 우선 손실 충당)를 제공해야 한다. 퇴직연금(2023년 말 기준, 382조 원)의 벤처 펀드 출자가 금지된 상황도 개선해 낮은 연금 수익률(10년간 연환산 수익률 2.07%)을 높이는 한편, 모험 자본 시장에 유동성 공급을 확대해야 한다. 또한 공모형 상장 펀드로 벤처 기업 등에 투자하는 **기업 성장 집합 투자 기구**BDC를 도입해 일반 투자자들의 자금이 모험 자본 시장으로 유입되도록 해야 한다. BDC는 상장되어 있어 자금 회수 면에서 유리하다. 더불어 벤처 펀드 출자자 수 제한(현행 49인)도 완화할 필요가 있다.

취약한 시장 플레이어의 역할을 강화하기 위해 크라우드 펀딩은 우선, 기업 정보의 투명성을 강화하여 투자자의 신뢰를 확보해야 한다. 엑셀러레이터는 창업 초기 단계를 넘어 장기적 성장을 지원할 수 있도록 프로그램을 확장하고, 엔젤 투자자는 초기 투자에서 발생하는 리스크를 정부가 분담할 수 있도록 해야 한다.

회수 시장 강화

투자자의 원활한 자금 회수를 위해 인수·합병M&A을 활성화하고, 비상장 주식 거래와 세컨더리 펀드 확대를 추진해야 한다. 또한 시간이 많이 소요되는 IPO의 대안으로 혁신 기업들이 우수한 기술을 바탕으로 상장할 수 있게 하되 기술 평가의 객관성을 강화하고, 상장 후 성과 모니터링을 엄격히 하는 방향으로 **기술 특례 상장 제도**를 개편할 필요가 있다. **기업 인수 목적 회사**^{SPAC}를 통한 합병 상장은 IPO 기간을 단축하는 효과가 있으므로 투자자 보호를 전제로 활성화해야 한다.

대기업이 전략적 투자자로 모험 자본 시장에 참여하는 것도 M&A를 촉진할 수 있다. **기업형 벤처 캐피털**^{CVC}을 통한 투자는 대기업이 M&A 후보군을 확보하는 동시에 스타트업의 창의성과 대기업의 자원을 결합하는 기회가 된다. 이를 위해 대기업의 창업 기업에 대한 전략적 투자를 촉진하기 위해 CVC의 외부 자금 모집 한도와 해외 투자 한도 규제를 완화해야 한다.

M&A가 저조한 주요 원인은 벤처 기업에 대한 적절한 가치 평가 방법과 이를 담당할 전문 기관의 부재에 있다. 신뢰할 수 있는 **기업 가치 평가 시스템**을 구축하고, 이를 담당할 전문가와 중개 기관을 육성하여 M&A 인프라를 강화해야 한다.

벤처 관련 법률의 통합

중기부 소관의 벤처 투자 관련 법률(중소기업창업지원법, 벤처기업육성법)은 2022년에 '벤처투자법'으로 통합되었다. 그러나 여전히 금융위(자본시장법, 여신전문금융업법)와 중기부로 벤처 투자 관련 법률이 이원화

한미 벤처 클러스터: 판교와 실리콘밸리

판교와 실리콘밸리는 각각 한국과 미국을 대표하는 벤처 클러스터로 자주 비교된다. 양자는 생성 배경과 주도 주체(정부 또는 민간), 생태계 특징, 발전 단계 등에서 많은 차이가 난다. 판교는 실리콘밸리를 벤치마킹하여 빠르게 발전하고 있지만, 여전히 아래와 같은 많은 한계들을 가지고 있다.

➤ 민간의 자율적 혁신보다는 정부 정책에 의존하는 경향

➤ 벤처 캐피털 시장이 작고, 회수 시장도 다각화되어 있지 못함

➤ 실패를 용인하는 문화가 미흡하여 두려움으로 창업을 주저하게 함

➤ 대학과 연구 기관 등의 기술 이전이나 사업화 협력이 미흡

➤ 국내 시장 위주의 클러스터로 해외 네트워크가 취약

구분	판교	실리콘밸리
조성	2000년대 중반	1950~60년대
특징	정부 주도로 IT 중심 산업 밀집	대학, 연구소, 벤처 캐피털, 민간 기업의 협력과 자율성
생태계	상대적으로 제한적, 성장 중	세계 최대 벤처 캐피털 생태계
주요 기업	네이버, 카카오, 엔씨소프트, 넷마블 등	구글, 애플, 페이스북, 인텔, 테슬라 등
대학 연계	대학과의 연계 점차 확대 중	스탠퍼드대학교, UC 버클리 등의 대학 연구소 주도
글로벌 영향력	아시아 IT허브로 부상	세계 최대 IT 및 벤처 클러스터, 글로벌 영향력 절대적
글로벌 기업	제한적, 최근 성장 중	다국적 기업과 스타트업의 중심지

되어 있어 중복 규제와 복잡성, 비효율성 문제가 지속되고 있다. 중장기적으로는 벤처 투자 수요자의 관점에서 모든 벤처 투자 펀드가 단일 법률 아래 규율될 수 있도록 통합법을 제정해야 한다. 과도기적으로는 두 부처 간 협력을 강화하고, 벤처 통합 지원 기구를 구축해야 한다.

4.5 서비스업, 중소기업 및 자영업자 경쟁력 제고

한국 경제는 구조적으로 취약한 부분을 안고 있다. 경제에서 큰 비중을 차지하지만 생산성이 낮아 전체적 성장을 저해하는 요소들이 존재하는 것이다. 그 대표적 세 가지 부문이 서비스업, 중소기업, 그리고 자영업자(비임금근로자)이다. 2021년 기준 서비스업은 전체 고용의 70.0%를 차지하고, 중소기업은 전체 고용의 86.1%를 담당하고 있다. 비임금근로자는 전체 고용의 23.9%를 차지한다. 이들은 상호 중복되어 영향을 주고받는 관계에 있다. 한국 경제의 지속적 발전을 위해서는 이들 취약 부문의 생산성 제고를 위한 전략적 접근이 필요하다.

영세성, 낮은 생산성의 주원인

한국 경제는 제조업 경쟁력은 강한 반면, 고용의 70.0%를 차지하는 서비스업 경쟁력은 낮다는 구조적 특징을 가지고 있다. 한국생산성

본부(2023년 노동 생산성 국제 비교) 자료에 따르면, **제조업 노동 생산성**은 OECD 평균의 127.5%로 36개국 중 6위(구매력 평가(PPP) 기준)에 해당하지만, 서비스업은 OECD 평균의 75.8%에 불과해 27위에 머무르고 있다. 국내 **제조업 대비 서비스업 노동 생산성**은 약 47.5% 수준으로, OECD 국가들 서비스업 노동 생산성이 제조업 대비 평균 79.9%에 달하는 것과 비교할 때 매우 낮은 수준이다. 특히 아일랜드를 제외하면 한국은 서비스업과 제조업의 생산성 격차가 가장 큰 나라이다.

서비스업 내에서 모든 업종이 낮은 생산성을 보이는 것은 아니다. OECD 기준으로 개별 업종의 생산성을 100으로 놓고 볼 때, 금융 및 보험업은 96.9%로 비슷한 성과를 보인다. 그러나 전문 과학·관리 지원업은 81.9%, 특히 유통·운수·음식·숙박업은 65.2%로 저조하다. 이러한 생산성 격차는 주로 사업체 규모에 의해 영향을 받으며, 한국의 경우 유통·운수·음식·숙박 업종에서 **소규모 사업체의 과다**가 경쟁력 저하의 이유로 지적된다.

한국의 기업 분포는 소수의 글로벌 대기업과 대다수 영세 중소기업으로 구성되어 있다. 제조업 대기업(종사자 250인 이상, EU 기준) 고용 비중은 28.1%에 불과해 독일(61.0%)이나 프랑스(59.5%) 등과 비교해도 크게 낮은 수준이다. 반면, 제조업 중소기업(1~249인) 고용 비중은 71.9%로 상당히 높으며, 특히, 종사자 10~49인의 소기업 고용 비중이 42.3%로 조사 대상 18개국 중 가장 높다(다만, 한국의 1~9인 소기업 자료는 미비). 중소기업의 생산성은 흔히 낮다고 알려져 있지만, 제조업 부문에서 한국의 중소기업 생산성은 아일랜드에 이어 2위이며, 문제는 생산성이 낮은 영세 소기업 비중이 높다는 데 있다.

서비스업의 경우, **영세성 문제가 더 심각하다.** 전체 중소기업 고용 비중은 89.5%로 조사 대상 국가 중 가장 높으며, 특히 1~9인 소기업 비중이 59.7%에 달한다. 이는 한국 서비스업의 고용 구조가 **자영업자** **중심으로** 이루어진 특징과 밀접한 관련이 있다.

세 번째 특징으로, 한국은 자영업자와 무급 가족 종사자로 구성된 **비임금 근로자의 비중이 높다는 것이다.** 한국의 **비임금 근로자 비율**은 전체 취업자의 23.9%로 OECD 평균인 15.0%를 크게 웃돈다. 주요 선진국 의 비임금 근로자 비율은 미국(6.4%), 독일(8.8%), 캐나다(7.8%) 등 한 자 릿수에 그치며, 일본(11.3%), 프랑스(11.1%) 역시 10%대 초반 수준이 다. 특히 한국에서는 노동 생산성이 낮은 유통·운수·음식·숙박업에서 비 임금 근로자 비율이 39.9%로, OECD의 2.6배에 이른다. 반면 정보 통 신과 금융 보험, 전문 과학·관리 지원업에서는 비임금 근로자 비율이 OECD보다 낮다.

이러한 구조적 문제를 해결하기 위해서는 서비스업의 **경쟁력 강화와** **영세 사업체의 규모화**가 중요한 과제가 되고 있다.

서비스업 선진화

우선, '**서비스발전기본법**'을 신속히 제정할 필요가 있다. 이 법을 바탕으로 서비스업 발전 계획을 주기적으로 수립하고, 관련 기업들에 대한 재정 및 세제 지원, 규제 완화, 인프라 구축 등의 지원을 체계적으로 시행해야 한다. 그러나 이 법안은 2011년 발의 이후, 의료 산업 관련 논란 등으로 아직 제정되지 못하고 있는 상황이다. 법 제정 이전이라도 행정 입법을 통해 발전 계획 수립 및 관련 정책들을 선제적으로 추진할 필요가 있다.

특히, 도소매업, 음식·숙박업 등 상대적으로 부가가치가 낮은 업종의 경우, 디지털 전환과 프랜차이즈화를 통한 규모화를 촉진하고, 효율성을 제고해야 한다. 프랜차이즈 시스템은 본사와 가맹점이 상생할 수 있는 구조로 개선해야 하며, 미국처럼 가맹점의 영업 실적 및 이익과 연계된 **로열티 방식**으로 전환을 유도하여 필수 품목에 대한 본사의 물류 마진을 합리화할 필요가 있다.

다음으로는, 서비스업의 생산성 향상을 위해 시장 **진입과 퇴출**이 원활히 이루어지게 한다. 제조업은 주로 기존 기업의 기술 혁신으로 생산성 향상이 이루어지는 반면, 한국 소매업 생산성의 60% 이상은 신규 기업의 진입과 기존 기업의 퇴출에서 발생하는 것으로 연구되었다. 높은 생산성을 가진 기업의 진입과 낮은 생산성 기업의 퇴출이 원활히 이루어질 수 있도록 시장 진입·퇴출 장벽을 낮추는 정책이 필요하다.

셋째, 서비스업에 대한 **R&D 투자 확대**가 선행되어야 한다. 한국의 전체 산업에서 서비스업이 차지하는 R&D 비중(2018년 기준)은 8.9%에 불과하다. 미국(36.2%), 독일(14.0%), 일본(12.0%) 등 주요국과 비교했을 때 매우 낮은 수치다. 서비스 R&D는 과학 기술 R&D와 달리 비분리성·비공식성·비기술성 등의 특성 탓에 어려움이 있지만, 의료·관광·금융·소프트웨어·물류 등 유망 서비스 산업을 중심으로 R&D 투자를 적극 확대해야 한다.

넷째, 고령화와 맞벌이 가구 증가, 고급 서비스 수요 증가에 대응하기 위해 **혼합 가격제**를 검토해야 한다. 필수 사회 복지 서비스는 모두가 접근 가능하도록 보장하되, 고급 서비스는 시장 논리에 따라 자율적으로 가격이 형성되도록 하는 방안을 마련해야 한다.

마지막으로 **새로운 시장 창출과 업종 규모화를 위한 규제 개혁**이 필요하다. 법률 상담 플랫폼과 부동산 중개 플랫폼, 공유 숙박 등은 여전히 규제에 묶여 있는데, 해외 사례를 참고해 규제 완화를 추진할 필요가 있다. 또한 미용실, 약국 등 개인 사업자의 법인화를 허용해 이들 업종의 규모화도 추진해야 한다.

중소기업 성장 지원

3대 취약 부문의 공통 문제는 영세성에 뿌리를 두고 있으며, 이를 해결하기 위해 성장 기업을 지원하여 규모를 확대할 수 있는 생태계를 조성해야 한다.

우선, 이른바 '**피터팬 증후군**'을 개선할 필요가 있다. 많은 중소기업

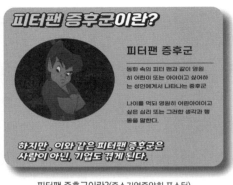

피터팬 증후군이란?(중소기업중앙회 포스터)

은 중견기업 또는 대기업으로 성장하면 정부 지원이 축소되고 새로운 규제가 적용되는 탓에 중소기업 범주에 머물고자 하는 경향이 있다. 한국경제연구원의 조사에 따르면, 중소기업이 대기업으로 성장할 경우 새로 부과되는 규제는 2019년 기준, 47개 법률에서 188건에 달한다. 정부는 중소기업이 졸업하여 중견기업으로 성장한 이후에도 세제 및 재정 지원을 이어가며 점진적으로 조정하고, 관련 지원 사업을 연계함으로써 중소기업의 성장을 장려해야 한다. 성장하여 중소기업 범위를 벗어날 경우, 오히려 이에 대해 보상하는 새로운 정책적 접근이 필요하다.

다음으로, **정부 중소기업 지원 제도의 전면 개편이 추진되어야 한다.** OECD 2024년 한국경제보고서에 따르면, 중소기업을 지원하는 정부 제도는 총 1,646개에 달하며, 중소기업 지원에 대한 정부 지출은 2017년 4.3%에서 2023년 5.1%로 증가하고 있다. 그럼에도 이러한 지원 사업들은 소규모로 분산되어(2022년 기준 194만 개 기업에 평균 3,900만 원 지원) 성장과 육성보다는 보호에 중점을 두고 있다는 평가가 많다. 실제로 정부 지원을 받은 중소기업의 ROA 자산 수익률는 다른 기업보다 1.3%p 낮고, 평균 매출도 5,800만 원 적다는 연구 결과가 있다 조세연 2024년. 이러한 정부 지원이 오히려 구조 조정을 지연시키고 한계 기업을 누적시키는 경향이 있어, 정부 지원의 초점을 반드시 필요한 경우로 제한해야 한다. 정부 지원에는 상한을 두고 졸업 제도의 활용을 확대하며, 다양한 지원 프로그램을 성장과 스케일업 중심으로 통폐합해야 한다.

셋째, 중소기업 적합 업종 제도의 폐지가 필요하다. 2011년 도입된 이 제도는 특정 품목에 대해 대기업의 시장 진입과 확장을 제한하는 사업 영역 보호 제도로, 다른 선진국에서는 찾아보기 어렵다. 이 제도는 중소기업이 퇴출되지 않고 사업을 지속할 수 있도록 보호하는 데에는 일정한 성과가 있었으나, 중소기업의 경쟁력을 높이는 목적에는 부합하지 못했다는 평가를 받고 있다KDI 2022년.

비임금 근로자 경쟁력 제고

한국의 높은 비임금 근로자 비율은 고용 불안정을 초래하고, 노동의 질 저하와 생산성 하락에 부정적 영향을 미치고 있다한국생산성본부 2023. 이를 해결하기 위해서는 자영업의 구조적 문제를 개선하고 안정적 고용 환경을 조성하는 노력이 필요하다.

우선, 과잉 진입 방지를 위해 예비 자영업자가 신중하게 창업할 수 있도록 유도해야 한다. 이를 위해 창업 전 교육 및 컨설팅 지원을 강화하고, 자영업 현황과 시장 정보를 제공하여 숙고된 창업이 이루어질 수 있는 인프라를 구축해야 한다. 또한 많은 퇴직 인력이 자영업을 선택하

비임금 근로자의 경쟁력을 제고해야

는 현실을 고려해 정년 이후 재고용 제도 활성화를 통해 노동력 부족을 완화함과 아울러 자영업으로 몰리는 고령층 인구를 줄여야 한다.

다음으로 자영업 유형을 성장형과 생계형으로 구분하여 **맞춤형 지원을** 제공할 필요가 있다. **성장형 자영업자**는 중소기업으로 성장할 수 있도록 컨설팅과 세제·금융 지원을 강화하여 혁신과 도약을 돕고, **생계형 자영업자**는 임금 근로자로 전환할 수 있도록 폐업 지원과 직업 훈련, 고용 서비스를 확대해야 한다. 이러한 접근은 자영업의 영세성을 완화하고 안정적 일자리로의 전환을 촉진하는 효과를 기대할 수 있다.

마지막으로 자영업자의 **디지털 전환을** 촉진해야 한다. 많은 자영업자들이 디지털 환경에 뒤처져 있는 만큼 온라인 판매와 디지털 마케팅 교육을 제공하고, 스마트 기술 도입(예: 스마트 오더, 모바일 예약 시스템 등)을 지원하여 경쟁력을 높여야 한다. 이를 통해 자영업자들이 시장 변화에 대응하고 수익성을 향상할 수 있는 기반을 마련할 수 있다.

4.6 자율과 창의를 위한 규제 완화

불필요한 규제를 없애고 비효율적 규제 신설을 억제하는 규제 완화는 경제 활동의 자율성과 창의를 활성화하는 중요한 정책 수단으로 평가된다. 연구 결과에 따르면, 규제 완화는 경제 성장에 유의미한 영향을 미치며, 특히 소득 수준이 높은 국가일수록 기업 규제의 정도가 경제 성장에 미치는 영향이 크다고 한다. 이에 따라 기술 발전이 가속화되는 환경 속에서 경제의 지속 성장을 위해서는 규제 완화가 중요하다.

역대 정부의 규제 완화, 성과는 미흡

규제 완화는 1998년 행정규제기본법이 시행되고, 규제 정책을 총괄하는 대통령 소속 규제개혁위원회(이하 규개위)가 출범하면서 본격화되었다. 이후 역대 정부는 다양한 어젠다로 규제 완화를 추진해 왔지만, 큰 성과를 거두지 못한 것으로 평가된다. 윤석열 정부 역시 출범 초기부터 규제 완화를 강조하며 대통령 주재 규제혁신전략회의와 덩어리 규제를 개선하기 위한 규제혁신추진단, 그리고 규제심판제도를 신설했으나 기업들의 평가는 낮다.

특히, 한국은 강한 규제 탓에 신산업 창출에 많은 어려움을 겪는다. 아산나눔재단의 연구 조사(2022년)에 따르면, 세계 100대 유니콘 기업(기업 가치 10억 달러 이상인 비상장 기업) 중 55개가 한국에서 영업이 어렵다고 지적하고 있으며, 승차 공유·공유 숙박·원격 의료와 같은 분야가 대표적이다. 국가 발전 초기에는 이러한 규제들이 미미했으나 경제가 성장하면서 점차 누적되었고, 기득권층의 형성과 이들의 지대 추구 행위 탓에 지속 성장을 위한 신산업 창출을 어렵게 하는 요인으로 작용하고 있다.

규제 신설 억제

현행 시스템에서 규제를 신설하거나 강화하려는 부처는 규제 영향 분석 보고서를 작성해 규개위에 심사를 요청해야 하며, 규개위는 필요한 경우 철회나 개선을 권고할 수 있다. 그러나 규제 신설을 효과적으로 억제하기 위해서는 몇 가지 제도 개선이 필요하다.

먼저 **규제 영향 분석 보고서의 품질을 높여야 한다.** 현재의 보고서는 대부분 3~4페이지로 내용이 부실하여 실효성이 낮다는 비판을 받고 있다. 미국을 비롯한 OECD 국가들은 중요 규제에 대해 사회적 편익과 비용을 계량화한 200~300페이지의 심층 분석 보고서를 작성하며, 제3자 검증도 적극 활용한다. 따라서 우리나라도 보고서의 충실도를 높이는 동시에 **사회적 편익과 비용 분석을 의무화할** 필요가 있다. 편익/비용 비율을 제시함으로써 합리적 의사 결정을 도울 뿐 아니라 이해관계자 간 소통을 촉진하는 기본 지표로 활용될 수 있다. 주요 규제의 경우에는 소관 부처를 대신하여 국무조정실이 작성하는 방안도 검토해 볼 만하다.

다음으로 규개위와 국무조정실의 역량을 강화해야 한다. 현재 비상임위원회인 규개위를 상임화하고, 국무조정실 내 규제조정실을 독립 기구로 전환해 전문성을 높여야 한다.

셋째, 규제 비용 관리를 강화해야 한다. 규제 신설이나 강화 시 부처는 상응하는 비용을 가진 기존 규제를 폐지하거나 완화하는 것을 의무화해 전체 **규제 비용 총량을** 관리해야 한다(예: 영국의 One-In, Two-Out 제도). 아울러 행정 규제에는 존속 기한이나 재검토 기한을 설정하는 **규제 일몰제를** 기본으로 도입하고, 주기적으로 규제의 존폐 여부와 개선 필요성을 재검토해야 한다.

규제 샌드박스 개편

규제 샌드박스는 사업자가 기존 규제에 구애받지 않고 일정 조건(기간·장소·규모 제한)하에 새로운 제품을 시장에 우선 출시하여 시험하고 검증할 수 있도록 허용하는 제도다. 이 제도는 2016년 영국에서 시작되었는데, 우리도 2019년부터 6개 부처(산업부, 과기부 등)가 8개 분야(산업 융합, ICT 융합 등)에서 규제 신속 확인, 안전성 실증 특례, 임시 허가 등의 내용을 중심으로 운영 중이다.

그럼에도 우리의 규제 샌드박스는 그 효과가 미흡하다는 평가다. 스타트업 실태 조사(2024년)에 따르면, 응답자의 54.7%가 불만족을 표명했다. 불만의 주요 원인은 행정 처리 기간이 길고(61.6%), 규제 유예

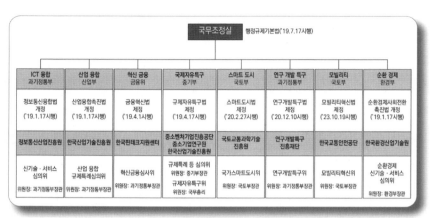

행정규제기본법 현황

기간이 최장 4년으로 짧으며(51.8%), 승인 시 부가 조건이 많다는 점
(44.5%)에 있었다. 이러한 문제들 탓에 제도 개선이 필요하다.

먼저 현재 6개 부처와 8개 분야로 나뉘어 운영되는 제도를 통합해
야 한다. 사실상 동일한 제도를 여러 부처가 각각 운영하면서 효율성이
저하되고 있어, **제도 일원화가 필요하다.**

다음으로 공무원에서 **신청자 중심으로 제도 운영을 전환해야 한다.** 현
재 총 1,311건의 규제 샌드박스가 운영 중(2024년 10월 기준)인데, 이 중
사업자가 책임지는 실증 특례가 대부분(1,134건)이며, 공무원이 책임지
는 임시 허가는 적다(116건). 그동안 제기된 문제점을 개선하기 위해 마
련된 국무조정실 가이드라인(신속 심의, 재심의, 부가 조건 최소화, 규제 법
령 개정 계획 마련 등)을 법규화하고, 부처가 이를 준수하도록 강제할 필
요가 있다.

제2부 • 혁신과 선도의 생산성 주도 성장 전략

마지막으로 사업자가 소관 부처의 심의 결과에 불복할 경우 규개위가 판단하는 **상급심 제도**를 도입하고, 공무원이 적극적으로 행정을 수행할 수 있도록 **면책 제도**를 시행하는 것도 시급하다.

규제 갈등 관리 강화

새로운 비즈니스 모델이 규제 때문에 기존 사업자와 갈등을 빚어 좌절되는 경우가 많다. 예를 들어, 렌터카와 기사를 결합한 '타다' 사업은 택시업계의 강한 반발로 사업이 어려워졌고, 공유 숙박 서비스도 제한적 영업만 가능하다. 이러한 문제를 해결하려면 **이해관계자 간 갈등 관리**가 필수적이나, 여전히 그 관리는 미흡하다. 사전적으로 규제의 갈등 유발 가능성에 대한 충분한 진단과 점검이 부족하고, 갈등 발생 후에도 이해 당사자 간 갈등 해소와 조정을 위한 전략과 중재 노력이 미흡하다. 특히, 소관 부처가 특정 이해 당사자, 즉 자신이 주로 상대하는 집단에 동조하거나 갈등 해소를 지연시키는 전략을 취하는 경우도 있다.

갈등 관리를 강화하려면 우선 **일관된 원칙과 체계적인 프로세스에 기반한 갈등 조정**이 필요하다. 규제 갈등에 관한 한 특정 이해관계자뿐 아니라 국민 전체의 이익을 고려하고, 충분한 의견 수렴 과정을 거쳐야 한다. 개별 대응보다는 포괄적 대응이 더 효과적인 경우가 많으므로, 관련 규제 전체를 일시적으로 유예하는 전략도 검토할 만하다.

또한 규제 갈등은 책임 있는 상위 기구의 결정과 방향 제시가 중요한 경우가 많다. 이를 위해 '갈등 현장 → 소관 부처 → 국조실 → 최상위 의사 결정 체계'로 이어지는 **규제 갈등 관리 프로세스**를 설계할 필요가 있다.

마지막으로 주요 갈등 이슈에 대해서는 이해관계자 간 조정을 위한 중재 기구를 운영하고, 갈등 관리에 필요한 재정적 지원을 위한 기금을 조성하는 방안도 검토해야 한다.

의원 입법 규제 심사 도입

과거에는 입법이 주로 행정 입법이었으나, 최근에는 대부분 의원 입법으로 전환되었다. 의원 입법은 행정 입법과 달리 **사전 영향 분석 제도**가 없는 탓에 규제가 양산될 위험이 있어 사각지대로 지적되고 있다. 정부조차 의원 입법 절차가 간편하다는 이유로 이를 이용한 우회 입법을 선택하는 경향이 있다.

해외 사례를 보면, EU와 영국은 의원 입법도 **규제 영향 분석**을 의무화하고 있으며, 캐나다와 호주 등은 이를 권장하고 있다. 우리도 규제적 성격이 강한 법안이나 일정 금액 이상의 경제적 영향을 미치는 의원 입법에 대해서는 규제 영향 분석을 도입할 필요가 있다.

네거티브 규제 확대

규제 개혁을 위한 근본적 접근은 '금지된 사항 외에는 모두 허용'하는 네거티브 규제를 폭넓게 도입하는 것이다. 그러나 우리나라는 대륙법계 국가로, '허용된 사항만 가능'하게 하는 **포지티브 규제**를 원칙으로 삼고 있어 네거티브 규제 도입이 쉽지 않다.

정부는 2020년에 핀테크, 공유 경제 등 신산업 분야에 네거티브 규제를 적용하겠다는 목표를 발표했지만, 적용 분야를 더 확대할 필요가 있다. 이를 위해서는 법규의 개념을 포괄적으로 정의하고, 분류 체계는 유연하게 하며, 네거티브 리스트(금지 사항만 명시)를 적극적으로 활용해야 한다. 또한 민간의 자율 규제 시스템을 활용하는 것도 중요하다. 기업·단체들이 스스로 안전 기준 등을 마련하여 준수하도록 하고, 정부는 개입을 최소화하는 것이 바람직하다.

제 5 장

신산업 정책 추진

5.1 신산업 정책 방향

신산업 정책은 ① 첨단 산업, ② 수요 증가가 예상되는 산업, 그리고 ③ 미래 과학 기술 등 성장 가능성이 높은 분야를 대상으로 규제 개혁을 추진하는 한편, 재정·세제·인력 양성·정부 조달 등 다양한 정책적 지원을 통해 경쟁력을 강화하려는 전략이다.

최근 첨단 산업, 기후 기술 등 신산업의 생산 시스템은 내생적 성장 endogenous growth 메커니즘이 작동한다. 생산 과정에서 단순히 노동·자본 투입에 더하여 기술 혁신, 규제 완화, 시장 선점 등을 통해 기하급수적으로 생산을 늘리는 총요소 생산성의 확대가 이루어진다. 따라서 비효율적 규제가 없는 상태에서 정부의 재정 지원 등을 기반으로 기술 혁신이 일어나면 선점 효과를 통해 여타 기업·국가와의 격차를 계속

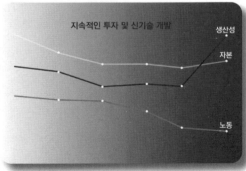

재도약을 위해 지속적인 투자 및 신기술 개발로 글로벌 시장 선점

확대할 수 있다. 이에 **신산업 정책**을 추진할 것을 제안한다.

신규 산업 분야를 신산업 정책의 타깃으로 삼은 이유는 규제 개혁이 상대적으로 용이하며, 미래 유망 산업이라는 점에서 국민을 설득할 가능성이 크다는 점을 고려한 것이다. 또한 성장 분야에서 고용이 창출되고, 이 부분으로 자원이 이동하게 되면, 취약 분야가 축소되는 자연스러운 구조 조정을 기대할 수 있기 때문이다.

한편 '신산업 정책'이라는 명명은 각국의 산업 정책이 부활한 무한 경쟁 시대에는 우리의 산업 정책도 기존과는 달리 지원 대상·지원 수단·지원 수준 및 접근 방식을 새롭게 정립해야 할 필요성을 고려한 것이다.

기존의 산업 정책 평가

한국은 과거 고도 성장 과정에서 산업 정책을 추진하면서 지원 대상을 경제 발전 단계에 맞추어 적절하게 조정해 왔다. 1960년대 경제 개발 초기에는 섬유·의류·신발 등 경공업 중심의 성장을 추진하였고, 1970년대 제3차 경제 개발 5개년 계획(1972~1976년)부터는 철강·기계·조선 등 중화학 공업으로 육성 산업을 전환하였다. 1990년대 들어 초고속 인터넷망 구축을 계기로 ICT 산업이 발전하였으며, 2000년대에는 스마트폰·반도체 등 글로벌 IT 강국으로 도약했다.

그 결과, 지금과 같은 **기술 및 자본 집약적 제조업** 중심의 산업 구조로 전환되었다. 제조업 비중은 2022년 기준 28.8%로 OECD에서 가장 낮은 수준이며, 제조업 경쟁력은 독일·중국·미국·일본에 이어 세계 4위_{유엔 산업개발기구 지수 2022}를 기록했다. 특히, 한국은 조선·철강·자동차에서 반도체·우주 발사체에 이르기까지 폭넓은 산업 기반을 보유하고 있다는 강점이 있다.

산업 정책 추진 과정에서 행운도 따랐다. 1960년대부터 2000년대까지 주요 선진국들이 신자유주의 기반의 세계화 흐름 탓에 산업 정책에 소극적이었던 반면, 한국은 이를 적극적으로 추진하였다. 신자유주의적 흐름에서 국가가 특정 산업을 육성하는 정책은 금기시되었으며, 국제 분업 구조의 변화 과정에서 경공업·중공업 부문이 성장할 수 있었다. 현재 우리 산업을 위협하는 중국은 1978년 개방 전까지는 글로벌 시장에 참여하지 않았고, 2001년 WTO 가입 이전까지는 중국과의 본격적인 경쟁을 피할 수 있었다.

그러나, 한국의 산업 구조는 지난 20년간 새로운 산업의 발전 없이 기존 10대 주력 업종(반도체, 자동차, 화학, 철강, 선박 등)이 거의 그대로이며, AI·바이오 등 미래 산업 분야에서의 경쟁력은 부족하다는 구조적 문제를 안고 있다.

산업 정책의 역사

산업 정책은 특정 산업의 발전을 위해 정부가 개입하는 것으로 역사적 기원은 중상주의 시대(16~18세기)와 산업 혁명 시대로 거슬러 올라간다. 대표적 주창자는 독일 경제학자 리스트(Georg Friedrich List, 1789~1846)로, 초기 산업화 단계의 국가들이 자국 산업을 보호해야 한다고 주장한 '유치 산업(infant industry) 보호론'을 제시했다. 또한 미국의 초대 재무장관 해밀턴은 신생국 미국이 영국으로부터 경제적 독립을 유지하려면 제조업을 육성해야 한다고 강조하였다.

산업 정책의 필요성은 국가 안보에 필수적인 전략 산업 육성, 초기 투자 비용이 크지만 리스크가 높아 시장 실패가 발생하는 분야를 지원하는 데서 찾을 수 있다. 반면 정부 개입에 따른 자원 배분 왜곡이나 정부 실패 등이 반대 논거로 제시된다.

2008년 글로벌 금융 위기 이전에는 세계화와 워싱턴 컨센서스에 기반한 시장 효율성에 대한 신뢰로 주요 선진국들은 산업 정책을 적극 추진하지 않았다. 그러나 일본·한국·중국 등 동아시아 국가들은 이를 활용해 왔고, 이제는 각국이 산업 정책을 부활시켜 경쟁적으로 추진하고 있다. OECD도 2022년에 환경 문제 해결 등 임무 지향적 산업 정책은 가능하다는 신산업 정책 프레임워크를 발표한 바 있다.

산업 정책은 정부가 특정 기업이나 산업을 지원하는 수직적(업종별) 정책과 산업 전반의 생산성 향상을 위한 환경을 조성하는 수평적(기능적) 정책으로 구분할 수 있다. 수평적 정책을 기본으로 하고 수직적 정책을 어떻게 잘 추진하는지가 성공의 관건이다.

부활한 각국의 산업 정책

상황은 완전히 달라졌다. 미국과 유럽 등 선진국들의 산업 정책이 부활하고 있다.

첫째, 2008년 글로벌 금융 위기는 자유 시장 중심 경제의 한계를 드러내며 **정부 역할의 중요성**에 대한 인식을 확산시켰다. 위기 상황에서 제조업 중심 국가가 높은 복원력을 보여 제조업과 실물 경제의 중요성이 재조명되면서 각국이 산업 정책을 다시 추진하는 계기가 되었다.

둘째, **중국의 부상과 기술 패권 경쟁의 심화**로 산업 정책이 본격화되었다. 중국은 선진국으로부터 기술 독립을 목표로 2015년에 이미 '중국 제조 2025'를 발표하고 AI·양자·바이오·그린 등 첨단 기술 역량을 높이고 있다. 이에 미국이 중국의 기술 발전을 견제하기 시작하며 미·중 패권 경쟁이 격화되었다. 이제 각국은 첨단 기술 경쟁력을 국가 경쟁력의 핵심으로 인식하고 관련 산업을 적극적으로 육성하고 있다. 이와 동시에 미국을 중심으로 중국에 대한 첨단 기술 및 장비 수출 통제가 강화되고, 첨단 산업 공급망에서 중국을 배제하는 정책이 공공연하게 추진되고 있다.

셋째, 코로나19 팬데믹과 러시아-우크라이나 전쟁은 **공급망 안정의 중요성**을 한층 부각시켰다. 팬데믹으로 주요 제조업 허브의 생산이 중단되면서 특정국 의존도가 높은 공급망의 취약성이 드러났고, 러·우 전쟁은 이를 더욱 심화시켰다. 이에 각국은 주요 물자의 자국 내 생산 역량을 강화하는 한편, 동맹국과의 협력을 통해 공급망을 안정화하기 위해 산업 정책을 강화하고 있다.

이와 같은 중국의 부상, 첨단 과학 기술의 중요성, 복잡해진 글로벌 공급망 등은 **경제 안보**를 군사 안보와 함께 국가 안보의 핵심으로 인식하게 하였다.

주요국의 산업 정책을 살펴보자. 미국은 2008년 글로벌 금융 위기 당시 출범한 오바마 정부 이래 일관된 산업 정책을 추진하고 있다.

첫째, 중국의 기술 발전을 억제하기 위해 **첨단 장비와 기술의 수출을 제한**하고 있다. 반도체 장비·AI·양자 컴퓨팅·첨단 소프트웨어 등 국가 안보와 직결된 기술의 중국 수출을 엄격히 규제하며, 동맹국과도 협력해 ASML(네덜란드), 도쿄 일렉트론(일본) 같은 외국계 기업의 중국 수출 또한 통제하고 있다. 이는 중국을 배제한 새로운 공급망을 구축하기 위한 조치이다.

둘째, **첨단 산업 육성을 위한 정책**을 추진하고 있다. 오바마 정부는 **제조업 부흥 프로그램**을 도입했으며, 트럼프 정부는 **미국 우선주의**를 내세워 **제조업 부활**을 강조했다. 바이든 정부는 '반도체과학법(2022년)'을 제정해 반도체 산업의 우위를 유지하기 위해 380억 달러의 보조금과 설비 투자에 25%의 세액 공제를 제공하였다. 또한, 중국에 의존하고 있는 배터리 공급망과 전기차 산업을 육성하기 위해 '인플레이션 감축법(2022년)'을 도입하여 미국과 북미 지역에 투자하는 외국 기업에도 보조금·세액 공제·저금리 대출 등을 지원하였다. 더불어, 바이오 산업을 미래 신산업으로 선정하고 국가 바이오 기술 및 바이오 제조 행정 명령(2022년)을 통해 미국 내 연구와 제조를 적극 지원하고 있다. 트럼프 2기 정부 들어서도 전통 에너지 산업을 강조하면서 일부 친환경 산업은 후퇴하겠지만 AI, 우주, 블록체인 등 첨단 산업 육성 정책은 강화될 것으로 예상된다.

셋째, **공급망 안정화 정책**을 추진하고 있다. 해외로 이전한 제조 기업을 미국으로 복귀시키는 **리쇼어링** 정책과 동맹국 협력을 통해 공급망을 재구성하는 **프렌드 쇼어링**을 추진 중이다. 그리고, 바이든 정부는 출범 이후 반도체·배터리·희토류·바이오 등 4대 분야의 공급망을 점검하며 안정화에 힘쓰고 있다. 이러한 공급망 안정화 정책은 트럼프 정부 2기에서도 강화될 것이다.

EU는 제조 경쟁력 회복, 첨단 기술 육성, 친환경 전환과 디지털화에 중점을 둔 산업 정책을 추진하고 있다. 유럽 그린딜ᵉᵘʳᵒᵖᵉᵃⁿ ᴳʳᵉᵉⁿ ᴰᵉᵃˡ, ₂₀₂₀년은 산업과 경제의 **녹색 전환**을 위해 2021년부터 2030년까지 약 1조 유로를 투자하는 계획을 수립하였다. 또한 **신산업 전략**(2020년)은 AI·데이터·양자 컴퓨팅 등 디지털 중심 산업 강화와 친환경 전환을 지원하며, 공급망 안정화도 주요 내용으로 포함하였다. EU 핵심국인 독일은 **산업 전략 2030**(2019년)을 통해 기계·화학·항공 우주 등 육성 산업군을 설정하고, 글로벌 경쟁에서 우위를 점할 수 있는 대기업을 '**국가 챔피언**'으로 지정해 이들의 경쟁력 강화에 집중하고 있다. 이는 독일의 산업 정책이 수평적이고 기술적·중립적 접근에서 선택적이며 정부 개입적인 방식으로 전환했음을 보여 준다.

일본의 **신산업 정책**(2022년)은 디지털 전환 및 녹색 성장·첨단 기술 육성·공급망 강화에 중점을 두고 있다. **반도체 및 디지털 산업 전략**(2022년)은 대만의 TSMC 유치, 국내 기업 육성, 차세대 기술 개발, 글로벌 협력 및 공급망 강화를 주요 정책 방향으로 하고 있다. 이에 따라 일본 정부는 세계 최대 파운드리 기업인 TSMC의 구마모토현 공장 설립에 필요한 약 8조 원의 투자 중 절반 이상을 보조금으로 지원하며 자국 내 생산 역량 강화를 도모하고 있다. 이외에도 일본은 GX 추진법을 2023년 5월에 제정하고 2조 엔의 GX 혁신 기금을 조성, 20조 엔의 GX 경제이행채 발행 등을 통해 탈탄소 투자와 산업 경쟁력 강화를 산업 정책의 일환으로 접근하고 있다.

중국은 '**중국 제조 2025**(2015년)'를 통해 제조 대국에서 제조 강국으로 도약하기 위해 로봇·반도체 등 10대 핵심 산업의 경쟁력 강화를 목표로 삼고 있다. 또한, 미국의 제재에 대응하여 **쌍순환 전략**(2020년)을 추진하며, 큰 내수 시장을 활용해 첨단 부문의 국내 산업 생태계를 조성하는 데 중점을 두고 있다. 최근에는 신품질 생산력이라는 새로운 전략을 제시하면서 첨단 기술 기반 제조업 발전, 생산과 연관된 서비스업의 확대, 산업의 표준화(세계화, 디지털화)를 강조하고 있다.

신산업 정책 추진 방향

최근 각국은 글로벌 기술 패권에 대응해 첨단 산업을 육성하고, 공급망 안정을 위해 산업 정책을 부활하였다. 이제는 비교 우위가 아닌

트럼프 정부 2기 산업 정책과 영향

2025년 1월 20일, 미국 트럼프 정부 2기가 출범하였다. 2기 정부는 1기 정책을 더욱 확장하고 강화하는 방향으로 전개되고 있다. 어젠다는 '미국을 다시 위대하게(Make America Great Again, MAGA)'이며, 미국 우선주의에 기반한 제조업 육성과 자국 내 일자리 창출을 핵심 목표로 삼고 있다.

먼저, 보호 무역주의가 강화될 전망이다. 교역 국가 및 산업별로 보편 관세와 상호 관세를 섞어 가며 실효 관세율을 20%까지 올릴 의도를 가지고 있으며, 중국에는 60%에 달하는 고율 관세를 적용할 가능성이 있다. 1기 정부가 특정 국가(중국)와 특정 산업(철강, 알루미늄)에 관세를 집중 부과했다면, 2기 정부는 대상 국가와 품목을 대폭 확대하고 트럼프 상호무역법을 제정하여 미국보다 높은 관세를 부과하는 국가에 상응하는 상호 관세를 부과할 것이다.

둘째, 미국 내 생산 확대가 추진될 것이다. 법인세율은 현행 21%에서 15%로 인하되며, 소득세율도 기존 7개 구간(10~37%)에서 15%와 30% 두 구간으로 조정이 예상된다. 이러한 관세 인상과 세제 개편은 자국 내 제조업 투자를 확대하고, 해외 이전 기업들의 미국 복귀를 촉진하려는 목적이다. 이 과정에서 부족해지는 세수는 관세 수입으로 충당하겠다는 의도이다.

셋째, 첨단 전략 산업의 육성이다. 트럼프 정부는 기술 패권 경쟁이 심화되는 상황에서 민간 혁신을 중시하면서도 국가 차원의 기술 보호를 강화할 것이다. AI와 같은 첨단 기술 분야에 대한 투자 확대와 함께, 생물보안법을 통해 필수 의약품의 중국 위탁 생산 의존도를 줄이는 노력을 할 것이다. 또한 민간 우주 산업과의 협력을 확대하며, STEM(과학, 기술, 공학, 수학) 분야에 의약을 추가하는 인력 양성 정책도 예상된다.

넷째, 친환경 정책은 후퇴될 것이다. 파리협약을 탈퇴하고 에너지 독립과 저비용 에너지 공급을 위해 석유와 천연가스 같은 화석 연료 개발을 강화하고, 원자력 발전에도 주력할 의도를 보이고 있다. 자동차 산업의 부흥을 위해 전기차 의무화 정책을 종료하고, 내연기관 차량 규제를 폐지할 예정이다.

다섯째, 중국과의 전략적 디커플링을 가속화할 것이다. 중국에 대한 고율 관세 부과뿐 아니라 최혜국 대우(MFN)와 항구적 정상 무역 관계(PNTR)의 철폐가 예상된다. 기술 통제를 강화하여 반도체 장비 등 국가 전략 산업의 중국 수출을 전면 제한하고, 중국에서 아웃소싱하는 미국 기업의 연방 정부 계약을 금지할 가능성이 있다.

이와 같은 트럼프 정부 정책은 한국 경제에는 하방 리스크로 작용할 가능성이 크다. FTA로 관세 장벽이 없던 상황에서 관세의 신규 부과는 대미 수출에 부정적 영향을 미칠 것이다. 또한 대미 무역 흑자가 큰 상황이기 때문에 한미 FTA가 재협상 테이블에 오를 우려도 있다. 이에 따라 우리 기업들은 현지 생산 확대를 통해 대응하고, 국내 생산이 위축될 가능성이 크다. 업종별로는 전기차와 2차 전지 등 친환경 부문은 성장이 제한될 수 있지만, 바이오 시밀러와 CMO를 포함한 제약과 전기 전자·화학·원전·방산 분야에서는 새로운 기회가 예상된다.

AI·바이오·우주 등 첨단 업종에서 절대 우위를 확보하기 위한 경쟁이 벌어지고 있다. 그동안 산업 정책 공백기를 활용해 산업 고도화에 성공한 한국도 이제는 치열한 글로벌 경쟁 속에서 생존해야 하는 환경에 직면하게 된 것이다. 결국은 같은 정책을 경쟁국보다 얼마나 효율적으로 실행하느냐가 관건인데, 이러한 배경에서 신산업 정책을 제안한다.

첫째, 타깃은 **성장 산업**이다. 이는 ① 디지털과 그린 등 첨단 산업, ② 고령화와 외국인 증가 등으로 수요가 늘어나는 산업(예: 보건 의료·실버 산업, 외국인 대상 서비스업 등), ③ 양자·우주 등 미래 과학 기술 분야를 포함한다. 특히 산업 정책의 대상은 제조업뿐 아니라 서비스업을 포함해야 한다. 제조업과 서비스 산업을 산업 정책에 함께 포괄함으로써 양자 간 융·복합을 촉진하고, 제조업 중심 정책이 초래한 서비스업의 불균등한 성장도 해소할 수 있을 것이다.

둘째, 지원 수단은 **규제 개혁과 더불어 공급·수요 측면 정책**을 모두 포함해야 한다. 성장 산업에는 주 52시간제, 수도권 대학 정원 규제, 입지 규제 등 **맞춤형 규제 개혁**이 필요하다. 공급 측면에서는 R&D 투자·설비 투자 세액 공제·고급 인력 양성·생산 인프라 구축을 지원하고, 수요 측면에서도 공공 조달을 포함한 초기 시장 창출 및 글로벌 시장 진출을 돕는 정책을 추진해야 한다.

셋째, **경쟁국 이상의 수준으로 지원**이 제공되어야 한다. 예를 들어, 반도체 산업 세액 공제율은 미국·일본과 같은 경쟁국 수준으로 상향하고, 경쟁국과 같이 직접 보조금 제도를 도입해야 한다.

넷째, 산업 생태계적 접근과 밸류체인적 접근이 필요하다. 각 성장 산업 내의 기술·자본·인프라·노동력 등과 함께 전후방 기업을 포함한 산업 생태계 관점에서 약한 고리를 집중 지원해야 한다. 또한 연구·개발, 디자인, 제조, 마케팅, 물류 등 밸류체인 관점에서 부가가치를 높여야 한다.

마지막으로, 성장 산업 지원에 더해 반도체·바이오 등의 분야에서는 클러스터 같은 대형 프로젝트를 **포괄적 맞춤형 패키지**로 지원해야 한다. 여기에는 규제 개혁과 함께 SOC 인프라, 연구 기반 시설, 재정 및 세제 지원, 금융 및 인력 양성 등이 포함된다.

이러한 신산업 정책은 피크 코리아를 극복하고 글로벌 경쟁에서 생존하며 새로운 도약을 이루는 초석이 될 것이다.

5.2 디지털 산업

5.2.1 첨단 반도체 산업

반도체는 기술 집약적이며 고부가가치 산업으로 정보 통신, 자동차, 가전 제품에서 산업용 기기와 로봇, 의료 기기까지 광범하게 사용되고 있다. 나아가 인공 지능, 차세대 통신, 자율 주행, 사물 인터넷IoT, 양자 컴퓨팅 등 미래 제품과 산업이 첨단 반도체에 의존하고 있으며, 반도체의 연산 속도, 전력 효율, 집적도 향상이 디지털 전환을 가속화하고,

미래 산업 혁신을 이끄는 근간이 되고 있다.

레거시 반도체에 이어 첨단 반도체의 공급 역량은 국가의 미래 경쟁력을 좌우할 것으로 예상되는 **전략 자산**이자 **기술 패권 경쟁의 핵심**이 되고 있다. 이에 주요국들은 첨단 반도체 관련 기술력 강화, 공급망 안정화, 제조 시설 구축을 통해 산업 경쟁력을 확보하기 위해 노력하고 있으며, 소재·장비·SW 등에서 기술 보호를 강화하고 있다.

글로벌 밸류체인의 변화

오늘날 반도체 산업은 다양한 측면에서 변곡점을 맞이하고 있다. 우선 미국과 중국으로 대표되는 진영 간 패권 경쟁으로 인해 글로벌 가치 사슬을 결정하는 요인이 국제 분업을 통한 비용 절감이나 효율성보다는 **자국 내 제조 역량 확보와 공급망 안정화**로 변화하고 있다. 다음으로 인공 지능, 양자와 같은 일반 목적 기술general purpose technology이 본격적으로 활용되면서 각국의 기술 개발 전략과 국제 협력에서 기술 안보와 경제 안보가 중요한 원칙이 되고 있다.

이에 따라 자국 내에서 반도체 공장을 세워 유망 산업의 핵심 부품을 관리하고 양질의 일자리를 만들어 내기 위한 주요국의 경쟁으로 글로벌 반도체 산업의 분업 구조는 큰 변화를 나타낼 것으로 예상된다.

현재 반도체는 설계와 장비 분야는 미국이, 전공정은 한국과 대만,

후공정은 대만과 중국이 우위를 갖고 있으며, 첨단 소재에서는 일본의 지배력이 높다. 한국은 D램 분야에서 일부 설계 역량이 있지만 설계 자동화 소프트웨어와 설계 자산 코어IP core를 미국과 영국에 주로 의존하고 있다. 제조 공정에서도 한국은 10나노 이하의 D램 생산에서 강점을 갖고 있지만 비메모리 분야에서의 제조 기반은 취약한 것으로 평가되고 있다.

반도체 산업의 생태계 전환

미국의 강력한 대중국 수출 규제와 중국의 공급망 교란이라는 지경학적 위기 앞에서 한국 반도체 산업은 첨단 기술 확보와 공급망 안보뿐만 아니라 제조 효율성까지 동시에 높여야 하는 과제를 안고 있다. 공정 미세화에 대응하기 위해서는 현재 경쟁력을 갖고 있는 하공정에서 이종 집적, 첨단 계측 및 품질 검사 역량을 강화하고, 상공정 부문까지 제조 역량을 확장해야 한다. 산업 부문의 디지털 전환을 위해서는 아날로그 영역의 데이터를 디지털 영역으로 전환하는 것이 필수적인데, 이를 위한 다중 대역, 초분광 이미지 센서, 멀티 모달 센서 등 첨단 센서가 중요하다. 따라서 반도체에서도 첨단 센서에 대한 설계 및 공급을 원활하게

미중 간 반도체 패권 전쟁 사이에서 경쟁력을 찾아야

해야 한다.

단기적으로는 변화하는 생태계의 변화에서 적극적 역할을 하면서 글로벌 첨단 공정에서 대체 불가능한 입지를 구축해야 한다. 산업 생태계 관점에서 자급률이 낮은 소재와 설비 분야에 대해 해외 독과점 기업에 대한 의존도를 해소해 공급망 안정화를 추구한다. 다음으로는 제조 경쟁력에 대한 우위를 확보하기 위해 첨단 반도체 공정 기술의 개발, 설계 역량을 갖추어야 한다. 자동화와 제조, 패키징에 필요한 장비를 확보하기 위해서는 국내 장비 산업의 얼라이언스를 강화하는 한편 해외 핵심 장비 생산 국가와의 협력에도 민·관이 전략적으로 대응해야 한다.

중장기적으로는 HBM-PIM, 게이트올 어라운드 펫GAAFET을 포함하여 차세대 반도체를 생산하기 위한 소재 및 장비에 대한 투자를 확대해야 한다. 이외에도 포스트 전자 시대를 위해 준입자에 대한 기초 과학 연구, 양자 기술에 대한 연구와의 연계성을 높여야 한다. 인공 지능의 상업화가 속도를 내고 있으므로 AI 반도체, GPU를 뛰어넘는 하드웨어의 혁신을 준비해야 하며 소프트웨어 알고리즘, 설계·제조 간의 경계가 무너지는 산업 생태계의 변화를 고려하는 성장 전략이 필요하다.

무엇보다 종합 반도체, 파운드리와 팹리스의 동반 성장을 통한 선순환 구조를 만들어 산업 생태계 전반의 다양성과 지속 가능성을 높여야 한다. 첨단 공정과 성숙 공정에 대한 균형 있는 정책과 아울러 글로벌 경쟁력을 갖고 있는 스마트폰, 가전 제품, 완성차 등 수요 산업과의 연계가 필요하다. 팹리스의 설계 서비스를 수요 산업에서 원활하게 활용하기 위해 디자인 하우스를 육성하는 방안도 있다.

고급 기능 인력의 양성과 교육 과정의 개선

첨단 반도체 산업의 혁신 역량을 강화하기 위해서는 고급 기능 인력의 양성이 필요하다. 메모리에서 고성능 메모리, ANI, AGI, ASI로의 변화에 대응하여 메모리와 로직을 병합하는 PIM의 설계와 아키텍처 최적화 등으로 구체화해야 한다.

이를 위해서는 대학부터 석·박사 과정 전체에 대한 커리큘럼의 혁신, 교수 인력과 현장 엔지니어의 교원 활용, 그리고 이론과 현장에 대한 교육을 통합할 수 있어야 한다. 나아가 고급 반도체 산업 인력 양성을 위해서는 설계·소프트웨어·아키텍처에 대한 교육뿐 아니라 소재·부품·장비 및 공정에 대한 통합 교육이 되어야 한다.

전략적 국제 협력

과학기술정보통신부는 2024년 12월에 기술 유형별 협력 전략 지도를 발표했는데, 고집적·저항 기반 메모리는 시장 주도형 협력, 고성능·저전력 AI 반도체는 신기술 확보형이자 신기술 확산형으로 분류했다. 첨단 패키징, 전력 반도체, 차세대 고성능 센서, 반도체 소재·부품·

장비는 추격형 협력으로 구분하여 미국·영국·대만·네덜란드와의 협력 전략을 제시했다.

기술 안보를 강조하는 움직임은 주요국에서 연구 보안 강화로 나타나고 있다. 유럽·미국은 물론이고 일본·대만도 유학생을 포함하는 외국인 연구자에 대한 규제를 시작했으며, 해외 대학이나 기업과의 공동 연구, 해외 연구자의 방문에 대해서도 관리 지침이 발표되고 있다. 동맹국 위주의 배타적 경쟁이 진행되는 상황에서 한국은 차세대 반도체 기술을 위한 국제 협력에 적극 나서야 하며, 가능한 범위에서 공동 연구 플랫폼을 주도하는 방안도 있다. 한국의 강점을 내세워 국제 협력을 추진하면서 글로벌 차세대 반도체 산업의 가치 사슬에서 주도적 역할을 담당할 수 있어야 한다.

5.2.2 로봇 산업

로봇은 한때 영화에서 상상 속 존재로 친숙했다. 과거에는 제조 현장에서 주로 사용되던 로봇이 이제는 식당의 조리와 서빙 등 다양한 일상으로 빠르게 확산되고 있다. AI와 5G 등 첨단 기술의 융·복합이 로봇 산업의 발전을 뒷받침하며, 생산성 향상과 노동력 부족 문제에 대응하기 위해 로봇 활용이 확대되고 있다. 이에 따라 글로벌 시장 규모는 2021년 282억 달러에서 2030년 831억 달러로 연평균 13%의 성장이 예상된다. 각국은 로봇 산업을 미래 핵심 전략 산업으로 지정하고 다양한 지원 정책을 추진 중이며, 한국 역시 로봇 산업 육성을 위한 발 빠른 대응이 절실하다.

공장에서 일상에 들어온 로봇들

로봇은 하드웨어와 소프트웨어 기술의 발전을 통해 서비스업을 포함한 산업 전반은 물론, 일상생활에서도 점차 활용되고 있다. 로봇은 크게 제조 로봇과 서비스 로봇으로 구분된다.

제조 로봇은 1961년 GM 자동차 조립 라인에 처음 설치된 이후 발전을 거듭해 왔다. 한국에서는 1978년 현대자동차가 일본산 용접 로봇을 최초 도입하며 본격적으로 활용되기 시작했다. 초기에는 자동차 공장의 용접·도장 등 표준화된 작

GM 자동차의 첫 번째 로봇

업 공정을 담당했으나, 이제는 로봇의 지능화로 비표준화·비정형 공정 작업까지 가능해졌다. 특히 최근에는 **협동 로봇**이라는 새로운 트렌드가 주목받고 있다. 기존 제조 로봇이 인간 출입이 제한된 공간에서 작업했다면, 협동 로봇은 인간과 작업 공간을 공유하며 상호작용을 통하여 생산 효율성을 높이고 있다.

아마존 물류 로봇

서비스 로봇은 인간을 대신해 특정 작업을 수행하는데, 제조 로봇 시장보다 빠르게 성장 중이다. 글로벌 서비스 로봇 시장 규모는 2025년에 제조 로봇을 넘어설 전망이다. 서비스 로봇은 다양한 신사업을 창출하고 있는데, 자율 주행 기술을 기반으로 물류·배달·순찰·방역 등 여러 서비스를 제공한다. 또한, 건설·해양·소방 현장 등에서 인간 활동을 보조하거나 대체해 위험을 줄이는 안전 서비스 시장도 확대되고 있다. 대표적인 사례로 2023년 기준, 아마존은 75만 대의 로봇을 통해 상품 이동·분류·포장 작업을 자동화하며 연간 물동량인 50억 개 상품 중 75%를 로봇으로 처리하고 있다.

휴머노이드 로봇은 제조와 서비스에 모두 활용 가능한, 인간을 닮은 로봇이다. 생성형 AI 기술이 접목되면서 상황을 스스로 판단하고 행동하는 휴머노이드 로봇이 빠르게 발전 중이다. 일론 머스크는 2021년 휴머노이드 로봇 '옵티머스'를 공개하며, 2025년 테슬라 공장 투입과 2026년에는 대당 2~3만 달러의 일반 판매 계획을 발표했다. 보스턴다이내

테슬라 휴머노이드 로봇 옵티머스 젠2와 일론 머스크

믹스의 휴머노이드 로봇 '아틀라스' 역시 향후 3~5년 내 공장에서 일할 것으로 기대된다(CEO의 2024년 인터뷰). 이러한 휴머노이드 로봇의 상용화는 '1가정 1로봇 시대'를 앞당길 것이다. 이제는 부모님 댁에 보일러뿐 아니라 로봇을 설치하는 시대가 열릴 수 있다. 카이스트의 로봇 휴보가 2015년 '다르파 로보틱스 챌린지'에서 우승하며 휴머노이드 로봇 기술을 선도했지만, 이후 기술 발전에서 뒤처진 점은 아쉬운 대목이다.

취약한 경쟁력과 산업 생태계

로봇은 반도체·AI·이차 전지 등 첨단 기술과 부품이 융합되어 전후방 파급 효과가 큰 산업으로 제조업과 서비스업 전반에 걸쳐 중요성이 커지고 있다. 전체 시장의 59.4%를 차지(2021년)하는 제조 로봇 글로벌 시장에서는 일본(화낙, 야스카와, 미츠비시), 스위스(ABB), 독일(KUKA, 중국이 인수)이 주요 강국으로 자리 잡고 있다. 서비스 로봇 시장은 물류와 푸드 테크 등 다양한 수요를 바탕으로 빠르게 성장 중이다. 이 시장은 선점 기업 없이 분야별 스타트업들이 경쟁하고 있다. 인튜이티브 서지컬(수술 로봇), 다이후쿠(물류 로봇), 아이로봇(청소 로봇), 드리발(농업 로봇) 등이 유니콘 기업으로 성장한 사례다.

로봇의 주요 부품은 센싱(라이다, 촉각), 제어(제어기), 구동(모터, 감속기) 등 하드웨어와 이를 작동시키는 소프트웨어로 나뉘는데, 하드웨어는 일본이, 소프트웨어는 미국이 강세를 보인다. 한국은 제조 강국으로서 로봇을 적극적으로 활용하고 있다. 제조업 종사자 1만 명당 로봇 수를 의미하는 **로봇 밀도**는 1,012대로 세계 1위를 기록했으며, 이는 2위 싱가포르(770대), 3위 중국(470대), 4위 독일(429대), 5위 일본(419대)을 크게 앞선 수치다(2023년 기준). 한국 로봇 산업의 생산 규모는 5조 7,000억 원으로, 제조용 로봇이 49.0%, 로봇 부품 33.8%, 서비스용 로봇이 17.1%의 점유율을 차지한다(2023년 기준). 그럼에도 산업 경쟁력은 여전히 취약하다. 부품 국산화율은 44%에 불과하며, 특히 서보모터와 감속기 등 구동 부품의 수입 의존도는 80.4%에 달한다. 핵심 부품인 소프트웨어와 센서 기술 경쟁력 역시 일본·독일 등 선진국 대비 2/3 수준에 머물고 있다(2021년 기준). 서비스 로봇의 보급 역시 예상보다 더디다. 국내 서비스 로봇 시장은 제조 로봇 시장의 1/3 수준에 머물고 있으며, 청소·서빙 로봇 등은 중국산 비중이 50%를 넘고 있다.

그럼에도 로봇 산업의 성장 잠재력은 크다. 글로벌 경쟁력을 갖춘 대기업들이 로봇 산업에 적극적으로 진출하고 있다. 현대로보틱스는 제조 로봇 분야에서 세계 6위(2021년)를 기록했으며, 삼성전자는 레인보우로보틱스 지분을 인수(2023년)하고, 현대차는 보스턴다이내믹스를 인수(2021년)하며 로봇 산업에 힘을 싣고 있다. 스타트업들도 배송·서빙·돌봄 등 다양한 서비스 로봇 시장에 진출하여 혁신을 주도하고 있다.

주요 국가들은 로봇 산업을 전략 산업으로 지정하여 적극 육성하고 있다. 미국은 **첨단 제조 파트너십**[AMP]과 **국가 로보틱스 이니셔티브**[NRI]를 통해 2011~2021년간 300개 이상의 프로젝트에 2억 5,000만 달러를 지원했으며, 2023년에는 FRR 프로그램을 통해 10억 달러를 추가로 투자했다. EU는 SPARC 프로그램(2014년~2020년)으로 28억 유로를 투입했으며, 2021~2027년에는 ADRA 프로그램을 통해 AI와 로봇에 민관 합동으로 26억 유로를 투자할 계획이다. 일본은 로봇을 활용한 **사회 변혁 추진 계획(2019년)**과 **혁신적 로봇 연구 개발 사업(2020~2025년)**, **로봇 액센 플랜 발표(2023년)**를 통해 산업 육성에 박차를 가하고 있다. 중국도 제조 2025(2015년 발표)에 로봇을 10대 핵심 영역에 포함하고 **로봇 산업 발전 규획(2021년~2025년)**을 추진하였다. 2023년에는 **로봇 플러스 실행 계획**을 발표하며 농업·물류·보건 등 10대 중점 분야에서 로봇 R&D와 보급 방안을 제시하고 있다.

한국은 2008년 지능형 로봇법을 제정하고 5년마다 **지능형 로봇 기본 계획**을 수립하는 등 노력하고 있으나, 로봇 산업에 대한 지원을 더욱 강화할 필요가 있다.

국내 보급 확산

로봇 보급을 대폭 확대하면 국내 로봇 기업에는 판로 개척과 경쟁력 제고의 기회가 되고, 수요 기업은 인력 부족 문제를 해결하며 생산성을 높일 수 있다. 더불어, 안전 및 돌봄 분야에 로봇이 도입되면 국민의 삶의 질 향상에도 기여할 수 있다.

보급 확대가 필요한 분야는 우선, 중소기업이다. 현재 제조 로봇은 전기·전자, 자동차 등 대형 장치 산업을 중심으로 보급되고 있지만, 중소기업의 활용률은 낮다. 생산성 향상과 인력 부족을 고려하면 중소기업, 특히 뿌리 산업에서 로봇 보급 확대가 절실하다. 또한, 구인난과 낮은 생산성으로 어려움을 겪는 소상공인과 서비스업에도 로봇 보급이 필요하다. 예를 들어, 한 음식점 자영업자는 조리 중 발생하는 연기와 화상 사고로 구인난을 겪고 있으나, 튀김 로봇 도입을 통해 2년치 연봉(대당 5,000만 원)으로 5년 이상 쉼 없이 일하는 고용 효과를 얻었다고 만족한다. 이외에도 로봇 도입은 다양한 분야에서 긍정적 영향을 미친다. 사회적 약자를 위한 반려 로봇, 학교 주변 순찰 로봇, 재난 안전 로봇, 군사용 테러 대응 및 폭발물 탐지·제거 로봇 등은 복지와 안전 분야에서 국민 만족도를 크게 높일 수 있다.

친환경차 보급 지원 정책을 벤치마킹하여 로봇 구매 시 보조금 지원, 세금 감면, 공공 부문 의무 구매와 같은 다양한 지원 방안을 마련해야 한다. **로봇 구독 서비스를 지원하여 활성화하는 방안**도 중요하게 고려할 필요가 있다. 로봇을 구매하는 대신 일정 기간 서비스를 임대하여 초기 비용 부담을 줄일 수 있게 해 주는 방식이다. 이는 로봇 경험이 없는 기업들로 하여금 부담 없이 로봇을 활용할 수 있게 해 주는 발판이 될 것이다.

규제 개선

로봇 산업을 육성하려면, 사람 중심으로 설계된 현재의 제도와 안전 기준 등 규제 체계를 로봇에 적합하게 재설계해야 한다. 다양한 분야에서 규제가 존재하는데, 배달 로봇은 보도 통행 및 고속 주행이 불가능하며, 주차 로봇은 별도의 안전 기준이 마련되지 않아 기계식 주차 장치의 기준을 적용받으므로 아파트와 같은 공동 주택에서는 도입이 어렵다. 정부는 2020년 로봇 산업에 대한 선제적 **규제 혁신 로드맵**을 마련하고 규제 개선을 추진 중이지만, 이러한 노력이 산업 발전의 장애물을 제거할 수 있도록 신속하게 추진할 필요가 있다.

로봇 사고를 예방하기 위해서는 안전 기준의 확보가 중요하다. 로봇 산업의 경쟁력 강화와 신비즈니스 모델 확산을 동시에 고려하면서 실증 기반의 안전 기준을 마련해야 한다. 더불어, 사고에 대비한 로봇 전용 보험 제도의 도입도 추진할 필요가 있다.

R&D와 기업 간 협력 지원

국내 로봇 산업 발전을 위해서는 취약한 핵심 부품(감속기, 서보모터, 센서, 제어기 등)과 소프트웨어(자율 이동 SW, 자율 조작 SW 등) 기술 확보를 위한 R&D 지원을 대폭 확대해야 한다.

특히 한국 기업이 가장 어려움을 겪는 분야로 기업 간 연계 부족이 지적되고 있다로봇산업진흥원 2020년. 주요 경쟁국들은 기업별 전문 영역에 특화해 **분업화된 협업** 체계를 구축하는 반면, 한국은 각 기업이 **가치 사슬 전체를 단독으로 담당**하면서 경쟁력 약화의 주요 원인이 되고 있다. 이를 극복하기 위해 로봇 수요 기업과 공급 기업 간 기술 협업을 활성화하고, 정부는 수요 기업의 기술 요구와 부품 기업의 개발 수요를 동시에 조사하여 연계를 촉진할 수 있는 정책을 발전시켜야 한다. 수요-공급 기업 간 협력 모델에 대한 패키지형 지원도 핵심 부품의 자립화를 위한 방안이 될 수 있다. 또한 로봇 산업의 성장을 뒷받침할 AI와 소프트웨어 분야의 전문 인력 양성 체계를 마련하고, 산업 혁신을 주도할 핵심 기업을 우선적으로 지원할 필요가 있다.

5.2.3 인공 지능 산업

인공 지능AI, Artificial Intelligence 기술은 인간과 유사한 지능을 구현하는 기술로, 데이터와 대규모 컴퓨팅 자원을 활용하여 문제 해석 및 해결 등의 성능을 높이고 다양한 응용 서비스를 구현할 수 있을 것으로 기대되고 있다. 인공 지능은 단일 지능(언어, 음성, 시각)에서 복합 지능과 초거대 AI로 확장하면서 미래 국가와 기업의 경쟁력을 결정할 게임체인저로 급부상하고 있다.

인공 지능은 기술의 발전 단계와 적용 범위에 따라 협소 인공 지능(ANI), 일반 인공 지능(AGI), 초지능(ASI)으로 발전하고 있다. 협소 인공 지능은 단일 작업에 특화된 AI로 현재 상용화된 대부분의 AI 시스템이 여기에 해당한다. 일반 인공 지능(AGI)은 인간과 대등한 지능을 구현하는 것으로, 멀티 모달 학습을 통해 도달할 것으로 예상하고 있다. 초지능은 인간을 초월하는 인공 지능으로, 현재 이론적 단계이지만 2045년 경에는 특이점에 도달할 것으로 예측되고 있다.

특히 최근 인공 지능은 단순 기능을 넘어 제품과 결합하면서 고부가 신산업을 창출하는 **물리적 AI**physical AI가 최대 화두가 되고 있다. 자율 주행차(자동차+AI), 휴머노이드(로봇+AI), 무인 전투기(방산+AI), 물류 자동화(물류+AI), 에이전트(스마트폰+AI) 등 산업과 AI의 융합은 기업들의 미래 생존을 좌우할 것으로 예상되고 있다.

도래하는 인공 지능의 산업화

인공 지능 산업은 인공 지능 기술을 적용하는 산업으로 기술의 개발·유통·활용·부가 서비스 등의 활동에 초점을 두고 있다. 인공 지능 산업은 기계 학습ML, 딥러닝, 자연어 처리NLP, 컴퓨터 비전, 로보틱스 등의 기술을 활용하여 다양한 분야에서 혁신을 주도하고 융합하면서 새로운 산업 생태계를 만들어 가고 있다.

하드웨어와 소프트웨어, 디바이스에서 이미 다양한 기업들이 출현하고 있다. AI 온 디바이스(애플, 테슬라, 삼성전자, 퀄컴 등), 하드웨어 인프라(엔비디아, 브로드컴, SMIC 등), AI 클라우드(마이크로소프트, 아마존 등), 파운데이션 모델(알파벳-Gemini, 메타-Lima, 오픈AI-ChatGPTo1, 센스타임-senseNova, 알리바바-Qwen, 네이버-HyperClova 등), AI Ops(팔란티어-의사 결정 지원 플랫폼, 클라우드플레이-실시간 AI 추론에 CDN 적용 등),

비즈니스 효율화(어도비, 세일즈포스, 서비스나우 SAP, 루닛, 모더나 등)에 사업화가 두드러진다. 인공 지능 산업 생태계는 다양한 기업, 연구 기관, 정부, 사용자 등이 상호 작용하며 AI 기술을 발전시키고 있다.

제조업의 융·복합화를 촉진하는 산업 AI

산업 인공 지능Industrial AI은 자율 제조, 디자인, R&D, 유통, 에너지, 반도체 등의 산업 분야에 특화된 AI 기술을 의미하며, 설비 및 부품, 환경 등의 데이터를 기반으로 산업 전반의 가치 사슬을 바꿔 나가고 있다.

자동차, 조선, 가전과 같은 전통 산업에서도 클라우드, 데이터, AI 기술이 융합하면서 산업별 도메인에 최적화된 알고리즘을 개발하고 빠르게 활용되고 있다. 제조 단계에서 데이터 중심의 의사 결정이 이루어지고 있으며, 생산 시스템 간 연결, 수요 변화에 유연한 공정으로 발전하고 있다. 소비자의 기호를 반영하는 맞춤형 신제품이 신속하게 출시되고 있으며, 구독 서비스와 같은 새로운 비즈니스를 확장시키고 있다.

AI Agent는 사람의 개입 없이 환경과 상호 작용하며 자율적으로 작업을 수행하는 지능형 소프트웨어 시스템으로 자율성과 상호 작용 능력을 통해 사용자에게 맞춤화된 서비스를 제공한다. 제조업에서는 사람의 일을 대신하거나 돕는 AI의 정확성이 상당한 수준으로 발전하면서 Action으로 연결이 시작되고 있다.

그러나 우리나라는 AI 관련 전문 기업과 인력이 절대적으로 부족하고 AI 모델 개발에 필수적인 제조 데이터, 컴퓨팅 공간의 활용 여력이 낮다. 여기에 주력 제조 기업들은 자체적으로 솔루션 기술 확보의 어려움과 산업 AI 기술 개발 투자 의지도 낮은 상황이다.

인공 지능을 활용한 서비스 부문의 변화

AI Agent는 생성형 AI를 활용하면서 법률, 기술 개발, 의료 진단, 마케팅, 콜 센터에서 적용되고 있으며, 한국도 대부분의 통신, 금융, 공기관에서 사용 중이다. 그러나 AI를 통한 사업화와 글로벌 시장 진출을 위해서는 데이터 거버넌스의 강화와 더불어 표준을 정립하고 정보 보호를 위한 기술 확보가 필요하다. 아울러 개별 기술이나 장비가 아니라 시스템과 솔루션이 적기에 적정 가격으로 공급될 수 있도록 해야 한다.

금융FinTech 분야에서는 AI 기반 로보어드바이저를 활용한 자동 투자 서비스, AI 신용 평가 및 대출 심사 자동화, AI 기반 이상 거래 탐지 등에 활용되고 있다. 앞으로는 AI 금융 데이터 분석을 위한 기술을 개발하고, 금융 규제에 대응하는 AI 모델의 투명성 확보, AI 기반 사이버 보안 시스템을 확보해야 한다.

바이오 헬스에서는 AI가 의료 영상 분석을 통해 질병을 조기에 진단하고, AI 챗봇을 활용한 원격 의료 상담이 늘고 있으며, 신약 개발 과정에서도 AI를 활용하여 데이터 분석과 임상 시험 효율성을 높이고 있다.

AI와 첨단 장비를 이용한 차세대 의료 진단

우리나라는 AI 의료 기기의 인증 기준 정립, 의료 데이터의 표준화가 필요하다. AI 기반 디지털 치료제와 맞춤형 헬스케어 산업을 활성화하기 위해서는 데이터 활용과 이용에 대한 규제 개선이 필요하다.

관광 및 여행에서는 AI 챗봇과 가상 비서를 활용한 예약 및 고객 응대 자동화, AI를 활용한 맞춤형 여행 일정 추천, AI 기반 스마트 호텔 시스템 등이 주목받고 있다. 이를 활성화하기 위해서는 AI 관광 데이터 분석을 통한 개인화된 서비스 제공, 고객 응대 자동화, 스마트 호텔 시스템을 위해 개인 정보의 활용을 원활하게 하고 글로벌 호환성을 갖는 데이터 표준이 정립되어야 한다.

법률에서는 AI가 계약서 자동 검토 및 법률 문서 분석, 법률 상담 챗봇, 법률 판례 및 규제 분석 등을 수행할 수 있다. 그러나 AI 법률 문서 자동화 시스템을 개발하고 법률 AI의 신뢰성을 높이기 위해서는 AI 법률 서비스의 윤리적 사용을 위한 제도가 정립되어야 한다.

유통업체들은 AI 기반 데이터 분석을 통해 개인 맞춤형 쇼핑 경험을 제공하고, 무인 매장 및 자동 결제 시스템을 도입하며, AI 로봇을 활용한 물류 및 배송 자동화를 추진하고 있다. 그렇지만 데이터 보안을 위해 SW와 HW, 디바이스가 해외 의존도가 높아 활용에 어려움이 있다.

산업 AI 인프라 확충과 신속한 적용

산업 AI 도입을 통한 생산성 향상과 산업 전환을 위해서는 데이터 인프라 구축, 연구·개발R&D 투자 확대, 현장에 기반한 AI 전문 산업 인력의 양성과 AI 혁신 기업 육성, 규제 개선이 시급하다.

기업 데이터에 기반하는 In-house AI 모델은 수요 산업과 설비 및 솔루션 공급업체와의 유기적 협력이 전제되어야 한다. 기업 혹은 산업 데이터의 효과적 전달이 가능하면서도 산업별 특성을 반영하여 자체 개발한 AI 모델을 적용하기 위해서는 정확한 적용보다 신속한 적용이 필요하다.

이를 위해서는 산업 부문의 특성을 반영하는 AI 규제 및 윤리 가이드라인이 마련되어야 한다. 특히 산업 부문에서는 AI의 신뢰성과 보안성을 강화하고, 공정하고 투명한 AI 기술을 개발하여 지속 가능한 혁신 자원으로 활용하는 것이 필요하다. 기업과 정부는 AI를 활용한 산업 고도화를 뒷받침해야 하며, 정책의 지속성과 안정성을 통해 개별 산업과 인공 지능 산업 모두 기술과 인력, 그리고 생태계에 대한 투자를 안심하고 할 수 있도록 해야 한다.

5.3 탄소 중립 신산업

5.3.1 혁신 공정과 저탄소 제품

탄소 중립은 경제 및 사회 구조의 변화와 아울러 제품의 생산과 유통, 소비 전반적으로 전환을 가져 오고 있다. 저탄소 기술 혁신은 산업 도약의 기회가 될 수 있다. 중국이 내연기관차 경쟁에서는 뒤처졌지만 전기차에서 선두로 도약한 것이 대표적 사례이다.

기회의 창을 열 탄소 중립

현재 온실가스 다배출 산업인 철강 산업에서 수소 환원 제철 기술, 화학 산업에서 기초 원료의 화학 제품 전환COTC 기술 개발과 실적용이 적극적으로 추진되고 있다. 이는 단순한 저탄소 제품 공급을 넘어 혁신 공정과 엔지니어링 분야에서 게임 체인저로 부상할 수 있기 때문이다. 성숙기에 접어든 주요국의 기간 산업이 새로운 성장 경로를 개척하는 기회가 열리고 있다.

제조 공정의 효율성을 높이고 에너지 사용을 절감하기 위해 예지 정비 기능을 갖춘 스마트 센서, 탄소 저감형 초정밀 전동기와 같은 전기·전자 제품의 수요가 증가할 전망이다. 기계 분야에서도 고효율 가공 장비, 수소·암모니아 무탄소 보일러 등 초고효율 제품 시장이 열리고 있

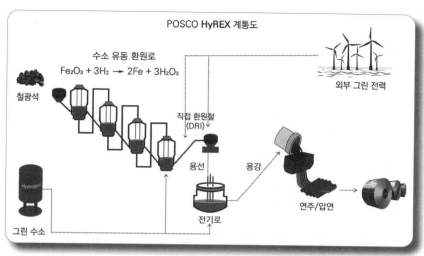

POSCO **HyREX** 계통도

수소 유동 환원로

$$Fe_2O_3 + 3H_2 \rightarrow 2Fe + 3H_2O_3$$

철광석

외부 그린 전력

직접 환원철
(DRI)

용선

용강

Hydrogen

연주/압연

전기로

그린 수소

포스코 수소 환원 제철 기술인 HyREX 공정 계통도

다. 재제조·업사이클링 기술의 발전으로 폐플라스틱은 더 이상 태우거나 묻히는 것이 아니라 업사이클링 제품으로 재창조되거나 원유 대체 제품으로 변신하고 있다. 이러한 변화는 제조업의 근간이지만 온실가스를 많이 배출하는 기초 소재 산업이 지속 가능한 산업이 될 수 있다는 것을 보여준다.

친환경 설계와 엔지니어링, 컨설팅 등 신산업도 성장 가능성이 있다. 수소 환원 제철과 같은 친환경 설비는 최소 200년 이상 정착된 기존의 제조 플랜트를 대체하는 혁신 기술에 기반한 것으로, 상용화에 성공한다면 부가가치가 높은 글로벌 EPC(엔지니어링, 설계, 조달, 건설) 시장을 선점하는 기회가 될 수 있다. 뿐만 아니라 플랜트의 운영·관리, 에너지 관리 시스템FEMS과 같은 솔루션에서도 경쟁력을 확보할 수 있다.

탄소 저감 컨설팅, 탄소 처리 및 온실가스 측정·검증 서비스뿐만 아니라 배출권 거래제[ETS], 탄소 국경 조정[CBAM], 국제 탄소 시장 제도 등과 관련해서도 비즈니스 기회가 열린다.

건물 부문의 탈탄소화를 위해서는 데이터 센터의 저전력화, 건축 자재의 저탄소화가 필수적이며, 히트 펌프·태양광 같은 시장도 만들어지게 된다. 고강도 철강·알루미늄·탄소 섬유·아라미드 섬유 등 경량 소재 수요가 증가하면서 고부가가치 제품으로 변화할 것이다. 스마트·고효율 전자 제품 수요가 늘어나면 초저전력 반도체나 고효율 디스플레이의 시장도 확대될 것이다. 수송 부문의 CO^2 저감과 내연기관 퇴출은 전기·수소 차의 시장 확대를 촉진하고, 국제해사기구[IMO]의 온실가스 배출 규제 강화는 수소·암모니아로 추진되는 신조선 수요를 창출하게 된다.

발전 부문의 탈탄소화는 소형 원자로[SMR], 연료 전지, 에너지 저장 장치[ESS], 초고효율 케이블 및 전기 기기, 건물 일체형 태양광[BIPV], 수상 태양광 등의 시장도 확대시킬 것이다. 나아가 관련 산업 생태계도 새롭게 만들어질 것으로 보인다. 풍력 설비의 대형화와 효율 개선은 신소재, 인프라용 고기능성 철강 제품 등 연관 산업에 성장 기회가 될 수 있다.

주요국은 청정 제조와 새로운 성장 동력 창출을 위해 법적 기반을 마련하고 기술 개발부터 산업화, 초기 시장 창출을 지원하면서 산업 정책과 통상 정책의 주요 대상으로 삼고 있다. 미국의 인플레이션감축법[IRA], EU의 탄소중립산업지원법, 일본의 그린 전환[GX] 전략 등이 해당한다. 탄소 중립의 산업 정책을 통해 각국은 철강, 화학, 이차 전지, 전기차, 재생 에너지뿐만 아니라 관련 부품 및 솔루션을 포괄하는 광범한 산업 육성을 목표로 하고 있다.

난감축 산업의 높은 비중과 낮은 감축 잠재력

한국은 수출 주도형 성장 전략을 추진해 오면서 제조업 비중이 높은 산업 구조를 갖고 있다. 미국·중국·인도 같은 인구 대국을 제외하면, 한국은 기초 소재·전자·부품, 자동차·조선·이차 전지·바이오 등 다양한 산업에서 글로벌 10위권 안에 드는 산업 생태계를 구축한 유일한 국가다. 따라서 탄소 중립을 통해 육성하고자 하는 산업 대부분에서 우수한 제조 기반을 보유하고 있어 자부심을 가질 만하다.

철강, 석유 화학, 시멘트, 정유, 반도체, 디스플레이 산업은 산업 전반에 걸쳐 기초 소재와 부품을 공급하는 기반 산업이다. 그러나 해당 산업들은 사용하는 연료와 원료의 특성상 온실가스 감축이 어려운 난감축 산업이다. 철강에서는 석탄코크스을 주요 에너지와 환원제로 사용하며, 석유 화학과 정유는 화석 원료에 기반한다. 시멘트는 석회석을 가공하는 공정에서 온실가스가 대량으로 배출된다. 반도체와 디스플레이는 공정 가스의 사용이 불가피한데, 현재 기술 수준으로는 온실가스 감축이 제한적이다.

여기에 한국 산업은 비교적 최신 설비와 높은 효율성을 보이고 있어 에너지와 자본 투입 측면에서 세계 최고 수준으로 평가되고 있다. 미

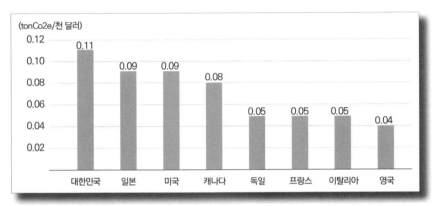

주: 탄소배출 집약도: 제조업 및 건설업의 산출액 대비 배출량 　　　　　　(자료: 2015년 산업 연관표)

국·일본·유럽은 노후화된 제조 설비를 교체하는 것만으로도 효율성을 높이고 온실가스 배출을 줄일 수 있다. 그러나 성숙기에 접어든 한국 기업들은 대부분 현재 생산 시스템으로의 설비 교체만으로는 획기적인 온실가스 감축이나 생산성 향상도 어렵다.

한국은 2050 탄소 중립 목표를 제시하고 있다. 그러나 어려움이 존재하고 있다. 우선 탄소 중립 혁신 기술의 개발 및 실용화가 지체되고 있어 관련 부문의 민간 투자 결정이 어렵다. 둘째, 탄소 중립 설비 및 생산 시스템 전환을 위한 대규모 자본 투자의 부담이 존재하지만 최근 대부분 기업들의 수익성 악화로 투자 여력이 취약하다. 셋째, 탈탄소 투자 및 설비 등의 교체 과정에서 국제 경쟁력을 유지하는 데 불확실성이 높다. 넷째, 생산·유통·소비 전 주기적인 순환 자원 시스템이 미흡하고, 저탄소 제품의 가격 상승과 수요 창출을 위한 사회적 수용성이 부족하다.

난감축 산업 혁신 기술의 조기 상용화

한국 산업 부문의 2030 국가 온실가스 감축 목표[NDC]는 연료 및 원료 교체, 에너지 효율 개선, 공정 배출 감축 등을 통해 2018년 대비 2030년까지 탄소 배출량을 11.4% 감축하겠다고 밝히고 있다. 곧 발표될 2035년 NDC에서 감축 규모가 더욱 확대되겠지만 효율성 향상이나 개선만으로는 달성하기 쉽지 않다. 따라서 난감축 산업에서의 혁신적 공정 개발과 상용화가 시급하다.

이를 위해서는 첫째, 정부 주도의 대담하고 적극적인 투자가 필요하다. 난감축 산업의 탈탄소화는 일반적인 기술 개발과 다르기 때문에 혁신적이면서도 전환형 기술로 바라보아야 한다. 선진국들은 2030년, 늦어도 2035년까지 대규모 기술 개발 투자를 통해 혁신 기술을 상용화하여 산업을 근본적으로 변화시키겠다고 계획하고 있다. 그러나 우리는 여전히 7~10년짜리 기술 개발 계획을 세우고 예비 타당성 조사를 추진하고 있다. 이런 식으로는 2030년은 고사하고 2035년에도 기술 준비 수준[TRL]에서 상용화에 도달하지 못할 가능성이 높기 때문에 보다 과감한 투자가 필요하다. 선제적 상용화와 글로벌 시장에서의 지배력을 확보하려면 핵심 기술에 대해 미국의 1/10, 일본의 1/3 수준인 우리의 투자 규모를 늘려야 한다.

둘째, 임무 중심형이면서도 통합형 R&D로 추진해야 한다. 혁신 공정 기술은 응용 기술 개발 이후에도 스케일 업을 위해 상당한 시간과 자본의 투자가 필요하다. 따라서 난감축 산업의 탄소 중립 기술을 정부가 기초 기술을 개발하고, 이후 민간 부문이 상용화를 추진하면 된다는 단계론적 사고는 곤란하다. 우리가 상용화 기술을 확보하더라도 다른 국가가 이미 혁신 설비를 착공하고 엔지니어링 시장을 선점했다면 우리가 개발한 기술은 의미가 없다. 탈탄소화를 신성장 동력 창출로 접근하지 않고, 여전히 추격형 성장 전략에 의존하는 구태의연한 사고에 갇히지 말아야 한다. 기술 개발을 단계적으로 지원하는 방식 대신 통합형으로 추진해 속도를 높여야 한다.

셋째, 일관성 있고 실행 가능한 R&D 정책이 필요하다. 산업 부문에서 저탄소·탈탄소 기술 개발은 많은 시간과 자금을 필요로 하며 성공에 대한 불확실성도 크다. 기업들의 투자는 되돌릴 수 없기 때문에 정책의 일관성이 매우 중요하다. 탄소 중립 선언 이후 단기간에 많은 R&D 전략과 로드맵이 발표되었지만, 기술 개발 방향이나 범위가 달라 산업 현장에서는 기술 개발뿐만 아니라 중장기 설비 투자 계획 수립에 혼선이 발생하고 있다. 정책과 예산이 따로 추진되거나 정권마다 정책 방향이 바뀐다면 기업들은 장기 투자를 꺼리게 되고 우리 산업 경쟁력은 저하될 수밖에 없다.

정부 정책 **일관성**   **지속적** 재원 투입

정부가 일관성을 갖고 지속적으로 재원을 투입해야

기후 대응을 넘어서는 전환 금융 필요

탄소 중립을 달성하려면 대규모 투자가 필수적이다. 국제기구에 따르면 2050년까지 연간 2~5조 달러의 투자 수요가 필요한 것으로 추정하고 있지만, 현재 국내 글로벌 기후 금융은 매우 부족한 상태이다. 대한상공회의소 SGI가 계산한 바에 따르면, 우리나라에서도 매년 고정 투자 금액의 약 10%가 필요할 것으로 보인다. 이런 기후 금융의 실효성을 확보하기 위해서는 **민관 협력 금융**을 활성화해야 한다. 유럽 그린딜이 활용 중인 EUinvest처럼, 공공 기후 금융 재원을 기반으로 민간 기후 금융을 최대한 조달하여 재정 효율을 높이고, 기후 대응을 넘어 투자 위험을 적극적으로 분담하는 **전환 금융**을 고려해야 한다.

이를 위해 첫째, 탄소 중립을 위한 산업 대전환에 투자하는 기업에 대해 인센티브를 제공해야 한다. 탄소 중립 혁신 기술을 개발했다 하더라도 신규 설비 도입에는 막대한 투자비와 기존 설비의 매몰 비용이 필요하다. 또한, 실제로 탄소 중립 투자가 수익으로 돌아오는 데는 상당한 시간이 소요된다. 이러한 점을 고려하여, 초기 비용에 대해 현행 투자 세액 공제 대상과 공제율을 확대하여 기업들이 체감할 수 있는 지원이 있어야 한다.

둘째, 탄소 중립으로의 이행을 기업, 특히 소수 대기업이 스스로 해결해야 한다는 인식을 바꿔야 한다. 탄소 중립은 단순히 산업의 연료나 원료, 설비를 바꾸는 문제가 아니라, 기존의 생산 방식과 제품 구조를 완전히 변화시키는 대전환이다. 따라서 범국민적 인식 공유와 협력이 필요하다. 유럽과 미국은 10~20년 이상에 걸쳐 아르셀로미탈, 듀폰, 벤츠 등 글로벌 대기업을 지원하며, 기술 개발과 상용화를 위한 정부 지원은 물론이고 산업 및 무역 정책에서도 기업 혹은 산업의 준비 수준을 고려하고 있다.

셋째, 산업 구조 변화로 인한 쇠퇴 부문의 전환을 촉진하기 위해 난감축 산업에서 쇠퇴 분야의 퇴출을 전략적으로 지원해야 한다. 내연기관 부품 종사자에게 엔지니어링 기반의 미래 기술 교육을 제공하고, 정유 산업이 바이오 연료 및 친환경 대체 연료 공급 산업으로 변신하도록 할 수 있다. 이와 관련하여 기업활력촉진법에 근거한 사업 재편 제도를 적극 활용하고, 산업 쇠퇴가 집중된 지역에 유망 산업 단지 조성을 우선 추진하여 충격을 줄어야 한다.

그린 인프라와 정책 간 연계성 제고

저탄소 산업 전환을 촉진하기 위해 정부는 탄소 중립 전환 과정에서 기업이 겪는 불확실성을 해소하고 투자 결정을 지원해야 한다. 이를 위해 그린 인프라 구축에 대한 구체적인 타임라인을 제시해야 한다. 그린 수소, 그린 에너지 공급에 대해 공급 시기, 규모, 공급 가격 등에 대한 구체적 로드맵을 제시해야 한다. 그래야 기업들은 장기적인 전략을 수립할 수 있다.

다음으로 저탄소·탈탄소 제품의 공급을 위해 예상되는 가격 경쟁력 문제를 해결하기 위해 저탄소 제품을 생산하는 기업들의 비용을 보조하고 가격 경쟁력을 지원해야 한다. 재생 에너지 비중 확대로 인한 전력 요금 상승에 대응하는 독일의 **불균등 재생 에너지 요금 보조**, 탄소 중립 설비 투자비와 운영 비용 상승을 보조하기 위한 **탄소 차액 계약 제도**도 도입할 수 있다. 우리나라는 재정 건전성과 연계하여 재정 보조 규모가 늘어날 것이라는 우려에 따라 제도 시행 여부에 대한 결정을 미루고 있다. 그러나 탄소 중립을 추진하면서 기업들이 문을 닫는다면 미래의 세원도 고갈되는 것이다. 따라서 탄소 중립을 위해 투자한 기업의 비용 증가에 대해서는 국가적으로 지원해야 한다.

마지막으로 저탄소 공급망의 안정화를 위해 우리나라와 주요국의 핵심 기업을 실시간으로 모니터링하고 긴밀히 연계해야 한다. 예를 들어, 이차 전지 산업은 원료와 중간재의 대부분을 중국에 의존하고 있어 공급망 리스크 분산이 필요하다. 이를 위해 해외 광물 자원 확보와 폐전지 재자원화를 지원해야 한다. 전동차 산업의 경쟁력 강화를 위해서는 수송 부문의 탄소 배출 저감 일정과의 연계가 필수적이며, 친환경 자동차 부품 및 소재 공급을 위한 산업 생태계 전환이 병행되어야 한다. 조선 산업 역시 친환경 선박 기술 경쟁력을 강화하는 동시에 중소 조선업체 및 기자재 산업 생태계도 잘 이행할 수 있도록 해야 한다.

제조업 비중이 높은 우리나라는 탄소 감축을 추진하는 과정에서 새로운 성장 경로를 만들어 나갈 수 있는 잠재력이 높다. 따라서 치열한 글로벌 경쟁 속에서 우리 주력 산업이 경쟁력을 유지하면서 동시에 혁신과 생산 공정 전환을 추진할 수 있도록 정교한 전략과 과감한 지원이 필요하다.

5.3.2 에너지 신산업

대한민국은 2030년 국가 온실가스 감축 목표[NDC]에 따라 발전 부문의 온실가스 배출량을 2018년 대비 44.4% 감소하고 2050년까지 탄소 중립을 목표로 하고 있다. 이를 위해 데이터 기반의 전문적 분석을 바탕으로 전원 믹스의 비용과 공급 신뢰도를 평가하고, 충분한 논의를 거쳐 한국형 전원 믹스를 구성해야 한다.

무엇보다 2050년 탄소 중립 목표 달성을 위해 친환경 에너지의 공급원을 확대하고, 이에 부합하는 에너지 시장과 제도를 정비해야 한다. 신재생 에너지 공급 역량이 낮은 상황에서 급속한 에너지 전환과 에너지 가격 상승에 따른 주체별 부담을 해소하기 위한 대책을 마련해야 한다.

기후 변화와 에너지 산업 구조의 변화

기후 변화가 심화되면서 이를 극복하기 위한 국제적 노력이 강화되고 있다. Net Zero 달성을 위한 글로벌 규범이 제정되면서 화석 에너지 기반을 재생 에너지를 비롯한 친환경 에너지로 전환하기 위한 다양한 에너지원의 개발과 활용이 필수가 되고 있다. 이러한 변화 속에서 대

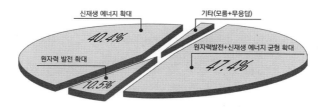

신재생 에너지 확대

40.4%

기타(모름+무응답)

원자력발전+신재생 에너지 균형 확대

47.4%

원자력 발전 확대

10.5%

한국 에너지 믹스에 대한 국민 인식 조사(한국에너지정보문화재단 2023년 11월)

한민국은 에너지 전환과 함께 새로운 에너지 산업을 성장 동력화하여 글로벌 시장에서 주도적 역할을 해야 한다.

우선 다양한 에너지 공급 옵션을 확보해야 한다. **한국형 무탄소 전원 믹스**는 친환경성과 에너지 안보, 신뢰성 확보를 동시에 고려하면서 소비자 부담을 최소화하는 방향으로 추진해야 한다. 단기적으로는 NDC 목표 달성을 위해 원전의 계속 운전이 불가피하며, 중장기적으로는 차세대 원전SMR 기술 개발 및 인력 양성, 사용 후 핵연료 관리 정책이 필요하다. 재생 에너지 확대를 위해서는 경매 제도 도입, 계통 수용성 개선, 정부 주도의 대형 프로젝트 등을 통해 재생 에너지의 도입 여건을 개선해야 한다.

수소·암모니아 혼소 발전, 태양광·풍력 등 재생 에너지 산업을 적극적으로 육성하고, 소형 모듈 원자로SMR 등 신에너지 산업을 조기에 산업화해야 한다. 이를 통해 충분하고 품질 높은 전력을 공급하고, 전력 가격의 안정화를 도모하면서 산업 경쟁력을 확보해야 한다.

계통 수용성을 개선하기 위해 배전 선로, 변압기, 신규 변전소 등의 전력 계통 인프라에 대한 투자가 시급하게 추진되어야 한다. 그리고 대규모 재생 에너지 발전 지역에는 ESS, 양수 발전 등의 유연성 자원을 구축하고 섹터 커플링을 통한 수요 관리 최적화를 추진해야 한다.

에너지 산업의 혁신과 경쟁

Net Zero 시대가 도래하면서 전 세계 에너지 산업에서는 혁신이 빠르게 진행되고 있으며, 탄소 배출 저감을 위한 다양한 기술 개발도 경쟁적으로 추진되고 있다. 탄소 포집·저장·활용CCUS, 그린 수소 생산, 에너지 저장 장치ESS, 고전력 반도체, 마이크로 그리드와 같은 혁신 기술이 글로벌 경쟁의 핵심이 되고 있다.

각국은 이러한 에너지 신산업 시장 선점을 위해 치열하게 경쟁하고 있다. 이러한 변화 속에서 한국도 선도적 입지를 확보하고, 기술력을 바탕으로 글로벌 시장을 개척해야 한다.

에너지 신산업화를 저해하는 제도적 한계

다양한 에너지원의 시장 창출을 위해서는 정부의 정책 변화와 규제 개혁이 필수적이다. 현재의 단일 전기 요금 체계는 공급 측면에서는 재생 에너지 기술 개발과 보급을 촉진하기에 적절하지 않으며, 수요 측면에서도 최적의 선택을 저해하고 있다.

이를 해결하기 위해 발전원별로, 그리고 지역별로 전기 요금을 차등화하는 방안이 있다. 전력 요금에 시장 체제를 도입하는 것은 시장 원리에 의해 다양한 에너지 기술이 경쟁력을 갖추고 발전할 수 있도록 유도할 수 있다.

에너지 수급 문제는 국가의 생존과 직결된 인프라 문제이므로, 장기적 관점에서 에너지 산업 생태계를 육성하고 지속 가능한 정책을 유지하는 것이 중요하다. 현재 과학기술정보통신부, 산업통상자원부, 환경부 등 여러 부처에 흩어진 에너지 관련 업무를 통합하여 일관된 정책을 수립하고 추진해야 한다.

아울러 미국의 ARPA-E와 같은 국가 차원의 에너지 R&D 전담 기구의 역할을 정하여 장기적이고 체계적인 연구 개발을 지원함으로써 글로벌 경쟁력을 갖춘 에너지 기업을 육성하고, 에너지 기술을 수출할 수 있도록 육성해야 한다.

전력 공급의 분산화, 디지털화

AI 및 데이터 센터 증가로 인한 전력 수요 폭증과 친환경 에너지 전환에 대응하기 위해 전력 공급의 패러다임을 변화시켜야 한다. 현재의 중앙 집중식 발전·송전 체제는 한계에 다다랐으며, 이를 극복하기 위해 직류 송전, 전력망의 디지털화, 분산형 전력망을 도입해야 한다.

아울러 현재 공기업 중심으로 운영되는 발전 시장을 개편하여, 시장 중심의 가격 결정 체제와 경쟁 촉진 체제를 도입함으로써 전력 산업의 활력을 높이고, 글로벌 시장 진출을 촉진할 필요가 있다.

에너지 신기술, 신산업의 수출 산업화

대한민국이 에너지 기술 선도국으로 도약하기 위해서는 에너지 산업을 전략 산업으로 지정하고, 기술 개발부터 조달·양산·수출까지 가치사슬 전반에 걸친 지원 체계를 마련해야 한다.

태양광·풍력·수소 등의 신재생 에너지 분야에서 글로벌 경쟁이 심화되고 있으므로, 전략 분야별로 산업별 특성을 고려하여 지원을 차별화해야 한다. 예를 들어, 태양광 산업의 경우, 국내 잉곳 생산 기업이 해외 경쟁 업체와 동등한 수준에서 경쟁할 수 있도록 전기 요금을 조정하거나 보조금을 지원하는 등의 맞춤형 정책이 필요하다.

또한 전력 기자재, 에너지 저장 장치[ESS], 스마트 그리드 솔루션 등을 글로벌 수출 산업으로 육성하기 위해 정부는 기업 간 협력을 강화하고, 국제적인 공급망 재편에 적극 대응해야 한다. 민관이 협력하여 글로벌 시장 진출 전략을 수립하고, 미·중 공급망 재편에 대응해 전략적 국제 협력을 강화함으로써 대한민국의 에너지 산업이 글로벌 경쟁력을 갖도록 해야 한다.

이를 위해 대기업이 주도하고, 중견·중소기업 및 창업 기업이 안정적으로 연계된 건강한 산업 생태계를 조성해야 한다. 정부는 대기업의 초기 기술 개발·사업화·양산 투자에 대한 과감한 지원을 통해 산업화 성공 가능성을 높이고, 대기업이 창출한 순수익을 중소·중견기업과 공유하여 투자의 선순환이 일어나도록 하여 산업 전반의 경쟁력을 높여야 한다.

전력 산업의 시장 체제 도입과 금융 시장 연계

에너지 산업의 규제를 완화하고 금융 시장을 연계하여 에너지 신산업의 성장을 지원해야 한다. 규제 개편과 관련하여 개인 간 전력 거래와 중개 사업 등 공유 경제를 기반으로 한 신규 사업 모델을 발굴하고, 에너지 상품 거래소를 통한 시장 체제를 도입해야 한다.

국민연금 스튜어드십 코드 및 탄소 중립 관련 정책 금융을 활용하여 신재생 에너지, 스마트 그리드, 에너지 플랫폼 등이 신산업화 초기의 불확실성을 완화할 수 있도록 하고, 탄소 금융·녹색 보증·RE100 등 다양한 탄소 중립 금융 상품을 개발한다. 신재생 에너지의 시장 진입과 조달을 위한 망 요금 할인, 자가 발전·지분 투자에 대한 투자 세액 공제와 같은 투자 인센티브를 강화한다.

에너지 신산업의 시장 창출을 위해서는 초고효율 태양 전지, 초대형 풍력 터빈, 수소 저장·추출 및 수전해 기술 등 신재생 에너지 보급 표준 혹은 기준을 조기에 제시하여 민간 부문에서 공급 역량을 확보할 수 있도록 지원해야 한다.

아울러 전력·탄소 배출권·REC·수소 등 다양한 에너지 신상품의 공정 거래를 위한 플랫폼을 구축하고 (가칭)한국에너지상품 거래소^{KCX}를 통해 전력·배출권·REC·석유·천연가스·수소 등의 파생 상품을 취급할 수 있도록 한다.

5.4 고령화 관련 산업

5.4.1 고령 친화 산업

저출생·고령화로 2025년에 65세 이상 고령 인구는 1,000만 명을 넘어설 전망이다. 이는 전체 인구의 20%를 초과하는 초고령 사회 진입을 의미한다. 앞으로도 이러한 급속한 고령화 추세는 지속될 것으로 보인다. 고령 인구의 증가와 더불어 이들의 높은 자산 수준을 고려할 때, 고령자를 대상으로 한 고령 친화 산업이 빠르게 성장할 가능성이 크다. 보건산업진흥원은 국내 실버 산업 규모가 2020년 72조 원에서 2030년 168조 원으로 확대될 것으로 예측했다.

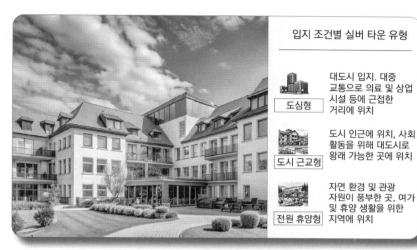

독일의 실버 타운과 입지 조건별 실버 타운 유형

고령화 전망

고령 인구는 2010년 536만 명으로 전체 인구의 10.8%를 차지했으나, 2025년에는 1,051만 명으로 20.3%에 이르렀다. 이러한 증가세는 지속되어 2030년에는 전체 인구의 25.3%, 2040년에는 34.3%에 달할 것으로 전망된다. 이에 따라 사망자 수도 빠르게 증가해 2025년 36만 명에서 2030년 41만 명, 2040년에는 53만 명에 이를 것으로 보인다(통계청, 장래 인구 추계 2022년~2072년).

한편, 고령자 가구는 상당한 자산을 보유하고 있는데, 2023년 기준 가구당 순자산은 4억 5,000만 원으로 전체 평균 4억 3,000만 원을 상회한다. 이들 자산의 81.3%는 부동산으로 구성되어 있는 반면, 저축 비중은 12.3%로 매우 낮은 것이 특징이다(가계 금융 복지 조사). 반면 저출생 영향으로 유소년 인구(0세~14세)는 2025년 전체 인구의 10.2%를 차지하였으나, 2030년에는 8.1%, 2040년에는 7.7%로 감소할 것으로 보인다. 이에 따라 고령 친화 산업은 성장 잠재력이 높으나, 유아 산업은 축소 위기에 직면하고 있다.

실버타운 공급 확대

고령 인구 증가로 고령자 친화적 주거 공간에 더하여 돌봄·건강·여가 서비스가 결합된 실버타운의 수요는 빠르게 늘고 있으나 공급은 이를 따르지 못하고 있다. 연령대별 실버타운 거주 희망 비율(2020년 노인 실태 조사)은 75세~79세 4.2%, 80세~84세 6.0%, 85세 이상 8.1%에 달하지만, 고령 인구 대비 실버타운 비중은 2023년 기준 0.12%에 불과하다. 이는 일본 2.0%, 미국 4.8% 등 주요국과 비교해 매우 낮은 수준이다.

공급 부족으로 인해 실버타운 입주 대기 기간이 길어지고, 보증금이 2억~10억 원, 월 임대료가 230만~460만 원에 이르는 고비용 구조로 인해 고소득층만 이용 가능하다는 비판이 제기되고 있다. 이러한 문제를 해결하기 위해 공급과 수요 측면에서 실버타운 활성화를 위한 정책적 대응이 시급하다. 이를 위해 정부는 **실버타운 공급 확대**를 정책적으로 지원해야 한다.

첫째, 토지와 건물의 사용권만으로도 실버타운 설립 가능하도록 규제를 완화해야 한다. 기존에는 토지와 건물을 모두 소유해야만 실버타운 설립이 가능해 공급 확대의 제약 요인이 되어 왔다.

둘째, 분양형 실버타운의 도입이 필요하다. 현재는 임대 계약 방식으로만 운영되고 있어 사업자의 자금 회수가 어려운 구조다. 다만, 분양형은 서비스 부실 가능성이 있는 만큼 인구 감소 지역을 대상으로 우선 허용 후 점진적으로 확대해야 한다.

셋째, 정부와 지자체는 유휴 부지를 실버타운 조성에 활용할 수 있도록 용도 변경·용적률 완화 등 규제 완화를 추진하고, 건축비 지원 등의 재정적 지원을 제공해야 한다. 일본의 코코판 사례처럼 서비스형 고령자 주택법(2011년 제정)에 근거하여 지자체의 토지 제공과 정부의 건축비 지원을 통해 월 15만 엔(약 130만 원)의 저렴한 비용으로 실버타운 서비스를 제공하는 모델도 참고할 수 있을 것이다. 우리도 일본을 벤치마킹하여 실버 주택 공급 촉진과 수요 확대를 위해 특별법 제정을 추진할 필요가 있다. 한편, 은퇴 이후에도 학습 욕구가 높은 베이비부머 세대의 특성을 고려해 일부 대학에서는 학교 유휴 부지 내에 교육과 의료 시스템을 접목한 실버타운을 조성하고 있다. 이는 학생 수 감소 문제를 해결하는 동시에 고령자 주거 수요를 충족하는 효과적 방안으로 평가받고 있으며, 교지 활용 규제 완화 등 적극적인 지원이 필요하다.

넷째, 고령층의 지불 능력을 높이는 방안도 마련해야 한다. 대부분의 고령자는 부동산 중심의 자산 구조 탓에 유동성이 부족하여 실버타운 월 이용료 부담이 쉽지 않다. 이를 해결하기 위해 실버타운 입주 시에도 주택연금을 계속 수령할 수 있도록 하고, 주택연금 수령 중에도 자가 주택 임대를 허용하는 방안을 추진할 필요가 있다.

다섯째, 고령자가 건강 상태에 따라 자립 주거와 생활 보조 주거, 요양 주거로 이어지는 **연속 보호 시스템 구축**을 추진하여야 한다. 이를 위해 실버타운과 요양 시설을 통합 건립할 경우 인허가 기준을 완화하고, 요양 서비스가 필요한 고령층을 위한 특화된 생활 보조 주거형 실버타운의 설립을 허용해야 한다. 이를 통해 건강한 상태에서부터 돌봄과 간병이 필요한 시기까지 한 장소에서 생활할 수 있는 연속 보호 주거 단지로 발전할 수 있을 것이다.

고령자 금융 활성화

고령자의 금융 니즈는 대부분의 자산을 차지하고 있는 보유 부동산의 유동화 촉진, 인지 능력 약화를 보완할 수 있는 자산 관리 신탁 활성화, 그리고 건강 관리 강화로 크게 나눌 수 있다.

첫째, **보유 부동산의 유동화 촉진**이다. 주택연금 제도가 운영되고 있으나, 가입자는 13만 명에 불과하며, 주택 가격 상한(9억 원), 실거주 조건 등의 제한으로 사각지대가 존재한다. 주택 가격 기준의 상향 조정과 다주택자의 제한적 허용 등 제도 개선이 요구된다. 또한, 주택금융공사

뿐 아니라 민간 금융 기관의 다양한 주택 금융 상품 제공도 활성화해야 한다. 한편, 고령 가구가 자산 포트폴리오를 조정하는 데 어려움을 겪는 주요 원인 중 하나는 주택 다운사이징 시 발생하는 비용(세금)이다. 이를 완화하기 위해 주택 거래 세금을 줄이고, 차액을 연금으로 전환하거나 장기 투자로 유도하는 방안을 마련해야 한다.

둘째, **자산 관리 신탁의 활성화**다. 인지 고령화로 의사 능력이 없는 자의 법률 행위는 무효인데, 한국 고령자의 약 10%가 치매로 추정된다(중앙치매센터). 일본에서는 치매 환자의 금융 자산이 143조 엔(2017년 기준)으로 조사된 적이 있는데, 이들의 동결된 자산이 경기 침체의 위험 요소로 지적되고 있다. 반면, 한국은 아직도 고령자 금융 자산의 실태 조사조차 부족한 실정이다. 이를 보완하기 위하여 성년 후견인 제도가 도입되어 있지만, 이는 본인의 선택권을 박탈하는 한계가 있어 활성화가 어렵다. 대안으로는 치매 환자 등 자산 관리가 어려운 고령자를 대상으로 재산 관리와 병원비·간병비 등을 처리할 수 있는 **후견 지원 신탁**을 활성화해야 한다. 이는 인지 상태가 양호할 때 금전을 신탁하여 이후 관리 및 필요한 비용을 충당하는 방식이다. 그러나 후견 지원 신탁은 신탁된 자금의 처분은 위탁할 수 있으나, 일상에서 발생하는 다양한 의사 결정을 지원하지 못한다는 한계가 있다. 이에 따라 해외에서는 고령자의 의사 능력 부족 문제를 해결하기 위해 **지원 의사 결정 제도**를 도입하고 있다. 이 제도는 의사 능력이 부족한 성인의 행위를 지원자의 보조를 통해 가능하게 하며, 신탁 재산이 없거나 신탁 운용 비용이 부담스러운 고령자에게도 유용하다. 우리나라 역시 계약 방식의 **지원 의사 결정 제도**를 도입하고, 이를 국가 기관에 등록하여 금융 기관 및 병원에서 조회할 수 있도록 하는 방안을 검토할 필요가 있다.

셋째, 건강 관리 강화다. 보험사는 고령화에 따라 증가하는 건강 관리 수요를 반영해 보험과 헬스케어를 결합한 인슈어 헬스에 주목하고 있다. 미국과 영국에서는 운동량, 건강 검진 기록 등을 기반으로 보험료를 조정하거나 보상을 지급하는 상품이 활성화되어 있다. 반면, 국내에서는 아직 웨어러블 기기와 연계한 할인 프로그램 수준에 머물고 있다. 보험사의 건강 정보 활용 규제를 개선하고 특히, 공공 의료 데이터 활용만 가능하게 되어도 건강 증진형 보험 상품 개발이 활성화될 것으로 기대된다. 한편 일본에서는 독거노인의 고독사로 인한 집 주인의 손실을 보전하는 보험 상품이 활성화되어 있다. 한국의 고령자 세 명 중 한 명이 독거노인인 점을 감안할 때, 이와 유사한 상품을 도입하는 것도 유용하다. 더불어, 정부는 보험사가 고령화에 대응하여 헬스케어, 요양 등의 다양한 업무를 수행할 수 있도록 보험업법의 부수 업무 범위를 확대하여 고령자의 수요를 충족하고, 보험 산업의 경쟁력을 강화해야 한다.

반려동물 산업 육성

1인 가구 증가와 고령화로 반려동물을 키우는 가구가 빠르게 늘고 있다. 2022년 기준 전체 가구의 25.4%인 602만 가구가 반려동물을 보유하고 있으며, 지속적인 증가가 예상된다. 국내 반려동물 시장은

2022년 8조 원에서 2032년에는 20조 원 규모로 성장할 것으로 보여 연평균 9.5%의 성장이 전망된다(서울대 2023년). 이 시장은 펫 헬스케어, 펫 푸드, 펫 서비스 등으로 구분되며, 성장 잠재력이 커 대기업뿐 아니라 기술력을 갖춘 스타트업의 활발한 진출이 이루어지고 있다. 이에 따라 정부는 반려동물 산업 발전을 적극적으로 지원해야 한다.

첫째, 펫 헬스케어 시장 활성화가 필요하다. 동물 병원 의료 서비스에 대한 수요가 늘고 있으나, 낮은 펫 보험 가입률, 높은 의료비 부담, 정보 비대칭성 등의 문제점이 존재한다. 현재 펫 보험 가입률은 2022년 기준 0.89%로 영국 25%, 미국 10%, 일본 9% 등 주요국에 비해 현저히 낮다. 펫 보험 활성화를 위해 보험사와 동물 병원, 펫 숍 간의 제휴를 통해 판매 창구를 다양화하고, 간편한 청구 절차를 통해 가입자 접근성을 높여야 한다. 또한, 동물 병원별로 상이한 진료 항목을 표준화하고 평균 진료비 정보를 공개하여 소비자가 진료비를 비교할 수 있도록 해야 한다. 동물 병원에 게시해야 하는 진료 항목도 확대하는 한편, 반려동물의 사진·영상을 활용한 AI 기반 비대면 진료를 가능하게 하는 법적 근거를 마련해야 한다. 여기에 더하여 웨어러블 제품 인증과 데이터 수집·활용을 위한 기반도 구축이 필요하다.

둘째, 펫 푸드 시장의 발전을 유도해야 한다. 반려동물의 안전성과 기능성, 영양 기준에 대한 요구가 높아지고 있음에도 불구하고, 현재는 가축용 사료법 체계가 적용되고 있다. 펫 푸드를 가축용 사료와 구분하여 별도의 분류 체계를 마련하고, 품질 기준을 강화해야 한다.

펫 헬스케어와 펫 푸드 마켓

셋째, **펫 서비스 시장 확대**가 필요하다. 동물 장례식장(2023년 기준 68개 업체)이 부족한 상황에서, 입지 제한 규정을 완화하여 장묘 시설을 확충할 수 있게 지원해야 한다. **펫 신탁** 금융 상품의 도입도 고려할 만하다. 이는 신탁 제도를 활용해 소유주가 사망한 후에도 새로운 주인이 반려동물을 돌볼 수 있도록 하는 서비스로, 사실상 반려동물에게 유산을 남겨 두는 형태다. 한편, 일본에서 활성화되고 있는 반려동물 요양원 역시 향후 국내에서도 시장 확대가 예상된다. 고령화된 반려동물은 인간과 유사하게 치매 등 건강 문제를 겪는데, 일본에서는 약 200곳의 요양원이 운영되며 동물 간호사와 요양사가 상주하며 전문 돌봄을 제공하고 있다.

넷째, 반려동물 산업 발전과 동물 복지 강화를 뒷받침하기 위해 **반려동물 등록제**를 강화하는 한편 **반려동물 보유세** 도입을 검토할 필요가 있다. 이 세수는 동물 보호 시설 확충, 유기 동물 보호 등 동물 복지와 관련된 분야에 한정적으로 사용될 수 있을 것이다.

웰다잉 지원 강화

웰리빙을 넘어 웰에이징과 웰다잉까지 아우르는 **라이프케어 서비스**가 요구되고 있다. 웰다잉은 웰빙의 마지막 단계로, 인생을 잘 마감하기 위한 호스피스·완화 의료, 연명 의료 결정 제도, 장례 문화 개선 등이 주요 정책 과제로 꼽힌다.

첫째, **호스피스·완화 의료 확대**가 필요하다. 이는 암 등 말기 질환을 진단받거나 임종 과정에 있는 환자와 가족에게 통증 및 증상 완화, 심리·사회·영적 지원을 포함한 종합 치료를 제공하는 서비스로 입원형, 자문형, 가정형 등으로 구분된다. 현재 암·AIDS·만성 폐쇄성 호흡기 질환·만성 간경화 등으로 제한된 서비스 대상자를 점진적으로 모든 말기 질환 환자로 확대해야 한다. 시설 확충을 위해 기존 병원 내 시설뿐 아니라 독립형 호스피스와 소규모 지역 사회 기반 시설 설립도 허용해야 한다. 2020년 조사에 따르면 노인의 56.5%가 자택에서 임종을 선호하지만, 실제로는 74.8%가 의료 기관에서 임종하며, 자택에서 임종하는 비율은 16%에 불과하다. 이는 미국·영국 등의 재택 임종 비율(50% 내외)에 비해 매우 낮은 수준이다. 이를 개선하려면 가정형 호스피스 서비스에 다양한 기관이 참여할 수 있도록 유도하고, 건강보험과 장기요양보험을 통해 의사의 방문 진료를 도입해야 한다.

둘째, **연명 의료 결정 제도의 활성화**가 필요하다. 사전 연명 의료 의향서는 연명 의료 중단 및 호스피스에 관한 자신의 의사를 문서로 작성하여 스스로 마지막 순간을 결정하도록 돕는 제도로, 우리나라는 2016

년 연명의료결정법 제정을 통해 도입했다. 2020년 노인 실태 조사에 따르면 고령층의 85.6%가 무의미한 연명 치료를 반대하지만, 2024년 7월 기준 사전 연명 의료 의향서 작성률은 18.7%에 불과하다. 이를 활성화하려면 홍보와 교육을 강화하고, 작성 절차를 간소화해야 한다. 연명 의료 중단 등의 결정은 윤리위원회가 설치된 의료 기관에서만 가능하기 때문에 요양 병원과 같은 소규모 의료 기관에서 임종을 맞는 환자의 자기 결정권이 제한되고 있다. 요양 병원에서 임종하는 사람은 전체의 25%에 달하지만, 윤리위원회를 설치한 요양 병원은 9.7%에 불과하다. 이 문제를 해결하기 위한 제도적 보완이 시급하다.

셋째, 상속 및 장례 문화의 개선이 필요하다. 현재 상속 관련 소송이 이혼 소송보다 많아질 정도로 상속 분쟁이 심화되고 있다. 유언장 작성이 활성화되지 않아 자식들 간 갈등 가능성이 높기 때문이다. 유언장 작성을 권장하는 캠페인과 제도를 도입해야 한다. 또한, 상조 산업은 전문 장례 서비스 수요 확대에 따라 빠르게 성장하고 있는데, 선불제뿐 아니라 후불제 상조 서비스도 소비자 보호를 위한 규제 체계를 마련해야 한다. 또한, 상조 회사의 재무 정보를 비교할 수 있는 통합 정보 플랫폼을 구축하여 소비자 피해를 방지해야 한다.

나아가 고령 친화 산업을 기존의 사회 복지 사업 중심 생태계에서 벗어나 장기 요양, 웰다잉 등 분야에서부터 기업 중심으로 확장하여 경쟁력을 강화해야 한다. 이는 웰다잉 문화 확산과 함께 새로운 시장을 창출하며, 사회적 가치와 경제적 가치를 동시에 실현할 수 있는 중요한 과제가 될 것이다.

5.4.2 보건 의료 산업

보건 의료는 한국 경제에 있어 중요한 산업이다. 의료 지출은 GDP 의 9.7%(2022년 기준)를 차지하며, 종사자 수는 2023년 기준으로 105 만 명에 달한다. 앞으로는 인구 고령화의 가속화 등으로 그 중요성은 더욱 커질 전망이다. 글로벌 시장 규모도 빠르게 확대되어 2022년에는 12조 7,000억 달러였던 시장이 2029년까지 연평균 6.7% 성장할 것으로 예측된다보건산업진흥원 2024년. 여기에서는 보건 의료 산업의 주요 분야인 신약 개발, 의료 기기, 재생 의료, 디지털 헬스케어, 그리고 바이오 클러스터에 대해 살펴보고자 한다.

신약 개발

제약 산업은 국민 건강 보호를 위한 국가 전략 산업일 뿐만 아니라 경제 안보 차원에서도 중요한 위치를 차지하고 있다. 세계 제약 시장 규모는 2021년 기준으로 1조 4,000억 달러에 달하며, 이는 반도체 시장의 2.7배에 이른다. 국내 시장은 25조 4,000억 원으로 세계 시장의 1.3%를 차지하며 세계 13위의 규모를 기록하고 있다.

국내 제약 회사는 주로 부가가치가 낮은 화학 의약품과 제네릭 의약품(특허 만료된 의약품의 복제약)에 의존하고 있다. 그러나 최근 바이오 의약품 중 바이오 시밀러(특허 만료된 바이오 의약품의 복제)와 위탁 개발

생산(CDMO, 고객사 의뢰에 따른 의약품 개발 및 생산 시스템) 분야에서 강점을 보이고 있다. 삼성 바이오로직스는 세계 최대 규모의 생산 능력을 보유하여 자체 바이오 시밀러 생산뿐 아니라 글로벌 바이오 기업의 CDMO 역할을 수행하고 있다. 셀트리온의 램시마는 세계 최초로 허가받은 바이오 시밀러로 주목받고 있다.

입법 절차가 진행 중인 미국 생물보안법이 발효(2024. 9월 하원 통과)되면, 글로벌 제약사들은 중국 CDMO 기업(예: 우시 바이오로직스, BGI 등)과의 거래가 제한될 가능성이 크다. 이러한 상황에서 스위스 론자, 일본 후지필름과 한국 기업들이 이 시장을 놓고 치열한 경쟁을 벌이고 있다. 한편, 한국의 경쟁력 있는 바이오 기업은 소수 대기업에 한정되어 있어 다양한 혁신형 바이오 벤처 기업 육성이 시급하다.

더불어 제네릭 의약품에서 벗어나 **신약 개발 경쟁력**을 강화해야 한다. 신약 개발은 후보 물질 발굴 후 전임상 시험(동물 실험)과 임상 시험(환자 대상), 시판 과정을 거치는 동안 막대한 시간과 비용이 소요되고 성공률이 매우 낮다. 신약 개발 기간은 평균 10~15년, 성공 확률은 1만 개의 후보 물질 중 1개꼴이며, 글로벌 신약 개발에는 1~2조 원이 소요된다. 한국 제약 회사는 신약 기획 및 표적화 능력이 부족하고, 글로벌 임상에 필요한 자금력과 경험, 해외 마케팅 역량도 취약한 상태다. 이에 따

신약 개발 경쟁력 강화해야

라 한국 제약사는 글로벌 제약사의 임상 및 상업화 능력을 활용하기 위해 라이센스 아웃^{기술 이전} 방식을 채택하고 있다. 2017년부터 2021년까지 해외 기술 이전 실적은 총 91건, 약 40조 1,000억 원에 달한다. 앞으로는 그동안은 없었던 블록버스터급 신약(연 매출 10억 달러 이상) 개발을 목표로 연구 개발 투자와 수출 확대에 주력해야 한다.

이를 위해서는 첫째, 규제 개선이 필요하다. 한국의 임상 시험 법정 승인 기간은 30일로 미국 FDA와 일본 PMDA와 비슷하지만, 병원의 별도 임상시험심사위원회 승인 절차(2~4주)가 추가로 필요해 실제로는 더 오래 걸린다. 또한, 신약 보험 급여를 받기 위해 식약처 허가, 심평원 평가와 보건복지부의 급여 등재 절차를 각각 거쳐야 한다. 미국 FDA처럼 통합 관리와 사전 협의 체계를 강화해야 한다. 또한, 희귀 질환 치료제와 혁신 신약에 대해서는 우선 심사 제도를 도입(2022년)하였으나, 적용 대상이 여전히 제한적이라 확대가 요구된다.

둘째, 신약 개발 성과를 보상하는 약가 정책 개선이 필요하다. 한국의 신약 약가는 OECD 평균 대비 70% 수준으로, 제약사들이 한국에서 개발한 신약을 해외에 먼저 출시하고 한국에는 가장 늦게 출시하는, 이른바 '코리아 패싱' 사례가 빈번하다. 주요 사례로는 세노바메이트(뇌전증 치료, 2020년 미국 출시), 수노시(수면 장애 치료, 2019년 미국 출시), 시벡스트로(피부 감염증 치료, 2014년 미국 출시) 등이 있다. 따라서 혁신 신약에 대해서는 초기 약가를 보장하되, 일정 기간 후 재평가를 통해 약가를 조정하는 방식이 필요하다. 일본은 혁신 신약 약가 가산제를 통해 선진 7개국 평균 약가의 최대 120%를 보장하고 있다.

셋째, 정부의 적극적 지원이 필요하다. 제약 선진국들의 인적·물적 자본을 유치하기 위해 국제 협력을 강화해야 한다. 표적 발굴 역량이 뛰어난 미국·프랑스 등 해외 연구 기관과의 공동 연구를 활성화해야 하며, AI 투자를 확대해야 한다. AI는 신약 개발의 시간과 비용을 줄이고 성공률을 높이는 데 기여할 수 있다. 일반적으로 후보 물질 발굴에 평균 5~6년이 소요되지만, AI를 활용하면 더 빠르고 정확하게 최적의 물질을 제시할 수 있다. 또한, 글로벌 수준의 임상 시험 네트워크와 인프라를 확충하고, 첨단 기술 기반 신약 심사를 위해 평가 인력을 확대하며 전문성을 강화해야 한다.

의료 기기 산업 발전

의료 기기 산업은 세계적인 고령화 추세와 기술 발전 등에 힘입어 지속적 고성장이 예상된다. 세계 시장 규모는 2021년 기준 4,542억 달러로, 2026년까지 연평균 7.9%의 성장이 전망된다. 국내 시장 규모는 7억 9,000만 달러로, 세계 시장의 1.8%를 차지하며 세계 10위에 해당한다. 한국의 주력 품목은 초음파 영상 진단 기기와 치과 임플란트, 체외 진단 기기 등으로 정밀 제조 기술과

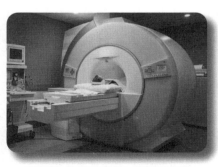

미래 유망 산업으로 주목받는 첨단 의료 기기

대규모 생산 능력, ICT 강국으로서의 강점을 고려할 때 의료 기기는 미래 유망 산업으로 주목받고 있다.

의료 기기 산업 발전을 위해서는 첫째, 규제 개선이 필요하다. 첨단 기술을 활용한 의료 기기는 허가(식약처), 요양 급여와 비급여 대상 확인(심평원), 신의료 기술 평가(보의연), 보험 등재(심평원) 등 여러 절차를 거쳐야 의사가 사용할 수 있으며, 이 절차에만 최대 490일이 소요된다. 특히, 의료 기기 연구 결과를 논문으로 발표하고 이를 평가받는 **신의료 기술 평가 제도**는 큰 부담으로 작용한다. 산업계는 신의료 기술 평가를 **이중 규제**로 인식하고 있는데, 식약처 인허가 과정에서 이미 안전성·유효성·혁신성을 검증받았기 때문이다. 이의 개선이 요구된다. 또한, AI 기반 소프트웨어와 디지털 헬스케어 기기와 같은 혁신 제품에 대한 규제 및 평가 기준을 마련해야 하며, 국내 인증 체계를 미국 FDA와 EU CE 인증과 조화시켜 해외 진출 시 추가 인증 문제를 해소해야 한다.

둘째, 유통망 확대가 중요하다. 2020년 기준 국내 의료 기관의 국산 장비 사용률은 평균 61.3%이지만, 병원급 이하는 70.5%, 종합 병원급 이상은 18.9%, 상급 종합 병원은 11.3%에 불과하다. 큰 병원일수록 국산 장비 사용률이 낮다는 것을 보여 주는 지표이다. 우수한 국산 제품이 있음에도 사용 경험 부족과 낮은 신뢰성이 주요 원인으로 지적된다. 상급 종합 병원은 기술력을 갖춘 주력 품목과 기술 수준이 낮은 품목에서조차 국산 사용률이 저조하다. 예를 들어, 범용 초음파 영상 진단 장치는 최근 5년간 수출 1위를 차지한 제품임에도 상급 종합 병원 사용률은 20.7%에 그친다. 이를 개선하기 위해 국산 의료 기기를 테스트하고 평가할 수 있는 의료 기기 선도 병원을 지정해야 한다. 공공 병원에 국산 의료 기기를 우선적으로 도입하여 사용 경험을 축적하고 신뢰를 확보하는 것이 중요하다. 또한, 국산 의료 기기를 도입하는 병원에 인센티브를 제공하는 방안도 검토할 필요가 있다.

재생 의료 발전

재생 의료는 인체 세포 등을 이용해 신체 구조와 기능을 회복하거나 질병을 치료하는 방법으로, 희귀 난치 질환자들에게 새로운 치료 가능성을 제시하는 유망 기술이다. 이는 줄기세포 치료(다분화 능력을 가진 줄기세포로 손상된 조직을 재생), 세포 치료제(환자 자신의 세포를 변형 또는 배양해 치료제로 활용), 조직 공학(생체 재료와 세포를 결합해 인공 조직 또는 장기를 제작), 유전자 치료(손상된 유전자를 수정하거나 대체)로 구분된다.

한국은 2005년 황우석 사태 당시 연구 데이터 조작과 난자 불법 채취 문제로 연구 신뢰가 크게 무너졌다. 이로 인해 줄기세포 치료와 연구가 엄격히 제한되었고, 생명 윤리 기준이 세계에서 가장 엄격해 재생 의료 발전이 더딘 상황이다. 성체 줄기세포 연구를 제외한 세포 유전자 치료제 등의 최신 기술은 글로벌 흐름과 큰 격차를 보인다.

일본은 2015년부터 의료 기관에서 세포 치료를 제한 없이 허용하는 법을 제정해 재생 의료 산업이 빠르게 발전하고 있다. 매년 10만 명 이상의 외국인들이 일본에서 줄기세포 치료를 받고 있으며, 그중 약 3

만 명이 한국인으로 추산된다. 치료 비용은 1회당 300~600만 원 수준으로, 막대한 의료비가 일본으로 유출되고 있는 것이다.

재생 의료 산업 발전을 위해서는 첫째, 규제 개선이 필요하다. 한국은 윤리적 문제를 이유로 글로벌 대비 강한 규제를 시행하고 있는 탓에 국제 경쟁력이 저하되고 있다. 미국은 윤리적 논의가 있음에도 과학적 검증을 중심으로 규제를 유연하게 운영하고 있으며, 일본은 연구와 상용화를 빠르게 연결하고 있다.

둘째, 법 개정 필요성이 크다. 2025년 2월 시행된 첨단재생바이오법 개정안은 첨단 재생 의료를 환자 치료에 활용할 수 있도록 하고, 임상 연구 대상 제한을 없앤 진일보한 입법으로 평가받고 있다. 그러나 치료 대상이 중대·희귀·난치 질환자로 한정되어 있어 이를 확대할 필요가 있다. 현재의 법안으로는 이들 환자들이 치료를 위해 일본으로 향하는 발길을 돌려 세우기 어렵다는 한계가 있다.

셋째, 임상 연구에 따른 안전성 입증 기술은 허용해야 한다. 유효성 근거가 불확실하더라도 환자가 원하고 의료 기관을 통한 맞춤형 의료 시술이 가능하다면 이를 인정할 필요가 있다.

넷째, 사회적 논의를 활성화해야 한다. 이종 장기 이식 등 첨단 재생 의료와 관련된 윤리적 이슈를 공론화하고

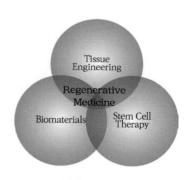

재생 의료의 주요 기술

해결책을 모색해야 한다. 동시에, 해외 규제와 국내 제도의 현황을 비교하면서 제도 개선 과제를 지속적으로 발굴해야 한다.

디지털 헬스케어 산업 발전

디지털 헬스케어는 ICT 기술을 활용해 개인에게 의료·건강 관리·예방 서비스를 제공하는 산업으로, 빅데이터와 AI 기술의 발전에 따라 빠르게 성장하고 있다. 세계 시장 규모는 2020년 1,525억 달러에서 2027년까지 연평균 18.8% 성장할 것으로 전망된다. 이 산업은 모바일 헬스, 디지털 보건 의료 시스템, 비대면 진료, 헬스 분석 산업 등으로 나뉘며, 여기에서는 의료 데이터와 비대면 진료를 중심으로 살펴본다.

① 의료 데이터 활용 촉진

의료 데이터는 개인 맞춤형 의료 서비스 제공과 신약 개발 등 혁신의 핵심 요소이다. 한국은 전국민 단일 건강보험 체계를 기반으로 방대한 공공 의료 데이터를 보유하고 있으며, 전자 의무 기록의 도입으로 의료 기관의 진료 정보와 검사 정보 등 민간 의료 데이터 또한 풍부하다. 최근에는 웨어러블 기기의 보급 확산으로 데이터의 양은 더욱 빠르게 증가하고 있다.

이들 데이터를 효과적으로 활용하기 위해서는 첫째, **공공 의료 데이터 활용을 촉진**해야 한다. 현재 건보, 심평원 등 9개 공공 기관이 의료 데이터를 개방하고 있으나, 제한적 개방과 표준화 부족 등의 한계가 있다. 특히 이러한 데이터는 보험사의 상품 설계, 리스크 관리, 고객 서비스 개선 등에 매우 중요함에도 시민 단체와 의료계의 반대로 접근이 어려운 상황이다. 민간 기업의 공공 의료 데이터 접근을 활성화하기 위한 제도적 기반이 마련되었음에도 이러한 현실적 제약이 문제로 지적된다.

둘째, 민간 의료 정보의 활용을 촉진해야 한다. 정부는 의료 데이터 중심 병원 사업을 추진하여 의료 기관 간 데이터 표준화와 공유를 도모하고 있으나, 컨소시엄을 맺은 기관들 사이에서만 제한적으로 진행되고 있다. 또한, 민간 의료 데이터는 가명 처리를 통한 제3자 제공 등 법적 근거가 마련되었으나, 데이터 소유권과 책임 소재 문제 등으로 인해 유통과 개방이 쉽지 않은 실정이다. 의료 데이터 관리 책임의 범위를 명확히 할 필요가 있다.

셋째, 의료 마이 데이터의 성공적인 도입이 중요하다. 의료 마이데이터Mydata는 개인이 자신의 의료 데이터에 대한 통제권을 가지면서 데이터를 관리하고 경제적 활용에 동의할 수 있는 제도다. 이 제도는 2021년 금융 분야에서 시작되어 2025년 3월에는 의료를 포함한 전 분야로 확대될 예정이다. 정부는 흩어진 의료 데이터를 개인 중심으로 통합하여, 사용자가 선택한 기관으로 데이터를 전송하고 이를 통해 의료 서비스의 질을 향상시키는 마이 헬스 웨이 플랫폼을 구축하고 있다. 이러한 플랫폼의 차질 없는 추진과 활성화가 필요하다.

② 비대면 진료 제도화

비대면 진료는 디지털 기술 발전을 활용하여 고령화, 만성 질환 증가, 의료 접근성 제고 등에 기여하는 유용한 진료 방법이다. 이는 디지털 헬스케어 중 가장 빠르게 성장하는 분야로, 글로벌 시장은 2020년부터 2027년까지 연평균 30.9%의 성장이 예상된다.

그러나 한국은 의료계의 반대로 비대면 진료에 대한 법적 근거를 마련하지 못하고, 1988년 이후 36년간 시범 사업으로만 운영해 오고 있다. 2020년 코로나19 확산 당시 감염 방지와 의료 접근성 강화를 위해 전화 상담 및 처방 등 비대면 진료가 한시적으로 전면 허용된 적이 있다.

2020년부터 2022년까지 총 137만 건의 비대면 진료가 이루어졌으며, 환자의 80% 이상이 시간 절약, 접근성 개선, 비용 절감 등의 이유로 높은 만족도를 보였다. 중대한 의료 사고나 오진 사례도 보고되지 않았다. 그러나 코로나19 종료 이후 정부는 2023년에 다시 시범 사업으로 전환하면서 비대면 진료의 범위를 대폭 축소하여 초진 환자 진료와 약 배송을 금지했다. 다만, 2024년 2월 의료계 집단행동으로 인한 진료 공백에 대응하기 위해 비대면 진료가 다시 전면 허용되고 있다.

비대면 진료 장면

미국은 1997년 비대면 진료를 고령자 연방건강보험에 포함하였으며, 일본은 같은 해에 부분적으로 도입한 후 2015년 전면 허용하였다. 2020년에는 의약품 택배 배송까지 허용하였다. 현재 OECD 38개 회원국 중 비대면 진료를 전면 허용하지 않은 나라는 한국뿐이다. 이러한 점에서 비대면 진료의 제도적 기반 마련은 시급하다.

바이오 클러스터 육성

바이오 클러스터는 기업·대학·연구소·병원 및 지원 기관이 상호작용을 통해 새로운 지식과 기술을 창출하는 공간적 개념으로, 바이오 산업의 경쟁력을 강화하기 위해 글로벌 수준의 클러스터 육성이 요구된다. 세계 주요국들은 미국의 보스턴, 스위스의 바젤, 일본의 고베 등 대표적인 클러스터를 통해 경쟁력을 제고하고 있다.

미국의 **보스턴 바이오 클러스터**는 지역 내 명문대학(MIT, 하버드)을 중심으로 연구소, 병원, 제약 기업 등이 집결한 곳으로, 유전·생명공학 전문지《GEN》이 선정한 세계 1위 바이오 클러스터이다. 이 지역의 켄달스퀘어는 '지구상 가장 혁신적인 평방 마일'로 불리며, 모더나와 화이자를

보스턴 켄달스퀘어(지구상에서 가장 혁신적인 평방 마일)

포함 1,000개 이상의 바이오 기업과 VC·대학·병원·창업 공간·공원 등이 담장이 없는 타운 형태로 조성되어 있다.

한국은 경쟁력이 약한 다수의 바이오 클러스터가 운영되고 있다. 1997년 민간과 지자체 중심으로 조성되기 시작해, 2009년 오송과 대구 지역이 첨단의료복합단지로 지정되면서 정부 주도의 의료 관련 산업체·학교·연구 기관 등이 집적되었다. 현재 오송, 대구, 송도, 홍릉, 대덕 등 15개 시군구에 25개의 바이오 클러스터가 운영되고 있다. 유사한 기능을 가진 클러스터들이 여러 지역에 분산되면서 중복 투자와 경쟁력 저하가 발생하고 있다. 바이오 클러스터의 경쟁력을 높이기 위해서는 선택과 집중이 필요하다. 최종적으로는 소수의 바이오 클러스터를 집중 지원해야 하겠지만, 과도기적으로는 역할 분담과 경쟁을 강화해야 한다.

우리나라를 하나의 바이오 클러스터로 보고, 각 지역 클러스터를 위치·주위 환경·자체 역량 등에 따라 특성화하고 역할을 분담하는 것이 중요하다. 과학기술기획평가원2023년이 제시한 6대 주요 바이오 클러스터 발전 방향에 따르면, 홍릉은 대학과의 밀착을 통해 스타트업 육성을 강화하고, 광교와 판교는 벤처 기업의 활발한 기업 활동과 투자 유치를 통해 성장하며, 송도는 글로벌 대기업과의 공급망 형성을 통해 세계적 수준의 바이오 의약품 생산 거점으로 자리매김해야 한다. 대전·대덕은 R&D 중심 거점화를 통해 타 지역과의 네트워킹을 강화하고, 오송과 대구·경북은 첨단의료산업진흥재단과 같은 공공 지원 인프라를 활용하여 인근 지역과의 융합을 통해 비수도권의 단점을 보완해야 한다.

5.5 첨단 과학 기술 산업

5.5.1 우주 산업

우주는 오랫동안 인류의 동경 대상이자 과학의 영역으로 자리해 왔다. 그러나 이제 민간이 주도하는 창의성과 효율성을 중심으로 한 뉴 스페이스New Space 시대가 도래하면서, 경제와 산업의 대상으로 부상하고 있다. 특히, 막대한 비용이 소요되던 발사체 기술이 재사용 가능해지면서 비용 절감이 이루어졌고, 이를 기반으로 우주 산업은 우주 인터넷, 우주 관광, 우주 광물 채굴 등 다양한 분야로 확장되고 있다. 글로벌 투자은행 모건스탠리는 세계 우주 경제 규모가 2020년 3,850억 달러에서 2030년 5,900억 달러, 2040년에는 2조 7,000억 달러에 이를 것으로 전망한다.

산업 영역 확대

우주 산업은 크게 업 스트림과 다운 스트림으로 나뉜다. 업 스트림은 발사체와 위성 제작 등을 포함하며, 다운 스트림은 지상에서 서비스가 가능하도록 하는 장비와 위성 영상 활용 등이 포함된다. 글로벌 우주 산업 규모는 기관마다 추정치가 다르지만, 대체로 3,000~4,000억 달러로 평가된다. 국제위성산업협회SIA에 따르면, 2022년 기준 우주 산업 규모는 3,840억 달러로 그중 발사는 2%, 위성 제조는 4%에 불과한 반면, 위성 서비스(29%)와 지상 장비(38%)는 큰 비중을 차지한다.

우주 산업은 국가 주도의 올드 스페이스에서 민간 주도의 뉴 스페이스 시대로 전환되며 빠르게 발전하고 있다. 이 전환은 2005년 NASA가 국제 우주 정거장으로의 화물과 우주 비행사 운송 사업을 민간 조달 사업으로 전환한 데서 비롯되었다. NASA는 "무엇what"을 정의하고, "어떻게how"는 기업이 결정하도록 함으로써 민간의 창의적 접근을 주문했다.

스페이스 X 펠컨 9의 바다위 무인선 착륙

이를 통해 스페이스 X는 뉴 스페이스 시대의 선두 주자가 되었으며, NASA 프로젝트에 참여해 자금을 조달하고 2015년에 재사용 발사체 개발에 성공했다. 이 기술 개발로 발사 비용을 기존의 10분의 1 수준으로 낮추며 우주 인터넷, 우주 관광, 우주 광물 채굴 등 새로운 시장 가능성을 열었다. 블루 오리진과 로켓랩도 재사용 발사체 기술을 발전시키며 우주 시장 확대에 기여하고 있다. 뉴 스페이스로 새로 열린 우주 산업을 살펴보면 다음과 같다.

첫째, 저궤도(고도 500~2,000km) 위성을 활용한 우주 인터넷이다. 이는 기존의 정지 궤도(고도 36,000km) 위성보다 지구와 가까워 고속 통신과 통신 지연이 작다는 장점이 있다. 우주 인터넷은 UAM^Urban Air Mobility, 도심 항공 운송수단, 자율 주행차 등 미래 기술에 필요한 6G 이동 통신에 필수적이며, 지상 네트워크가 닿지 않는 지역에서도 통신을 가능하게 해 준다. 저궤도 위성은 연결 범위가 좁다는 단점이 있지만, 군집 위성 기술을 통해 해결할 수 있다. 스페이스 X의 스타링크는 2019년 첫 발사를 시작으로 2024년 3월 기준 6,000개 이상의 위성을 배치했으며, 최종적으로는 4만 2,000개까지 확대할 계획이다. 아마존의 **카이퍼 프로젝트**와 영국의 **원웹**도 이 시장에 진

스페이스 X의 스타링크 모습

출했다. 우주 인터넷은 군사적으로도 중요하다. 러시아가 우크라이나의 통신망을 파괴했을 때, 스타링크가 이를 지원해 우크라이나 군이 통신망을 복구하고 군사 작전을 지속할 수 있었다. 한편 우주 인터넷은 UAM 산업의 발전으로 이어진다. UAM은 도시 권역을 수직 이착륙하는 비행체로 승객 운송과 물류 및 배송, 응급 서비스에서 큰 변화를 가져올 전망이다. 2023년 기준 글로벌 UAM 시장 규모는 61억 달러에서 2030년 615억 달러, 2040년에는 6,090억 달러로 성장이 예상된다.

둘째, 우주 관광이다. 블루 오리진, 버진 갤럭틱, 스페이스 X 등 민간 기업이 서비스를 제공하며 현실화되고 있다. 현재는 고액 자산가를 주 고객으로 하지만, 발사체 재사용 기술의 발전과 경쟁 심화로 가격이 하락하면 시장은 확대될 전망이다.

셋째, **우주 광물 채굴**이다. 소행성과 달에 풍부한 희토류와 헬륨-3

같은 희귀 자원을 채굴해 지구로 가져오거나 화성과 심우주 탐사를 위한 거점으로 활용하는 사업이다.

넷째, **우주 쓰레기 처리**이다. 2024년 기준, 지구 궤도에는 4만 개 이상의 우주 쓰레기가 존재하며, 빠른 속도로 지구를 떠돌아 우주 정거장과 위성 운용에 위협이 되고 있다. 로봇팔·그물·정전기 견인 등 혁신 기술을 통해 쓰레기를 처리하는 시장이 형성 중이다. 영국 우주국은 2030년까지 관련 시장 규모가 6억~15억 달러에 이를 것으로 전망했다.

한편 주요국의 우주 탐사 경쟁도 치열하다. 미국 NASA는 **아르테미스 프로젝트**를 통해 2026년 달에 우주 비행사를 착륙시키고, 달 표면에 상주 기지를 건설해 화성 탐사의 기반을 마련할 계획이다. 달 착륙선으로는 스페이스 X의 스타쉽이 선정되었다(2021년). 중국도 2030년 이전에 유인 달 탐사를 목표로 하고 있으며, 이미 창어 4호를 통해 달 뒷면에 착륙하고, 톈원 1호로 화성 탐사에 성공한 바 있다. 또한, 러시아·일본·인도 등도 달과 화성 탐사 계획을 경쟁적으로 추진하고 있다. 한국은 **스페이스 광개토 프로젝트**를 통해 2032년 달 착륙, 2045년 화성 착륙을 목표로 하고 있다.

독자 발사체, 그러나 취약한 경쟁력

한국은 2022년 누리호 발사 성공으로 세계 일곱 번째로 독자 발사체 보유국이 되었으며, 같은 해에 달 탐사선인 다누리가 달 궤도 진입에 성공하였다. 그러나 우주 산업의 전반적 경쟁력은 취약하다. 위성과 발사체 일부 분야에서 역량을 확보했지만 우주 탐사·관측, 대형 발사체 기술 등 첨단 기술 분야에서는 선진국과의 기술 격차가 10년 이상 벌어져 있다. 2022년 기준 한국의 우주 산업 규모는 약 3조 6,000억 원으로 세계 시장의 1%에 불과하며, 부품 국산화율도 50%에 머물러 있다 (2023년 우주 산업 실태 조사).

그럼에도 한국 우주 산업의 발전 가능성은 크다. 대기업이 우주 산업에 적극적으로 참여하고 있는데, 한화에어로스페이스는 우주 발사체와 위성 제조, 한국항공우주는 소형 위성과 우주 플랫폼 기술 개발, LIG넥스원은 위성 관련 시스템 및 부품 개발에 주력하고 있다. 반면, 스타트업들은 초소형 위성, 군집 위성, 위성 영상 분석 등 혁신적 분야에 집중하고 있다. 예를 들어, 쎄트렉아이는 국내 최초의 위성 개발 전문 기업으로 상용 위성 제작에서 두각을 나타내고 있다. 이노스페이스는 소형 위성을 우주로 보내는 로켓 발사체 개발에 주력하고 있으며, 선박용 위성 안테나 제조업체인 인텔리안테크도 글로벌 시장에서 경쟁력을 갖춘 기업으로 성장하고 있다.

정부도 우주 산업 발전을 위해 적극적 지원책을 추진하고 있다. 2005년 우주개발진흥법을 제정하고, 5년 단위로 우주 개발 진흥 계획을 수립해 현재 제4차 계획(2023~2027년)을 진행 중이다. 또한, 2024년 5월에는 국가 우주 개발 전담 기관으로 우주항공청을 신설하고 민간 우주 산업 발전을 체계적으로 지원하기 위한 기반을 마련하였다. 독자적 우주 기술 확보를 위해 다양한 프로젝트를 추진 중인 한국은 2022년부터 2035년까지 약 3조 7,000억 원을 투입해 **한국형 위성 항법 시스템**^{KPS}을 구축할 계획이다. 이는 미국 GPS 의존에서 벗어나 독자적인 항법 시스템을 운영하는 세계 7번째 국가가 되는 것을 목표로 한다. 아울러, **상용 발사 서비스 시장에 진입하기 위해** 차세대 발사체(100톤급) 개발을 민간 기업과 항우연이 공동으로 추진하고 있으며, 저궤도 위성 2기를 발사해 저궤도 위성 통신 시스템 시범망을 구축할 예정이다.

뉴 스페이스 전환 촉진

정부는 기업이 감당하기 어려운 대규모 사업이나 국가적 인프라를 제공함으로써 민간이 우주 산업을 주도할 수 있도록 여건을 조성해야 한다. 한국은 발사체와 위성을 활용하는 다운 스트림 분야에서 충분한 경험과 기술력을 갖추고 있어, 이 분야에 집중하는 전략이 필요하다.

한국도 정부 주도의 올드 스페이스에서 민간 중심의 뉴 스페이스로 전환하고 있지만, 전환 속도는 더딘 상황이다. 현재 연구와 사업이 공공 기관인 한국항공우주연구원 또는 공공적 역할을 하는 기업인 한국항공우주산업에 집중되어 있어 **민간 기업으로의 기술 이전이 중요한 과제**로 대두되고 있다. 이를 위해 출연연의 기술을 민간에 이전할 때 기술료 부담을 경감하고, 이를 지원하는 제도를 마련해야 한다. 특히, 기술 이전 후 민간이 이를 활용해 사업화할 수 있도록 체계적인 지원 방안이 필요하다.

우주 산업 분야의 협력 방식도 기존의 연구 개발 중심에서 미국과 같은 조달 방식으로 전환해야 한다. 정부는 민간 우주 기업이 개발한 발사체를 이용해 다양한 기업이 제작한 위성을 발사하는 사업 자체를 구매하여 민간의 창의성을 활용해야 한다.

또한, 민간 투자를 유도하기 위해 우주 개발 사업에 민간 기업이 일정 비율을 투자하면 그 대가로 위성 운용 권리나 위성 데이터를 독점적으로 활용할 수 있도록 하여 투자 회수가 가능하도록 해야 한다. 이와 함께, 벤처캐피털로부터 일정 금액 이상의 투자를 유치한 기업에 대해서는 그 투자자가 사업 선정과 결과 평가 과정에 참여할 수 있도록 하는 중소기업부의 TIPS^{Tech Incubator Program for Startup} 프로그램을 우주 분야에도 도입할 필요가 있다. 이를 통해 우주 분야 스타트업의 초기 자본 조달과 기술 개발을 지원하고 민간의 참여를 촉진할 수 있을 것이다.

인프라 구축 및 규제 체계 마련

우주 산업 발전을 위해서는 체계적인 인프라 구축이 필수적이다. 현재 우주 산업 클러스터는 중요한 정책 수단으로 활용되고 있지만, 한정된 자원을 발사체(전남), 위성(경남), 연구·인재 개발(대전)로 분산한 지금의 구조는 효율성을 저해할 수 있다. 이러한 분산 구조를 개선하여야 한다. 또한, 우주 시스템 개발에 활용 가능한 공공 시험 시설과 장비를 체계적으로 조사해 민간 기업에 공개함으로써 활용도를 높여야 한다.

우주 산업을 뒷받침하기 위한 규제 체계도 정비가 필요하다. 민간 우주 활동 확대에 대비해 명확한 인허가 체계를 마련하고, 개발된 우주 기술과 소재·부품의 신뢰성을 확보하기 위해 지상 및 우주 환경에서의 검증을 지원해야 한다. 아울러, 기존 정부 주도의 사업 중심으로 설계된 발사, 등록, 주파수 확보 관련 기준과 절차를 민간 기업 주도 우주 개발에 적합하도록 개선해야 한다. 또한 민간의 위성 정보 활용 산업 생태계를 활성화하기 위한 규제 개선이 요구된다. 위성 정보 공개 범위를 확대하고, 위성 영상 해상도에 대한 규제를 완화하며, 위성 영상 거래에 관한 규정을 구체화해야 한다. 이를 통해 민간 기업이 위성 데이터를 활용해 다양한 부가가치 서비스를 개발하고 새로운 시장을 창출할 수 있도록 지원해야 한다.

UAM 가속화

UAM은 기존 항공 산업과는 달리 아직 시장을 주도하는 기업이나 국가가 없는 신생 분야로 글로벌 경쟁이 치열한 시장이다. 미국·영국·프랑스 등 주요 선진국들조차 아직 실증 사업 단계에 머물러 있다. UAM은 기체뿐만 아니라 통신·교통 관리 등 다양한 인프라가 중요한 요소로 작용한다.

한국에서도 모빌리티 기업과 통신사·항공사 등이 시장 선점을 위해 경쟁하고 있다. 정부는 K-UAM 로드맵을 수립해 2025년 시범 운

행, 2030년 주요 도시에서 상
용 서비스 도입을 목표로 실증
사업을 추진 중이다. 통합 운용
분야에서는 현대자동차·한화시
스템·대한항공·KAI 등 대기업
이 참여한 6개 컨소시엄이 구성
되어 프로젝트를 이끌고 있다.

도심 항공 모빌리티

그러나 한국에서 UAM 산업은 여전히 해결해야 할 과제가 많다.
교통 관리 시스템과 관련 규제 및 기준 수립은 물론, 배터리 및 기체 제
조 기술, 충전 인프라 구축 등이 시급하다. 특히, 기체 국산화 작업이 속
도를 내지 못하고 있어 해외 기술에 대한 의존도가 높다. 또한, 정부 정
책이 운영 시스템 구축에 치우쳐 있어 배터리를 포함한 핵심 부품 개발
에 대한 과감한 투자가 부족한 상황이다. 이를 해결하기 위해 정부와 민
간이 협력하여 핵심 기술 개발에 집중해야 한다.

버티포트Vertiport 구축도 또 다른 중요한 과제다. 버티포트는 UAM
기체의 이착륙·충전·정비·승객 탑승이 이루어지는 핵심 인프라로, 실증
사업 단계부터 속도감 있게 추진되어야 하지만 현재 개발이 정체되어
있다. 정부와 지자체의 적극적인 참여와 민간 투자 유치가 필요하다.

국제 협력 강화

우주 산업 발전을 위해서는 양자 및 다자 간 국제 협력 강화가 필수적이다. 국내 기술력으로 무인 탐사에 필요한 독자 역량을 확보해야 하지만, 유인 탐사·우주 정거장·탐사 기지와 같은 대규모 자원이 요구되는 분야에서는 국제 협력이 필요하다.

한국은 2021년에 미국의 유인 달 착륙을 목표로 하는 **아르테미스 프로젝트**에 참여하며 국제 우주 협력의 기반을 다졌다. 이 프로젝트는 단순히 유인 달 탐사를 넘어 향후 화성 및 심우주 탐사를 목표로 하는 광범위한 계획의 일환이다. 특히, 달 기지와 달 궤도 우주 정거장을 구축하는 **Moon-to-Mars 프로젝트**는 국제 협력의 핵심으로, 한국도 참여하여 기술을 축적해야 한다.

이러한 국제 협력을 통하여 한국은 첨단 우주 기술 개발에 기여하는 동시에 기술 표준 수립 과정에 참여할 수 있다. 또한, 글로벌 우주 시장에서의 입지를 강화하고, 유인 탐사 및 심우주 탐사와 관련된 핵심 기술의 확보와 자원 활용 방안을 모색할 수 있다.

5.5.2 양자 산업

2024년 10월, 구글은 슈퍼컴퓨터로 10셉틸리언$^{10^{24}}$년이 걸릴 문제를 양자 컴퓨터를 사용해 단 5분 만에 해결했다. 많은 전문가들은 이 같은 양자 과학 기술이 AI를 잇는 미래 산업과 안보의 핵심 게임 체인저가 될 것으로 전망하고 있다. 극한의 미시 세계에서 작동하는 **양자 역학**은 이제 과학을 넘어 기술과 산업으로의 변혁을 예고하고 있다. 글로벌 양자 시장 규모는 2023년 21억 달러에서 2031년 183억 달러로 성장할 것으로 예상되며, 이는 연평균 20% 이상의 증가율이다. 본격적인 **양자 경제**의 도래 시점이 2035년경으로 예측되는 상황에서, 지금이야말로 시장 선점을 위한 골든타임이라 할 수 있다.

초기 단계의 기술 발전

양자 과학 기술을 이해하기 위해서는 먼저 양자의 개념을 이해해야 한다. **양자**는 더 이상 쪼갤 수 없는 최소 단위로, 원자와 그 안의 원자핵(양성자·중성자·중성자 내의 쿼크)과 전자를 포함한다. 양자 역학은 눈에 보이지 않으며 우리가 알고 있는 물리적 법칙과 다르게 움직이는 미시 세계의 법칙이다. 이러한 양자의 특성 때문에 리처드 파인만은 "양자 역학을 완전히 이해한 사람은 이 세상에 아무도 없다"라고 언급하여 그 복잡성을 강조했다. 주요 양자 역학적 특성으로는 **양자 중첩**과 **양자 얽힘**이 있다. 중첩은 물리적 상태가 여러 형태로 동시에 존재하는 현상을 말하며, 얽힘은 서로 얽힌 두 양자가 멀리 떨어져 있어도 한쪽 상태가 정해지면 다른 쪽 상태도 즉시 결정되는 현상을 의미한다.

대표적인 양자 과학 기술의 응용 분야는 **양자 컴퓨터**이다. 디지털

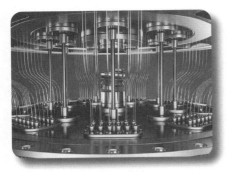

구글 양자 컴퓨터

컴퓨터는 0과 1 중 하나의 상태를 나타내는 비트를 사용하여 순차적으로 계산하지만, 양자 컴퓨터는 0과 1을 동시에 나타낼 수 있는 큐비트를 사용해 병렬 연산으로 동시 처리가 가능하다. 따라서 기존 컴퓨터보다 훨씬 뛰어난 연산 능력을 제공한다. 이미 2019년에 구글은 슈퍼컴퓨터로 1만 년이 걸릴 문제를 3분 만에 해결하며 양자 우월성을 입증한 바 있다.

다만, 양자는 매우 예민하여 작은 진동이나 온도 변화에도 중첩 상태를 잃어 오류가 발생할 수 있다. 이를 해결하기 위해 초전도·이온트랩·반도체 등 다양한 큐비트 구현 플랫폼이 개발되고 있다. 플랫폼 별로 각각의 장단점이 있지만, 현재 초전도체와 이온 트랩 기반의 양자 컴퓨팅 시스템이 주로 구축되고 있다. 다만, 초전도 방식은 극저온 상태에서 저항이 사라지는 원리를 활용하지만, 영하 273℃ 유지에 필요한 냉각 시스템 구축과 유지에 필요한 막대한 비용 문제는 해결해야 할 과제이다.

양자 컴퓨터는 인공 지능 고도화, 신약 및 신소재 개발 등 복잡한 계산이 필요한 분야에서 첨단 산업의 발전을 가속화할 것으로 예상된다. 현재 기술 발전 속도로 볼 때 상용화까지 10~14년이 걸릴 것으로 예상된다. 미국이 양자 컴퓨터를 주도하고 있는데, IBM과 구글 같은 빅

테크 기업뿐 아니라 다양한 스타트업이 진출하고 있다. 중국도 미국을 강력히 추격 중이다. 중국은 2024년에 구글의 초기 양자 칩 '시커모어'보다 뛰어난 성능을 지닌 '쭈충즈 3.0'을 개발하며 기술력을 입증한 바 있다.

또 다른 응용 분야로는 **양자 암호 통신**이 있다. 양자 컴퓨터의 연산 능력은 기존 암호 체계를 무력화할 수 있지만, 양자 암호는 양자의 중첩과 얽힘 특성을 이용해 절대 깨지지 않는 보안 체계를 구축한다. 감청 시 양

양자 암호 통신

자의 상태가 변화하므로 해킹이 불가능한 이 기술은 현재 금융 및 국방 분야에서 초기 상용화 단계에 있으며, 4~6년 내 본격적으로 상용화될 전망이다. 양자 암호 통신 분야에서도 미국과 중국의 경쟁이 치열하다. 중국은 2016년에 양자 통신 위성을 발사하고, 2021년에는 4,600km의 양자 암호 통신을 성공적으로 구현하며 우위를 점하고 있다.

마지막으로 초정밀 계측을 가능하게 하는 **양자 센서**이다. 양자 얽힘과 중첩 등 양자 역학적 특성을 활용해 객체의 미세한 변화를 감지하는 이 기술은 의료·국방·환경 관측 등에서 혁신적 발전을 가져올 것이다. 현재 시제품 단계에 있으며, 7~9년 내 상용화가 예상된다.

세계 주요국은 양자 경제 선점을 위해 치열한 경쟁을 벌이고 있다.

미국은 2018년에 세계 최초로 양자법을 제정하고, 2019~2023년간 37억 달러를 투자했으며, 2022년 백악관 직속 양자이니셔티브위원회를 설립해 컨트롤타워를 강화했다. 중국은 14차 5개년 계획(2021~2025년)에 양자 기술을 국가 전략 기술로 지정하고 신품질 생산력 정책의 핵심 과제로 추진 중이다. EU는 2016년에 산학연이 참여한 개발 로드맵을 발표하고, 2018년에는 플래그쉽 프로젝트를 시작했다. 일본도 양자 이노베이션 차원에서 2020~2039년까지 중장기 전략을 추진하며, 2022년에 '퀀텀 트랜스포메이션QX' 실현을 목표로 양자 미래 사회 비전을 발표하였다.

한국은 2021년에 양자 기술 R&D 투자 전략을 수립하고, 2023년에는 양자과학기술법을 제정했다. 현재 양자 산업 육성을 위한 5개년 종합 계획을 수립 중에 있다. 본격적인 양자 경제의 도래가 임박한 지금이 시장 선점을 위한 골든타임임은 분명하다.

취약한 기술 수준, 기회는 존재한다

우리나라의 양자 과학 기술은 상대적으로 취약하다는 평가를 받고 있다. 2020년 기준, 기술 수준은 선도국 미국의 62.5%로 약 10년 정도 뒤처져 있다과학기술정보연구원 2022년. 핵심 연구 인력 부족과 미흡한 산업 생태계, 주요국 대비 부족한 R&D 투자 등이 주요 문제로 지적된다.

부문별로 살펴보면, 양자 컴퓨터의 경우 한국표준과학연구원이 50

큐비트를 목표로 개발 중이지만 삼성, LG 같은 대기업은 R&D를 제외한 산업 참여가 제한적이다. 스타트업은 2021년에 KAIST에서 설립된 규노바가 국내 최초로 양자 컴퓨팅 소프트웨어와 AI 기반 솔루션을 제공하고 있으나 현재로서는 일부 스타트업의 진출에 그치고 있다. 한편, 양자 암호 통신과 양자 센서 분야는 상대적으로 높은 기술 수준을 유지하고 있다. 그럼에도 한국은 양자 과학 기술 분야에 상당한 잠재력을 보유하고 있다. 세계 최고 수준의 반도체 공정 기술은 양자 경제 시대의 핵심 기술인 양자 프로세스와 반도체 광소자 개발 및 양산에 유리한 환경을 제공한다. 또한, 제조업뿐 아니라 물류·교통·의료 등 첨단 서비스 시장이 발달해 있어, 양자 과학 기술이 적용될 경우 산업 혁신 효과가 클 것으로 기대된다.

연구 개발 강화

양자 과학 기술은 전략 물자로 분류되므로 각국은 기술 유출 방지를 위해 수출 통제를 강화하고 기술 협력을 제한하고 있다. 이러한 상황에서 세계는 양자 기술을 보유한 국가와 그렇지 못한 국가로 나뉠 가능성이 크다. 이에 우리는 연구 개발 투자를 확대해 독자적인 기술을 확보해야 할 것이다. 양자 분야는 아직 상용화 시점에 지배적 기술이 확정되지 않았으며, 다양한 후보 기술이 경쟁 중이다. 이를 고려해 정부는 전략 로드맵을 주기적으로 재설계하여 투자 전략의 유연성을 유지해야 한다. 특히, 양자 컴퓨팅 구현을 위한 플랫폼의 경우, 현재는 특정 기술에 집중하기보다는 다양한 기술에 투자하여 대세 기술을 따라갈 수 있는 기반을 마련해야 한다. **양자 통신**은 국내 대기업이 주도적으로 표준화에 참여하고 있으며, 전후방 산업 생태계도 점차 조성되고 있다. 정부는 양자 통신 분야에서의 국제 경쟁력을 강화할 수 있도록 지원하여야 한다.

인프라 구축

양자 산업의 시장 규모가 아직 크지 않고 활성화 시점이 불확실하여 기업들이 투자를 주저하고 있다. 이에 정부는 우선, 연구자들이 도전적인 연구를 수행할 수 있도록 인프라 환경을 조성하고, 우리의 강점을 살려 양자 파운드리와 소재 · 부품 · 장비 시장에서 글로벌 강자가 될 수 있도록 기술 기반을 구축해야 한다.

또한, 자체 개발한 양자 소재와 부품 및 장비가 연구 개발 단계를 넘어 산업화로 이어질 수 있도록 시제품 테스트 환경을 마련해야 한다. 아울러, 국내 산학연이 해외 클라우드 서비스를 활용할 수 있도록 지원하고, 해외 양자 컴퓨터를 도입해 자체 운영 체계를 구축하며 공동 활용을 촉진해야 한다. 이를 통해 양자 산업의 초기 생태계를 강화하고, 글로벌 경쟁력을 확보해 나갈 수 있을 것이다.

제도적 기반과 국제 협력 강화

산업계의 참여를 촉진하고 민관 공동 프로젝트를 활성화하기 위해 제도적 기반을 마련해야 한다. 기업이 양자 분야 연구 개발 사업에 참여할 때 적용되는 의무 매칭 비율을 완화하고, 양자 R&D 투자로 발생하는 특허에 대해서는 독점적 사용 권한을 부여하는 방안을 검토해야 한다. 또한, 정부 차원에서 인증, 평가·측정 기술 및 표준화에 대한 전략적 지원을 통해 양자 산업의 활성화를 촉진해야 한다. 특히 경쟁력이 상대적으로 높은 양자 암호 통신 기기의 산업화와 해외 시장 진출을 위해 보안 적합성 검증 제도를 활성화하고, 이 기술의 확산을 적극 지원해야 한다.

양자 분야의 기술 통제가 가속화되고 있으며, 국제 협력은 기술 동맹국 내 교류로 제한되는 추세이다. 이러한 환경에서 최고 수준의 연구 역량을 확보하기 위해 미국·EU 등 양자 선도국과 국가 차원의 기술 동맹을 강화하고, 실질적 협력을 확대해 나가야 한다. 또한, 산업 표준화 논의, 공급망 확보 및 정책 협력을 위한 다자간 연대와 협력 체계에 적극적으로 참여하여 정보 공유와 정책 공조를 강화해야 한다.

아울러 국가 간 협력에서는 기술과 안보적 특성 등 국가적 상황을 고려해 특화된 양자 과학 기술 협력 방안을 도출하고, 이를 바탕으로 전략적이고 체계적인 국제 협력을 추진해야 한다. 이러한 노력을 통해 글로벌 양자 기술 생태계에서 주도적 역할을 할 수 있을 것이다.

제 6 장

구조 개혁의 성공

리빌딩 코리아

6.1 구조 개혁 필요성과 성공 사례

고령 인구 증가로 복지 지출이 증가하고 신산업 정책을 추진하는 데 재원을 확보하며 정년 연장 등 고령 인력의 활용도를 높이기 위해서는 연금·노동·재정 등 구조 개혁이 필요한 상황이다. 그러나 이러한 개혁은 기득권층의 저항, 장기적 성과에 비해 단기적 비용이 우선 발생한다는 정치적 부담 등의 이유로 세계 어느 나라에서나 쉽게 풀기 힘든 과제다. IMF 위기 이후 한국의 4대 구조 개혁이나 독일의 하르츠 개혁과 같은 성공 사례는 매우 드물다. 다수의 정부가 개혁을 시도조차 않거나, 시도하더라도 실패하는 경우가 빈번하다.

특히 위기 상황이 닥치지 않는 한 개혁 동력 확보가 어렵고, **강력한 리더십과 철저한 준비 없이는 기득권층의 저항을 극복하기도 쉽지 않다.** 이러한 맥락에서 개혁은 종종 혁명보다 어렵다는 평가를 받는다. 맨슈어 올슨Mancur Olson, 1932~1998[1]은 저서 『국가의 흥망성쇠The Rise and Decline of Nations』에서 위기 상황이 아니면 기득권층의 저항으로 개혁은 어렵다는 것을 지적하며, 독일과 일본이 2차 세계대전 후 급성장한 주요 이유가 패전에 따른 기득권층 붕괴에 있었다고 강조한다. 반면, 승전국 영국과 프랑스에서는 그러한 위기의식이 없었고, 기득권이 유지돼 전후 경제적 비효율성이 지속되었다. 한국도 해방과 6·25 전쟁을 거치며 기득권이 해체돼 1960년대 경제 개발 계획으로 고도 성장을 추진할 수 있었으나, 현재는 그동안 견고하게 형성된 기득권층이 개혁의 장애 요인으

---

1) 미국의 경제학자로 이익 집단 연구의 전문가다. 저서로 『집단 행동의 논리』(1965), 『국가의 흥망성쇠』(1982), 『지배 권력과 경제 번영』(2000) 등이 있다.

로 작용하고 있다.

성공 사례: 외환 위기 극복을 위한 4대 구조 개혁

김대중 정부는 외환 위기 극복을 위해 금융·기업·노동·공공 부문 등 4대 구조 개혁을 추진했다. 당시의 개혁은 한국 경제의 체질을 근본적으로 개선한 대표적 성공 사례로 평가받는다.

1997년 한국은 외환 위기를 맞아 심각한 자금 부족 상황에 직면했고, 결국 같은 해 11월에 당국은 IMF에 구제 금융을 요청했다. IMF는 위기의 원인을 고도 성장 과정에서의 과도한 대외 차입, 금융 및 기업 부문의 부실, 경직된 노동 시장, 공공 부문의 비효율성 등 구조적 취약성으로 진단했다. 이에 따라 IMF는 구제 금융 지원을 조건으로 이러한 문제를 해결하기 위한 강도 높은 구조 개혁을 요구했다. 이후 1997년 12월, 대통령에 당선되어 다음 해 2월에 출범한 김대중 정부는 이러한 구조적 문제의 해결이 위기 극복을 위한 필수 개혁임을 인식하고, IMF의 요구를 수용하는 동시에 금융·기업·노동·공공 부문에 걸친 4대 구조 개혁을 적극 추진했다.

외환 위기 이전에도 김영삼 정부에서 한국 경제의 구조적 문제 해결을 위한 개혁을 시도했으나, 고도 성장에 익숙했던 경제 주체들이 개혁의 긴급성을 느끼지 못하면서 개혁 동력은 약했고, 결국 외환 위기를 막을 수 없었다. 특히 금융권과 대기업·노동조합·공공 기관 등은 기득권을 유지하려는 강한 저항을 보였다. 결국 4대 구조 개혁은 IMF의 요구가 촉매 역할을 했지만, 한국 정부가 이를 구조적 문제의 근본적 해결 기회로 삼아 주도적으로 개혁을 이끌어 나갔다.

김대중 정부의 4대 개혁 드라이브

김대중 정부가 추진한 4대 구조 개혁은 단기적으로 외환 위기를 극복하고, 중장기적으로 한국 경제의 체질을 근본적으로 개선하기 위한 노력으로 그 내용은 다음과 같다.

첫째, **금융 구조** 개혁이다. 당시 한국의 금융 부문은 관치 금융을 바탕으로 대기업 중심의 과도한 대출이 이루어져 있었다. 외환 위기 사태에 따른 대기업의 연쇄 부도는 금융 기관 부실로 확산되며 금융 시스템 리스크로 드러났다. 김대중 정부는 부실 금융 기관 퇴출과 금융 기관 간 통폐합이라는, 고통스런 개혁의 길에 나섰다. 1998년부터 2000년 사이에 5개 은행이 퇴출되고 10개 은행이 합병되었으며, 저축은행·신용협동조합·종합금융사를 포함 총 787개 금융 기관이 정리되었다. 한편으로는 금융감독위원회를 신설해 **금융 기관의 건전성 감독을 강화**하고, 금융 자유화와 자본 시장 개방을 통해 **금융 산업의 경쟁력 제고**에 나섰다. 금융 기관의 재무 건전성을 제고하기 위해 대출 규정을 강화하고, 은행의 BIS 자기 자본 비율을 국제 기준인 8% 이상으로 유지하게 하였다.

둘째, **기업 구조** 개혁이다. 위기 이전 한국의 대기업들은 과도한 차입에 의존해 확장 경영을 했으며, 불투명한 지배 구조와 비효율적 운영으로 경쟁력이 약화된 상태였다. 이를 개혁하기 위해 김대중 정부는 1998년 1월, 경영 투명성 제고와 상호 지급 보증 해소, 재무 구조 개선, 핵심 역량 강화 및 경영진 책임성 강화라는 **기업 구조 개혁 5대 원칙**을 발표하고, 대기업과 협력해 개혁을 추진했다. 이에 따라 상장 기업에 사외 이사 의무제를 도입해 의사 결정의 투명성을 높이고, 감사 기능을 강화해 **책임 경영**을 유도했다. 또한 대기업의 부채 비율을 낮춰 1997년 말 480%에 달했던 부채 비율을 2000년까지 200% 미만으로 줄였다. 수익성이 낮은 사업 부문을 정리해 핵심 역량에 집중하게 하고, 계열사 간 상호 지급 보증과 부당 거래를 금지해 **기업 경쟁력**을 제고했다.

셋째, **노동 구조 개혁**이다. 당시 한국의 **노동 시장 경직성**은 기업들로 하여금 인력 조정의 어려움을 겪게 했으며, 실업자와 비정규직을 위한 사회적 안전망 또한 부족했다. 김대중 정부는 **노동 시장의 유연성과 안정성**을 동시에 제고하기 위해 사회적 합의 아래 개혁을 추진했다. 이를 통해 기업이 경영 상황에 따라 인력 조정이 가능하도록 **정리해고제와 파견 근로제**를 도입하는 한편, 실직자를 위한 실업 급여 및 직업 훈련을 강화해 가계에 미치는 경제적 충격을 완화했다. 노동자의 근로 환경을 개선하고 비정규직 근로자의 권리를 보호하며, 산업 구조 변화에 대응한 재교육 프로그램을 강화해 노동자들이 새로운 산업에 적응할 수 있도록 지원했다.

넷째, **공공 부문 개혁**이다. 당시 한국의 공공 부문은 비대하고 비효율적이라는 비판을 받았다. 이에 김대중 정부는 **공공 부문의 효율성 제고**

와 재정 건전성 확보를 위한 개혁을 추진했다. 1998년부터 2002년 사이에 포스코, KT 등 11개 공기업을 민영화하고, 중앙 행정 부처를 21개에서 17개로 축소했다. 12만 명의 공공 부문 인력 감축도 뒤따랐다. 불필요한 지출을 줄이고 재정 건전성을 높였으며, 매년 공공 기관의 경영 평가를 실시해 평가 결과에 따른 경영진의 책임을 강화했다.

구조 개혁의 성과

김대중 정부의 4대 구조 개혁은 초기에 경제적 어려움을 동반했으나, 시간이 지나며 점차 긍정적 성과를 보였다. 거시 경제 지표에서 1998년 −5.5%로 급락했던 경제 성장률이 1999년에 10.7%로 급반등하며 빠르게 회복했다. 이후 2000년대 초반에도 평균 4~5%대의 안정적 성장률을 유지했다. 1997년 2.6%에서 외환 위기 직후인 1998년 7.0%로 급등했던 실업률 역시 2000년에 4.1%까지 하락하며 노동 시장

표 6.1 외환 위기 전후 주요 경제 지표 추이(%, 원)

	1996년	1997년	1998년	1999년	2000년
경제성장률	6.8	5.0	−5.5	10.7	8.5
실업률	2.0	2.6	7.0	6.3	4.1
금리	12.0	12.5	15.0	6.0	5.0
원달러 환율	804	1,695	1,398	1,189	1,130
은행 BIS 비율	9.14	7.07	8.38	10.89	10.80

이 점차 안정을 되찾았다. 개혁을 통한 **고용 유연성**이 강화되면서 기업들은 경제 변화에 더욱 신속하게 대응할 수 있는 구조를 갖추게 되었다.

금융 지표에서의 안정세도 확인되었다. 금리와 환율은 외환 위기 직후인 1997~1998년에 최고점을 기록했으나, 구조 조정이 진행되면서 점차 하향 안정세를 보였다. 특히 은행의 BIS 자기 자본 비율은 1997년 7.07%에서 점차 개선되어 국제 기준인 8%를 넘어 2000년에는 10% 이상을 유지하게 되었다. 금융 기관의 구조 조정과 자본 확충 덕분에 금융 시스템의 안정성이 크게 개선된 결과였다.

이처럼 한국은 외환 위기 극복과 빠른 경제 회복을 통해 2000년대 초부터 IMF 차입금을 상환하기 시작했고, 2001년 8월에는 남은 차입금을 모두 조기 상환하며 **IMF 구제 금융을 조기 졸업**하고 외환 위기에서 완전히 벗어났다.

4대 개혁에 대한 외부 평가

국제기구들은 한국의 4대 구조 개혁이 경제 안정을 이끌고 장기적 성장 기반을 마련했다고 긍정적으로 평가했다. 2001년에 한국이 IMF 차입금을 조기 상환했을 때, 스탠리 피셔 당시 IMF 부총재는 한국이 경제 개혁을 성공적으로 마무리해 **금융 건전성과 경제 성장을 동시에 달성**했다고 언급했다. 그는 이를 "모범적인 회복 사례"로 평가하며, 다른 위기 국가들이 참고할 만한 모델로 제시했다.

제임스 울펜손 세계은행 총재도 1999년 연차 총회에서 한국이 구조 개혁을 성공적으로 추진해 "빠르고 견고한 회복을 이루고 있다"며 금융과 기업 부문의 구조 조정 성과를 강조했다. 그는 이러한 개혁이 한국뿐 아니라 다른 신흥국에도 긍정적 신호를 주고 있다고 평가했다.

OECD 역시 2000년과 2001년 한국 경제 보고서에서 IMF 위기 이후 성공적으로 개혁을 이루며 경제 회복에 성공했다고 평가했다. 이로써 한국 경제가 지속 가능한 성장의 기반을 마련했다고 언급했다.

그러나 일부 전문가들은 IMF 개혁 프로그램이 과도했으며 한국 경제 현실에 맞지 않았다는 비판을 제기했다. 조셉 스티글리츠는 IMF의 급속한 구조 조정이 한국 경제의 고통을 가중시켰다고 지적하며, 특히 긴축 재정과 고금리 정책이 경제 회복을 지연시키고 불필요한 고통을 초래했다고 평가했다. 올리비에 블랑샤르 역시 IMF 개혁 방식이 획일적이었다고 비판하며, 한국 경제의 특성을 충분히 고려하지 않아 경제 회복 과정에서 많은 한국 국민이 불필요한 어려움을 겪었다고 언급했다. 이러한 비판에도 불구하고, 한국의 4대 개혁은 경제의 장기적 안정성과 회복력을 크게 강화한 중요한 성과로 평가받고 있다.

개혁의 성공 요인

4대 구조 개혁이 성공할 수 있었던 데는 IMF의 강력한 요구뿐 아니라 국민들의 위기의식과 김대중 정부의 확고한 리더십이 중요한 역할을 했다.

첫째, 외환 위기 충격은 한국 사회 전체에 심각한 위기감을 불러일으켰다. 국민과 정치권, 노사 모두가 기존 경제 구조를 유지하면 경제가 악화될 수밖에 없다는 인식을 공유하게 되었다. 이러한 위기의식은 개혁의 공감대 형성에 중요한 기반이 되었다.

둘째, 김대중 대통령은 개혁을 추진하는 과정에서 **강력한 리더십**을 발휘했다. 그의 풍부한 정치적 경험과 국민적 신뢰는 개혁 과정에서 강력한 추진력을 제공했다. 특히 그는 국민과의 소통을 중시하여 개혁의 필요성을 설득하며 여야의 협력을 적극적으로 이끌어냈다. 당시 야당 역시 개혁의 필요성을 인식하고 있었기 때문에, 여야 간 정치적 공감대가 형성될 수 있었다.

마지막, 개혁 과정에서 **노사정위원회**가 구성되어 노동자와 사용자, 정부가 협의할 수 있는 구조가 마련되었다. 김대중 정부는 노동계와의 갈등을 최소화하기 위해 노동자들의 고통을 인정하고 보호하는 동시에, **고용 유연성**을 확보하기 위한 정책적 보완 방안을 제안했다. 이를 통해 노사정 합의가 이루어졌으며, 개혁 과정에서의 갈등을 줄이며 협력의 기반을 다질 수 있었다.

1998년 2월 6일 노사정 대타협 합의

외환 위기 극복 노사정 합의

✲ 추진 배경

김대중 정부의 노사정 합의(1998년 2월)는 외환 위기 극복을 위한 사회적 대타협으로 노동자·사용자·정부가 경제 회복을 위해 각자의 역할과 책임을 분담하자는 취지에서 성사되었다.

✲ 주요 내용

➤ 기업이 경영 여건에 따라 구조 조정을 할 수 있도록 정리 해고제와 근로자 파견제 도입

➤ 고용 유연화로 인해 발생할 수 있는 실직 문제를 완화하기 위해 실업보험의 적용 범위를 확대하고 실직자 지원 강화

➤ 노조는 경제 회복을 위해 임금 동결 또는 인상 자제에 동의하고, 정부는 노조 활동 자유 보장과 근로 조건 개선을 약속

➤ 노사정위원회는 사회적 합의를 통해 경제 회복과 구조 개혁을 지속적으로 논의하고 협력. 이를 위해 노사정위원회를 운영하여 정기적으로 대화하고 조정하는 체계를 유지

✲ 주요 의미

이 합의는 구조 개혁의 고통을 사회 전체가 분담하는 데 동의했다는 점에서 중요한 의미를 가진다. 특히 정리 해고와 사회 안전망 강화라는 상반된 이슈에서 합의가 이루어진 것은 당시 위기 상황을 극복하려는 의지와 공감대가 넓었다는 것을 보여 준다.

이제 노동·연금·의료·재정 개혁의 구체적 내용보다는 과거의 실패 사례를 점검해 보고자 한다. 구조 개혁의 필요성과 내용에 대해서는 많은 사람들이 동의하면서도 그 실행은 쉽지 않은 일이므로 실패사례를 반면교사로 삼아 방향을 찾고자 함이다.

6.2 지속 가능성과 형평성을 고려한 연금 개혁

연금 개혁의 필요성은 누구나 공감한다. 저출생·고령화에 따른 재정의 지속 가능성이 위협받고 있으며, 기성 세대와 청년 세대 간 형평성 문제 또한 심각하다. 2024년 IMF 보고서는 연금 개혁이 이루어지지 않을 경우, 2070년 한국의 정부 부채가 GDP 대비 180%에 이를 것이라고 경고했다. 그러나 국민연금은 1998년과 2007년의 부분적 개혁 이후, 추가 개혁은 진행되지 않고 있다.

개혁의 필요성

국민연금 제도는 안정적 노후 생활을 보장하기 위해 1988년에 도입되었다. 도입 당시에는 연금 가입을 촉진하기 위해 보험료율을 3%로 낮게 책정하고, 소득 대체율은 70%로 높게 설정하였다. 태생부터 지속 가능성에서의 **구조적 문제**를 내포하고 있었던 것이다. 이후 두 차례 개혁을 거쳐 현재는 보험료율 9%, 소득 대체율 40%로 조정되었다. 2023년 기준, 연금 가입자는 2,238만 명, 기금 규모는 1,036조 원에 달한다. 그러나 추가 개혁이 없을 경우, 2041년에는 수지 적자가 발생하고, 2056년에는 기금 소진이 예상된다. 이후 2057년부터 연금 지급을 위해서는 소득의 29.7%를 보험료로 납부해야 할 것으로 전망된다(2023년 5차 재정 계산 결과).

더불어, 현행 국민연금 제도는 '적게 부담하고 많이 받는' 세대와 '많이 부담하고 적게 받는' 세대 간 형평성 문제를 심각하게 안고 있다. 특히 현재의 청년 세대의 입장에서는 자신이 받을 급여 혜택은 낮고, 내야 할 보험료 부담은 상대적으로 높다. 게다가 기금 소진 우려에 따라 청년층의 연금 수급에 대한 신뢰도는 매우 낮은 상황이다.

두 차례에 걸친 부분 개혁

국민연금 제도는 1988년 도입 이후 두 차례의 부분적 개혁을 거쳤다. 첫 번째 개혁은 1998년에 이루어졌다. 연금 재정의 안정을 도모하기 위해 소득 대체율을 70%에서 60%로 낮추고, 보험료율은 3%에서 9%로 단계적으로 인상하였다. 아울러 연금 수급 시작 연령을 60세에서 65세로 상향하고, 5년마다 재정 계산을 실시하는 제도를 도입하여 장기 재정 추계에 기반한 개혁 추진의 기틀을 마련하였다.

두 번째 개혁은 2007년에 이루어졌다. 2003년 1차 재정 계산 결과, 2044년에 수지 적자가 발생하고 2047년에 기금이 소진될 것이라는 전망이 나왔다. 이에 노무현 정부는 보험료율을 15.9%로 인상하고 소득 대체율을 50%로 낮추는 개혁안을 제안했으나, 시민 단체 등의 반대로 무산되었다. 이의 대안으로 2007년에는 보험료율을 12.9%로 인상하고 기초 연금을 도입하는 기초 노령 연금 법안을 국회에 제출했다. 그러나 국회는 기초 연금 법안만 통과시키고 연금 개혁안은 부결하였다. 언론은 당시 상황을 "국민연금법 개정안이라는 쓴 약은 거부하고, 기초 노령 연금법이라는 달콤한 사탕만 선택했다"고 비판하였다. 여론의 반발로 국회는 보험료율 인상은 없이 소득 대체율만 60%에서 40%로 낮추는 후속안을 통과시켰다.

두 차례 개혁이 가능했던 이유는 명확한 위기의식이 있었기 때문이다. 1998년 개혁은 외환 위기 상황에서 IMF의 권고가 있었고, 국민들이 위기 극복에 동의했기 때문에 가능했다. 2007년 개혁은 1차 재정계산을 통해 처음으로 국민연금 재정 문제의 구체적 수치가 공개되면서 추진 동력이 확보되었다. 그러나 두 번의 개혁 모두 **구조적 문제 해결**에 한계가 있는 부분적 개혁에 그쳤다.

2007년 이후, 추진하지 않았거나 실패한 개혁

2003년부터 국민연금 재정 안정화를 위해 5년 주기로 재정 계산이 실시되면서 개혁 논의가 이어졌다. 그러나 2007년 개혁 이후 추가 개혁은 이루어지지 않고 있다. 2008년 2차 재정 계산에서는 2044년에 수지 적자, 2060년에 기금 소진이 예상되었다. 그러나 정부는 2007년 개혁으로 인한 국민 피로감과 글로벌 금융 위기 등의 상황을 고려하여 2013년 3차 재정 계산까지 현행 제도를 유지하기로 결정했다.

2013년 3차 재정 계산 결과, 수지 적자 시기는 2043년, 기금 소진 시기는 2060년으로 예측되었다. 이에 대응하기 위해 소득 대체율 인하, 보험료율 인상, 연금 수급 연령 상향 등이 논의되었으나 정부는 개혁을 적극적으로 추진하지 않았다. 2018년 4차 재정 계산에서는 수지 적자 예상 시기가 2042년으로 1년, 기금 소진 예상 시기는 2057년으로 3년 앞당겨졌다. 이를 바탕으로 연금자문위원회는 4개 개혁안(1안: 현행 유지, 2안: 현행 유지+기초 연금 40만 원, 3안: 보험료율 12%+소득 대체율 45%, 4안: 보험료율 13%+소득 대체율 50%)을 제시했으나, 문재인 대통령이 "보험료 인상만으로는 국민 눈높이에 맞지 않는다"며 이를 반려하면서 개혁은 더 이상 진전되지 않았다.

2023년 5차 재정 계산에서는 4차 재정 계산과 비교해 수지 적자 시점이 2042년에서 2041년으로, 기금 소진 시점이 2057년에서 2055년으로 각각 앞당겨졌다. 정부는 보험료율을 12%, 15%, 18%로, 수급 연령은 65세 및 68세, 기금 수익률은 4.5%, 5.0%, 5.5%로 설정하고, 이를 조합하여 18개의 재정 안정 시나리오를 국회에 제출하였다. 국회는 정부 논의와 별도로 연금특위를 구성(2022년 8월~2024년 5월)하여 개혁 방안을 논의하였고, 여야는 보험료율 13% 인상에 합의했다. 소득대체율에 대해서는 여야가 각각 소득 대체율 43%, 45%를 제시하여 중재

안으로 당시 야당 대표가 44%를 제안했다. 하지만 정부가 모수와 구조 개혁의 동시 추진 필요성을 들어 이를 거부함으로써 개혁은 무산되었다. 여야가 보험료율 인상안에 합의한 만큼 이를 우선적으로 시행하고, 이후 구조 개혁을 논의했으면 하는 아쉬움이 남는다. 2024년 9월, 윤석열 정부는 보험료율 13%와 소득 대체율 42%, 세대별 보험료율 인상 속도 차등화, 자동 안정 장치 도입, 의무 가입 연령을 64세로 상향하는 등의 단일 개혁안을 마련하여 국회에 제출했으며 현재 논의가 진행 중이다.

2007년 이후 추가 연금 개혁이 이루어지지 않은 이유는 보험료율을 인상하고 소득 대체율은 인하하는 인기 없는 개혁안에 대해 정치권이 소극적이기 때문이다. 또한 수지 적자나 기금 소진 문제가 2040~2050년대의 중장기적 문제로 인식되어 시급성이 낮아 보이는 이유도 작용한다. 아울러 여당이 소수당이어서 추진력이 부족한 점을 이유로 지적하는 이들도 있다.

개혁이 성공하려면 강력한 리더십과 국회의 안정적 지원이 필요하다. 또한 정부가 재정 목표와 보험료 조정 경로를 명확히 제시하고 국민을 설득해 내야 한다. 기초연금을 통해 노후 소득 보장의 공백을 메꾸는 등 국민연금의 소득 재분배 부담을 완화함으로써 **모수 개혁**과 **구조 개혁**을 모두 성공시켜 나가야 한다.

해외 연금 개혁 사례와 일본의 성공 요인

저출생·고령화 등에 대응하여 지속적 재정 안정성을 확보하기 위해 연금 개혁을 추진한 해외 주요국들의 사례들을 살펴보자.

➤ 일본(2004년, 2012년): 보험료 인상, 자동 조정 장치 도입, 후생 연금과 공무원 연금, 사학 교직원 연금 통합 운영 등

➤ 독일(2004년): 연금 급여의 자동 조정 기능 강화, 연금 개시 연령 상향 조정(65세에서 67세)

➤ 프랑스(2023년): 정년과 연금 수급 연령 연장(62세에서 64세), 최소 가입 기간 상향 등

특히 일본에서 연금 개혁이 성공할 수 있었던 다음의 주요 요인들은 한국에도 시사하는 바가 크다.

➤ 최악의 시나리오 제시를 통한 개혁의 시급성·당위성을 우선 확보하고, 피해가 큰 집단을 위한 맞춤형 보상책을 병행했다. 예컨대, 즉각적 개혁을 못 하면, 2030년부터는 보험료를 2배 부담해야 하는 시급성을 제시했다.

➤ 부처 책임하에 이념 논쟁을 지양하고 기술적 논의를 전개했다. 지속 가능성을 위한 방안 마련에 초점을 두고, 항상 단일안 도출을 위해 노력했다. 우리나라의 경우 관련 전문가로 구성되기는 하나 진영 대표적 경향이 강하고, 논의 구조도 이원(부처, 국회)적으로 운영된다.

➤ 내각제 특성상 다수당이 여당이 되므로 의회에서의 법안 통과가 유리하다. 단일안 도출 이후 의회 의사 결정 구조가 단순(후생노동성=여당)하다. 일본의 여론·시민 단체 등 정치·사회적 압력도 우리나라와 비교해 크지 않다.

6.3 유연성과 안정성의 조화를 위한 노동 개혁

노동 개혁은 기업이 변화하는 환경에 탄력적으로 대응할 수 있도록 노동 시장의 유연성을 높이는 동시에 근로자의 고용 안정성 강화를 목표로 한다. 이는 저출생·고령화, 빠른 기술 발전, 글로벌 경쟁 심화 등으로 더욱 중요하다. 역대 정부들 모두 노동 개혁을 추진해 왔음에도 고용 안정성 강화에선 일정한 성과를 거두었지만, 노동 시장의 유연성 확보에 대해서는 여전히 미흡한 상황이다.

한국 고용 시장의 현황 및 문제점

한국의 고용 안정성은 OECD 평균 이상으로 평가받고 있다. 2020년 기준 고용보험의 소득 대체율은 48.5%로, OECD 평균 50%에 근접한 수준이다. 또한 대다수 국가들과 달리 임금 근로자뿐 아니라 비정형 근로자 및 예술인까지 고용보험 가입 대상으로 포괄한다. 저소득 구직자를 위한 **실업 부조 제도** 역시 소득 대체율 18%, 지급 기간 6개월로 비교적 양호한 수준이다.

그러나 정규직과 비정규직 간 양극화 문제가 심각하며 2023년 기준, 전체 사업장의 86.5%(종사자 30.3%)를 차지하는 5인 미만 영세 사업장은 근로기준법의 주요 조항(근로 시간, 수당 지급, 해고 등)이 적용되지 않아 근로자 보호에 취약한 게 현실이다.

한편, **노동 시장 유연성**은 IMD^{스위스 국제경영개발대학원}의 2022년 국가 경쟁력 평가에서 63개국 중 44위를 기록하는 등 매우 낮다. 정규직의 경우 저성과자에 대한 일반 해고가 어렵고, 기간제 근로자의 사용 기간이 2년으로 짧으며, 파견 근로는 32개 업종에 대해서만 제한적으로 허용되고 있다. 근로 시간에 대해서도 연장 근로 시간이 주 단위로 엄격하게 규제되고, 임금 체계는 높은 연공성을 특징으로 한다.

일정 성과를 거둔 고용 안정성

역대 정부는 고용 안정성을 높이기 위한 다양한 정책들을 지속적으로 추진해 왔다. 진보 성향의 정부는 주로 안정성 강화에 중점을 둔 반면, 보수 성향의 정부는 안정성과 함께 노동 시장 유연성을 제고하려는 정책을 병행했다는 점에서 차이가 있다.

첫째, **최저 임금**은 모든 역대 정부에서 평균 임금 인상률보다 높게 인상되었다. 그 결과, 한국의 최저 임금은 중위 임금 대비 62.5%로 OECD 평균(50%)을 상회하며, OECD 30개국 중 7위에 해당한다(2020년 기준).

둘째, **고용보험** 정책은 지속적으로 강화되었다. 노무현 정부 초기인 2003년과 2024년을 비교하면, 고용보험의 적용 범위는 일용 근로자, 60세 이후 신규 고용자, 주 15시간 미만 근로자까지 확대되었으며, 특수 형태 근로 종사자와 예술인도 포함되었다. 또한 실업 급여 지급 수준

표 6.2 역대 정부별 임금 상승률(%)

	노무현 정부 (03년-08년)	이명박 정부 (08년-13년)	박근혜 정부 (13년-17년)	문재인 정부 (17년-22년)	윤석열 정부 (22년-24년)
최저 임금	50.2	28.9	33.2	41.6	9.5
평균 임금	21.8	13.6	15.1	13.1	5.3

은 평균 임금의 50%에서 60%로 인상되었고, 지급 기간도 90~240일에서 120~270일로 늘었다.

셋째, 정규직과 비정규직 간 이중 구조 개선을 위한 노력도 이어졌다. 2006년 제정된 비정규직 보호법은 기간제 근로자의 계약 기간을 2년으로 제한하고, 이를 초과할 경우 정규직으로 전환하도록 규정했다. 아울러 공공 부문 비정규직의 정규직 전환을 추진해 왔다.

넷째, 장시간 근로 개선을 위해 2004년에 주 5일제가 도입되었고, 2018년부터 주 52시간제가 시행되었다. 한국의 연간 근로 시간은 2022년 기준 1,901시간으로 OECD 평균 1,752시간보다 많아 여전히 개선이 필요한 상황이다. 또한 2022년에는 산업 재해로 인한 사망 사고를 줄이기 위해 경영진의 책임을 강화하는 중대재해처벌법이 시행되었다.

다섯째, 근로기준법 적용 예외가 인정되는 5인 미만 사업장에 대한 법 적용 확대 방안도 현재 논의 중이다.

미흡한 노동 시장 유연성

노동 시장 유연성 제고를 위한 정책은 보수 정부를 중심으로 추진되어 왔으나, 실질적 성과를 거두는 데 어려움이 있었다. 노무현 정부는 파견 근로 대상 업종 확대와 파견 및 기간제 근로자의 사용 기간을 2년에서 3년으로 연장하는 방안을 추진했으나, 노동계의 강한 반대로 무산되었다.

이명박 정부는 탄력적 근로 시간제와 선택적 근로 시간제 도입, 근로 시간 관리 단위를 주 단위에서 월 단위로 확대하는 방안을 추진했으나, 2010년 실패로 돌아갔다. 또한 기간제 사용 기간을 2년에서 4년으로 연장하고 파견 업종을 확대하려는 시도도 2011년에 무산되었다.

박근혜 정부는 노동 시장 유연화를 강력히 추진했다. 2015년 노사정위원회에서 노동시장 유연성과 고용 안정성을 위한 합의를 도출하고, 이를 바탕으로 노동 5법 개정안을 발의했다. 이 개정안은 근로기준법(주 52시간제 도입, 휴일 가산 수당 축소), 기간제법(기간제 사용 기간을 2년에서 4년으로 연장), 파견법(파견 업종과 고령자 파견 근로 확대), 고용보험법(실업 급여 수급 요건 완화, 고용 서비스 강화), 산재보험법(산재보험 적용 범위 확대, 유족 요건 완화)을 포함했다. 또한 저성과자 해고를 용이하게 하는 '공정 인사 지침'과 임금 삭감 및 근로 조건 변경 시 근로자 동의 없이 가능하게 하는 '취업 규칙 해석 및 운영 지침'을 2016년 시행했다. 그러나 이러한 지침에 대한 노동계의 반발로 한국노총이 대타협 파기를 선언하고 노사정위원회에서 탈퇴하면서 노동 개혁은 난항을 겪었다.

표 6.3 주요국 고용 형태 법규 비교

	정규직 해고	비정규직 사용
한국	▶ 정리 해고 요건: 긴박한 경영상 필요 + 해고 회피 노력 + 대상 선정 공정성 + 근로자 대표 협의 ▶ 일반 해고 요건: 근로자 귀책(사회 통념상 고용 관계를 계속할 수 없을 정도) + 해고 회피 노력 + 대상 선정 공정성 ▶ 부당 해고: 복직 거부 시 금전 보상(근로자만 신청 가능)	**(기간제)** ▶ 계약 기간: 최대 2년(2년 초과 시 무기 계약 간주) **(파견)** ▶ 업종 제한: 32개 업종만 허용 ▶ 사용 기간: 원칙 1년 + 1년 연장 가능
미국	▶ 정리 해고 요건: 근로자 대표 등과 협의, 정부에 통보 의무 外 제한 없음 ▶ 일반 해고 요건: 법적 제한 없음(차별 등 제외) ▶ 부당 해고: 차별 부당 해고 시 복직 가능	**(기간제)** 법적 제한 없음 **(파견)** 법적 제한 없음
일본	▶ 정리 해고 요건: 경영상 판단 + 해고 회피 노력 + 대상 선정 공정 + 정부에 통보 ▶ 일반 해고 요건: 근로자 귀책(능력 결여) + 해고 회피 노력 + 대상 선정 공정성 ▶ 부당 해고: 복직 거부 시 금전 보상(사업주도 신청 가능)	**(기간제)** ▶ 계약 기간: 최대 3년(예외적 5년 가능, 5년 초과 시 무기 계약 전환) **(파견)** ▶ 업종: 건설, 의료 등 제외 모두 허용 ▶ 계약 기간: 최대 3년
독일	▶ 정리 해고 요건: 법으로 경영상 판단 존중 그러나, 기타 근로자 보호 強 + 해고 회피 노력 + 대상 선정 공정성 + 근로자 대표(노동자협의회) 협의 강조 ▶ 일반 해고 요건: 근로자 귀책(비례성, 최후 수단, 정당성 원칙 엄격 규정) + 해고 회피 노력 + 대상 선정 공정성 ▶ 부당 해고: 복직 거부 시 금전 보상(사업주도 신청 가능)	**(기간제)** ▶ 계약 기간: 원칙 2년 **(파견)** ▶ 업종: 건설 제외 모두 허용 ▶ 계약 기간: 최대 1.5년

결국 노동 5법 중 **고용 안정성**을 위한 고용보험법과 산재보험법 개정은 이루어졌으나, **노동 시장 유연성** 제고를 위한 기간제법, 파견법, 근로기준법 개정은 무산되었다.

이후 문재인 정부는 '공정 인사 지침'과 '취업 규칙 해석 및 운영 지침'을 폐기하고, 국제노동기구ILO 핵심 협약 비준을 위한 노동 관계법 개정을 추진했다. 이를 통해 실업자와 해고자의 노조 가입, 공무원의 노조 결성 등을 허용했다. 반면, 파업 시 대체 근로 허용 및 생산 시설 점거 금지 등 사용자의 대항권 강화에 대한 논의는 이루어지지 않았다.

윤석열 정부는 법치주의 확립과 제도 개혁을 두 축으로 노동 개혁을 추진하였다. "화물연대의 불법 파업과 건설 노조의 불법 행위, 노조의 불투명한 회계 관리 등에 대해 법과 원칙에 따라 대응"한다고 천명하였다. 또한 주 52시간제 개편안을 마련했으나, 주 69시간 근무 가능성에 대한 논란이 일었다. 이후 윤 대통령은 주 60시간 이하로 검토할 것을 지시했지만, 노동 시간 개편에 대한 논의는 더 이상 진전이 없는 상황이다. **직무와 성과 중심의 임금** 체계 개선은 공공 부문에 일부 도입되었으나, 민간 부문으로의 확산은 미흡하다.

역대 정부는 고용 안정성을 위한 제도 개선에서는 일정 성과를 거두었으나, 노동 시장 유연성 제고를 위한 정책들은 번번이 실패하거나 제한적 성과에 그쳤다. 기업이 환경 변화에 따라 자원을 효율적으로 재배치할 수 있도록, 근로자 보호를 기반으로 기업이 인력 운용을 유연하게 할 수 있는 균형 잡힌 방향으로 노동 개혁을 추진할 필요가 있다. 또한 직무급 도입 등 노동 시장의 이중 구조를 개선함으로써 과도한 경쟁 환경과 저출산의 악순환 고리도 차단해 내야 한다.

6.4 성장 동력과 사회 안정성 확보를 위한 재정 개혁

정부 부채 증가와 재정 수지 적자로 재정 건전성에 대한 우려가 크다. 건전 재정은 경제 발전을 위한 지출을 뒷받침하고, 위기 상황에서의 대응 여력을 확보하며 세대 간 형평성을 제고하는 데 중요하다. 특히 첨단 산업 육성, 기후 기술 개발 등 신산업 정책 추진에 필요한 재원 마련을 위해서도 재정 개혁이 필요한 상황이다. 역대 정부는 재정의 지속 가능성을 강화하기 위해 노력했지만, 국가 부채 증가와 재정 수지 적자는 지속되고 있다.

지난 20년간 GDP 대비 국가 부채 비율은 매년 1%p 이상 증가하여 왔다. 2004년 21.6%였던 비율은 2023년 46.9%로 상승하며 25.3%p 증가했다. 특히 글로벌 금융 위기(2009년) 당시에는 2.3%p, 코로나 위기(2020년)에는 5.7%p로 부채 비율이 급등했다. 또한 GDP 대비 관리 재정 수지는 코로나 팬데믹 기간에 크게 악화되어 2020년 △5.4%, 2021년 △4.1%를 기록했고, 이후에도 큰 폭의 적자 기조가 이어져 2022년 △5.0%, 2023년 △3.6%를 나타냈다. 앞으로도 잠재 성장률 하락과 복지 제도 확대, 저출생·고령화 등 구조적 요인으로 재정 악화가 불가피할 것으로 전망된다.

정부의 장기 재정 추계에 따르면, 2015년 추계에서는 2060년 국가 채무가 GDP 대비 62%에 이를 것으로 예측했으나, 2020년 추계에서는 81.8%로 상향 조정되었다. 국회예산정책처(2024년) 또한 국가 채무 비율이 2024년 46.2%에서 2033년 57.7%로, 향후 10년간 매년 1%p 이상 증가할 것으로 예상하고 있다. 첨단 산업 지원 등에 필요한 추가적인 재정 지출은 고려하지 않고 인구 구조 변화의 영향만 반영한 수치가 그러한 것이다.

G20 평균(121.1%, 2023년 기준)과 비교하면 한국의 부채 비율이 낮아 보일 수 있다. 그러나 한국과 같은 비기축 통화국들은 낮은 부채 비율을 유지하고 있어(2023년 기준, 덴마크 30.4%, 뉴질랜드 45.9% 등) 상황을 낙관하기 어렵다.

방만한 감면, 미흡한 세입 기반

재정 지출 확대에 대응하기 위해 세수 기반 확충이 요구되지만, 조세 감면액은 지속적으로 증가하고 있다. 정부는 비과세·감면 등 다양한 세제 유인 장치를 통해 개인과 기업을 간접 지원하고 있으며 2023년 기준, 조세 감면액은 국세 수입액의 15.8%에 해당하는 69조 5,000억 원에 달한다. 국가재정법(제88조)에 따르면, 정부는 방만한 조세 감면을 억제하기 위해 당해 연도 국세 감면율을 직전 3개년 평균 감면율

기축 통화국과 비기축 통화국의 재정 건전성 비교

재정 건전성을 평가할 때 기축 통화국과 비기축 통화국은 다르게 접근해야 한다. 기축 통화국은 국제 무역 및 금융에서 통용되는 통화를 발행하기 때문에 재정 적자 감내 능력이 크다. 반면, 비기축 통화국은 자국 통화가 아닌 외환으로 부채를 상환하거나 수입 결제하므로 안정적 재정 운영이 필수적이다. 비기축 통화국의 재정 적자가 심화되면 국제 신용도가 하락하여 외국 자본 유치와 외환 조달 비용이 상승하고, 통화 가치 하락과 인플레이션으로 이어질 가능성이 크다. 한국은 비기축 통화국이므로 국가 부채 비율을 기축 통화국과 단순 비교하여 이들보다 낮으면 문제없다는 식의 접근은 추후 경제 위기를 불러올 우려가 있다. 따라서 우리는 건전한 재정 운영에 늘 유의할 필요가 있다.

통계로 보면, 기축 통화국인 미국·독일·프랑스·영국·일본 등은 GDP 대비 일반 정부 부채 비율이 상대적으로 높다.

표 6.4 GDP 대비 일반 정부 부채 비율(%, 2023년)

미국	독일	프랑스	영국	일본
122.1	64.3	110.6	101.1	252.4

반면, 비기축 통화국인 덴마크·뉴질랜드·노르웨이·스웨덴 등은 일반 정부 부채 비율이 안정적으로 관리되고 있다.

표 6.5 GDP 대비 일반 정부 부채 비율(%, 2023년)

한국	덴마크	뉴질랜드	노르웨이	스웨덴
55.2	30.4	45.9	41.8	35.9

에 0.5%p를 더한 수준 이하로 유지하도록 노력해야 한다고 규정하고 있다. 그러나 국세 감면율은 2022년 13.0%에서 2023년 15.8%(감면 한도 14.3%), 2024년 16.3%(감면 한도 14.6%)로 증가하여 법정 감면 한도를 초과하고 있다.

한편 소득세와 법인세를 중심으로 증세와 감세가 반복되고 있다. 이명박 정부는 소득 전 구간에서 소득세율을 2%p 인하하고, 법인세는 중소기업에 대해 2%p(13%→11%), 대기업에 대해서는 3%p(25%→22%) 낮췄다. 반면, 문재인 정부는 고소득자의 소득세율을 2%p(33%→35%) 인상하고, 과세 표준 3억 원 초과 구간을 신설해 최고세율 42%를 도입했다. 법인세도 과세 표준 3,000억 원 초과 구간을 신설해 대기업에 최고세율 25%를 적용했다. 윤석열 정부는 법인세 최고세율을 다시 2%p(25%→22%) 인하하며 대기업의 세 부담을 경감했다.

더불어 증세에 대한 사회적 논의가 부족하다. 한국의 조세 부담률은 2022년 기준 22.1%로, OECD 평균(2021년 기준 25.2%)에 비해 낮아 증세 여력이 있는 것으로 평가된다. 그러나 재정 악화에도 증세에 대한 사회적 논의는 여전히 미흡한 상태다. 이는 장기 재정 건전성 확보에 부정적 영향을 미칠 우려가 있다.

취약한 재정 규율, 효율적 지출 구조 모색

정치권의 선거를 의식한 재정 확대 경향을 통제하기 위해 제도적 장치가 필요하지만, 성과는 여전히 미흡하다. 첫째, **재정 준칙 도입 필요성**이 있다. 한국은 OECD 38개국 중 튀르키예와 함께 재정 준칙 도입 경험이 없는 예외적인 국가다. 국회에서 송영길 의원(2016년)과 송언석 의원(2019년) 등 다수의 여야 의원들이 재정 준칙 관련 법안을 발의했으나 입법화에 실패했다. 정부 역시 2020년과 2022년 두 차례에 걸쳐 정부안을 국회에 제출했지만, 복지 지출 제약 우려로 입법에 성공하지 못했다. 2022년 정부안은 관리 재정 수지 적자를 GDP 대비 △3%로 제한하되, 국가 채무 비율이 60%를 초과할 경우 적자 한도를 △2%로 축소하도록 규정했다.

둘째, **페이고**^{Pay-go} **원칙 도입**이 필요하다. 이는 신규 의무 지출이 도입될 경우 재원 확보를 사전에 의무화해 재정 악화를 방지하자는 취지다. 하지만 재정 준칙과는 달리 현재까지 논의조차 부족한 상황이다. 재정 준칙이 국가 재정의 총량적 관리를 목표로 한다면, 페이고는 개별 법안이나 특정 지출 및 감세에 대한 구체적 기준으로, 두 제도가 도입될 경우 시너지 효과가 기대된다.

셋째, **예비 타당성 조사 면제 사유의 구체화**가 필요하다. 예비 타당성 조사^{예타}는 총사업비 500억 원 이상, 국고 지원액 300억 원을 초과하는 대규모 사업의 정책적·경제적 타당성을 사전에 검증하는 제도다. 그러나 국가 정책적으로 필요하다는 명목으로 국무회의를 통해 예타를 면제할 수 있어 정치적 목적으로 남용될 가능성이 있다. 따라서 예타 면제의 범위와 기준을 구체화해 정치적 악용을 방지해야 한다.

미미한 지출 구조 조정

보편적 복지 확대는 재정 부담을 가중시킬 수 있다. 재정을 효율적으로 활용하면서 취약 계층을 두텁게 보호하기 위해서는 **선택적 복지**가 더 효과적이다. 그럼에도 선거를 의식한 보편적 복지 중심의 정책이 지속되고 있다. 대표적으로 기초 연금은 소득 하위 70% 노인을 대상으로 폭넓게 지원하며 소득 수준과 관계없이 동일한 금액을 지급하는 방식으로 운영되고 있다.

한편 정부는 매년 유사·중복 사업과 집행 부진 사업을 대상으로 비효율적 재정 지출을 줄이기 위한 계획을 발표하지만, 실질적 성과로 이어지지 않아 재정 효율화 효과는 제한적이다. 더불어, 환경 변화에 대한 정책 대응이 늦어 재정 운영의 비효율성을 초래하고 있다. 대표적 사례로 학령 인구 감소에도 불구하고 유·초·중등 교육에 사용되는 지방 교육 재정 교부금은 내국세의 20.79%로 고정되어 있어 과다한 재원이 투입되고 있다고 볼 수 있다.

4대 공적 연금 개혁 지연

저출생·고령화로 4대 공적 연금의 재정 악화가 심화되고 있다. 2020년 정부의 장기 재정 전망에 따르면, 국민연금은 2041년, 사학 연금은 2029년에 각각 적자로 전환될 것으로 예상된다. 이미 적자 상태에 있는 공무원 연금은 적자 규모가 2020년 GDP 대비 0.1%에서 2060년에는 0.6%로 확대되고, 군인 연금 역시 같은 기간 0.09%에서 0.17%로 적자 폭이 커질 것으로 예측된다. 그럼에도 공적 연금 개혁은 지연되고 있다. 2015년에 공무원 연금과 사학 연금에 대한 개혁이 이루어졌으나, 군인 연금은 개혁 대상에서 제외되면서 문제가 더욱 심각하다.

지속 가능한 성장을 위해서는 국가 채무 증가 속도를 조절하고, 재정 지출의 효율성을 높이는 방향으로 개혁을 추진해야 한다. 재정 준칙과 신규 의무 지출에 대한 재원 확보를 사전 의무화하는 페이고pay-go 원칙 도입, 유사·중복 사업의 재조정 등 지출 구조 개선, 4대 공적 연금의 구조 개혁 등을 통해 재정의 지속 가능성을 높이고 신산업 정책 추진에 필요한 재원을 확보해야 한다.

6.5 국민 건강과 성장 동력 확보를 위한 의료 개혁

한국 의료 시스템은 적정한 건강보험 보장률과 함께 지출 효율화, 필수 의료 강화 및 의료 산업 발전, 의료 인력 확대 등의 과제를 안고 있다. 정부는 그동안 의료 개혁을 위해 다양한 노력을 기울였지만, 큰 성과를 거두지 못했다는 평가를 받고 있으며, 현재는 개혁 동력마저 상실된 상황이다.

우수하지만 여전히 과제를 안고 있는 시스템

한국은 전 국민이 의료보험에 가입하고 있으며, 의료 기관 접근성이 우수하다. 예를 들어, 1인당 연간 외래 진료 횟수는 한국이 15.7회로 OECD 평균 5.9회(2021년)를 크게 웃돌고 있다. 또한 한국의 의료진은 심혈관 질환과 암 등 중증 질환 치료에서 뛰어난 성과를 보이고 있다. 이처럼 잘 구축된 의료 제도 덕분에 평균 수명은 83.6세(2021년)로 OECD 평균(80.3세)을 상회하며, 영아 사망률도 출생아 1,000명당 2.4명으로 OECD(4.0명)보다 낮다.

그러나 고령화에 따른 상황 변화 등으로 중장기 의료 재정의 지속 가능성이 우려되는 현실이다. 고령 인구(65세 이상)의 의료 기관 내원 횟수는 연평균 43.1회(2022년)로 전체 평균 21.5회의 두 배를 넘는다. GDP 대비 경상 의료비는 2021년 기준 9.3%로 OECD 평균(9.7%)보다 낮지만 그 격차는 빠르게 줄고 있으며, 머지않아 역전될 가능성이 크다.

정부 전망(2024년)에 따르면 건강보험 재정은 2026년부터 당기 수지의 적자 전환과 적자 폭 확대로 인한 준비금 소진이 예상된다. 장기적

표 6.6 GDP 대비 경상 의료비(%)

	2018년	2019년	2020년	2021년
한국	7.6	8.2	8.4	9.3
OECD 평균	8.8	8.8	9.7	9.7

으로도 지출 증가는 뚜렷하다. 조세재정연구원(2023년)은 건강보험 지출이 2022년에 GDP 대비 3.9%에서 2040년에는 6.5~8.1%, 2070년 7.8~11.6%로 증가할 것으로 전망하고 있다.

이와 함께 건강보험 제도는 몇 가지 구조적 문제를 안고 있다. 행위별 수가제와 실손보험의 보편화는 과잉 진료 가능성을 높이고, 환자가 상급 병원으로 집중되는 의료 전달 체계의 비효율성을 초래한다. 또한 의료 산업의 발전이 더딘 가운데 필수 의료 분야의 취약성과 의료 인력 부족 문제가 심각하다.

보장성 강화에 따른 과잉 진료 문제

정부는 건강보험의 보장성 강화를 위해 지속적으로 노력해 왔다. 그 결과, 보장률은 2004년 61.3%에서 2021년에는 64.5%로 증가하였다. 보장률 제고는 재정 여건을 고려하여 우선순위에 따라 추진되었다. 먼저 4대 중증 질환(암, 심장, 뇌혈관, 희귀 난치)과 고액 진료비 질환에 대한 보장이 강화되었다. 2021년 기준 보장률은 4대 중증 질환이 84.0%, 50대 고액 진료비 질환이 80.3%에 달했다. 또한 3대 비급여 항목(선택 진료, 상급 병실, 간호·간병 통합 서비스)의 급여화를 비롯해 재난적 의료비 제도와 건강보험 본인 부담 상한제 등도 도입되었다.

한편, 비급여 항목을 급여화하면서 CT, MRI 등 고가 검사도 건강보험에 포함되었으나, 불필요한 의료 이용을 증가시켰다는 비판이 제기되었다. 실제로 초음파·MRI 진료비는 급여화 이전인 2018년 1,891억 원에서 2021년에는 1조 8,476억 원으로 약 10배 증가하였다.

지출 효율화 미흡

정부는 건강보험 재정의 지속 가능성을 확보하기 위해 다양한 지출 효율화 정책을 추진했으나, 지출 규모는 여전히 증가세를 보이고 있다. 첫째, 지불 제도 개혁이 제한적으로 이루어졌다. 현행 행위별 수가제는 의료 서비스별로 가격이 책정되어 사용량에 따라 비용이 결정되므로 과잉 진료의 유인이 크다. 이에 따라 의료 지출 억제를 위해 7대 질병에 한정한 **포괄 수가제**(질병군별 정액 보상)와 **정액 수가제**, **신포괄 수가제**(기본 서비스는 포괄 수가, 수술 등은 행위별 수가제) 등이 시행 중이지만, 적용 대상이 제한적이다.

둘째, **실손보험 개편**의 성과도 미흡하다. 2001년 도입된 실손보험(2022년 기준 3,997만 명 가입)은 의료비 본인 부담을 대폭 절감하지만, 과잉 이용을 유발하는 주요 원인으로 지적되고 있다. 예컨대, 2021년 한 가입자의 외래 이용 횟수가 연간 2,050회를 기록하기도 했다. 정부는 본인 부담 비율을 높이는 등, 개편을 추진했지만 기존 가입자에게는 적용되지 않아 **과잉 이용** 문제는 여전하다.

셋째, **의료 전달 체계의 비효율성**도 문제다. 의료 전달 체계는 환자가 1차 의료 기관(동네 병원)에서 진료를 받고, 필요시 2·3차 의료 기관(종합 병원·대학 병원)으로 연계되는 방식이다. 그러나 경증 환자가 상급 병원으로 과도하게 몰리며 의료비 상승과 대기 시간 증가의 원인이 되고 있다. 진료 의뢰서 요구와 진료비 차등제, 상급 병원의 본인 부담률 상향 등을 도입했지만 효과는 제한적이다.

넷째, **국가 재정 차원에서 관리되지 않는 건강보험 재정의 문제**가 있다. 국민연금과 고용보험 등과 달리 건강보험 재정은 국가 재정에 포함되지 않아 장기 재정 전망 및 국가 재정 운용 계획에서 제외되며, 재정 당국과 국회의 심의·의결을 받지 않는다. 건강보험 재정을 국가 재정에 포함시키는 기금화 법안이 21대 국회에서 논의되었으나, 국회 통과에는 실패했다. 반면, 주요 선진국은 지출 상한 설정과 보험료 차등화, 적자 운영 제한 등을 통해 재정을 효율적으로 관리하고 있다. 예를 들어, 프랑스는 지출 상한을 설정하고 국회 승인을 근거로 이를 준수하지 않을 경우 일부 지불 금액을 유보하는 제도를 운영 중이다.

필수 의료 기피 현상

중증·응급·소아·분만 등 필수 의료는 의료 시스템의 핵심 기반이지만, 현행 **행위별 수가제** 아래에서는 기피되고 있다. 필수 의료는 진료 수요가 일정하지 않거나 감소하는 특성이 있어, 양 중심 보상 체계에서는 인프라 유지를 어렵게 만든다. 또한 수가 체계가 고난도·고강도·고위험 요소를 충분히 반영하지 못하면서 필수 의료에 대한 수익성이 낮아지고 있다.

특히, 실손보험의 보편화로 고수익·저위험 비급여 진료가 확대되면서, 저수익·고위험 특성을 지닌 **필수 의료 기피 현상**이 더욱 고착화되고 있다. 2024년 전공의 확보율은 피부과와 성형외과가 100% 충원된 반면, 소아청소년과는 25.7%, 흉부외과는 38.1%에 그쳐 필수 의료 인력 부족의 심각성을 고스란히 보여 준다. 정부는 필수 의료 활성화를 위해 수가 인상과 응급 의료 시설 투자 확대 등을 추진해 왔으나, 여전히 뚜렷한 개선 효과는 없다.

의대 정원 확대 진통

고령화와 의료 산업의 성장 가능성으로 의료 인력에 대한 수요는 빠르게 증가하고 있다. 그러나 한국의 의대 정원은 2006년 3,058명으로 동결된 이후 27년간 변화가 없었다. 거의 모든 역대 정부가 의대 정원 확대를 위해 다양한 노력을 기울였으나, 의료계의 강한 반대에 부딪혀 실패했다. 현재도 논의가 지속되고 있다.

2020년, 문재인 정부는 **지역 의료 격차 해소**를 목표로 의대 정원을 연간 400명씩 10년간 총 4,000명 증원하겠다는 계획을 발표했지만, 코로나19 대응 과정에서 논의가 중단되었다. 이후 윤석열 정부는 2035년까지 의사 인력 1만 명 추가 확충을 목표로 정책을 추진하였다. 윤 정부는 의료 취약 지구의 의사 수를 전국 평균 수준으로 맞추기 위해 5,000명, 고령화 등에 따라 추가로 1만 5,000명의 의사가 필요하다고 전망하며, 이 중 1만 명을 증원하겠다는 목표를 세웠다. 이에 따라 2025년부터 매년 2,000명씩 의대 정원을 확대하면, 2031년부터 졸업생이 배출되어 2035년까지 1만 명의 의료 인력을 추가로 확보할 수 있다는 계획이었다. 그러나 의료계는 수익 감소와 의료의 질 저하 우려를 이유로 강하게 반발하며 집단 행동을 이어가고 있다. 소통을 통한 타협 유도라는 정치적 리더십이 발휘되지 못하고 있는 점도 의대 정원 확대 문제를 풀지 못하는 원인 중 하나다.

6.6 리더십 회복을 통한 갈등 관리

국가의 지속 가능한 발전을 위해서는 발전發電 등 SOC와 사회 인프라 확충이 필수적이다. 과거 권위주의 정부 시절에는 이러한 사업들이 신속하게 추진되었으나, 민주화 이후 상황은 크게 달라졌다. 주민들은 환경과 재산권 침해에 민감해졌고, 환경 단체 등의 개입으로 갈등이 증폭되면서 사업 추진이 어려워지고 있다.

정부(국무조정실)는 주요 사업에 대한 **갈등 영향 평가**를 통해 사전 관리를 시도하고 있지만, 예방적 관리가 미흡하고 사후적 대응도 충분하지 않다는 지적이 많다. 우리 사회에서 **갈등 관리**가 제대로 이루어지지 않은 과거의 주요 사례들을 살펴봄으로써 **리더십 회복을 통한 갈등 관리**

의 중요성을 강조하고자 한다.

방폐장 건설 실패

원전은 우리나라 전력 총생산의 30.1%(2023년 기준)를 차지한다. 향후에는 탄소 중립 등의 정책 측면에서 중요성이 더욱 커질 전망이다. 현재 26기의 원전이 가동 중이며, 4기의 신규 원전이 건설되고 있다. 또한 최근 체코 원전 우선 협상 대상자 선정 등의 성과를 통해 원전 수출 노력도 활발히 이어졌다.

그러나 원전 건설 및 가동에는 한 가지 심각한 문제가 있다. 원전 가동 후 발생하는 사용 후 핵연료를 저장할 고준위 방사성 폐기물 처분장이 해당 지역 주민들의 반대로 번번이 무산되고 있다는 점이다. 현재 사용 후 핵연료는 각 원전 내의 습식 임시 저장 시설에 보관 중이다. 하지만, 1978년 가동을 시작한 고리 1호기의 저장 시설은 2032년, 한빛과 한울 원전은 각각 2030년과 2031년에 포화가 예상된다. 방사성 폐기물이 저장 용량을 초과하면 안전성 평가 매뉴얼에 따라 원전 가동이

표 6.7 사용 후 핵연료 저장 현황(2024. 9월 기준)

	한빛	한울	고리	월성
포화율(%)	82.3	75.3	90.8	35.9
포화년도	2030	2031	2032	2037

정지될 수밖에 없다.

한전은 임시 대책으로 포화 단계에 이른 고리와 한빛 원전의 사용후 핵연료를 옮겨 보관할 건식 저장 시설을 원전 부지 내에 건설하려 하고 있다. 그러나 이 역시 주민들의 반발에 부딪혀 있다. 근본적 해결책은 원전 외부에 고준위 방사성 폐기물 처분장을 건설하는 것이다. 참고로 중·저준위 폐기물(방호복, 작업 장비 등)은 2015년 경주에 방폐장을 건설함으로써 문제가 해결되었다. 하지만 고준위 방폐장은 1983년 이후 약 40년간 9차례나 시도되었으나, 모두 주민들의 반대로 무산되었다.

1988년 울진과 영덕, 영일을 시작으로, 1990년 안면도, 1994년 굴업도(인천 옹진군), 2003년 부안 등이 후보지로 선정되었지만 건설에는 모두 실패했다. 또한 고준위 방폐장 건설을 지원하기 위해 부지 선정 절차와 유치 지역 지원 방안을 담은 특별법이 2016년부터 논의되었으며, 2025년 2월에야 국회를 통과하였다.

고준위 방폐장은 부지 선정에만 13년, 중간 저장 시설 건설 7년, 최종 처분 시설 건설 등에 17년이 소요되어 총 37년이 걸린다는 점에서, 입법 지연은 심각한 문제를 초래할 수 있다. 현재 세계 10대 원전 운영국 중 고준위 방폐장 건설을 전혀 시작하지 못한 국가는 한국과 인도뿐이다. 핀란드는 세계 최초로 처분 시설 건설을 완료해 2025년부터 운영을 시작할 예정이며, 프랑스와 스위스도 부지 선정을 마치고 후속 절차를 진행 중이다.

송전망 및 댐 건설 지연

전력 수요는 AI 기술 발전과 데이터 센터 건설 등으로 급격히 증가하고 있다. 특히 한국은 전력 생산이 주로 지방에서 이루어지고, 소비는 수도권에 집중되어 있어 송전망 건설은 필수 사업이다. 그러나 주민 민원 등으로 지속적인 어려움을 겪고 있다.

대표적인 사례로 밀양 송전탑 건설 갈등을 들 수 있다. 한전은 2005년 울산 신고리 원전에서 생산된 전력을 수도권으로 송전하기 위해 밀양을 경유지로 선정했다. 하지만 주민들의 강한 반발로 2014년 들어서야 공사가 완료되어 무려 9년의 세월을 소요했다. 이 과정에서 발생한 경제적 손실뿐 아니라 사회적 비용 역시 막대했다. 383명이 입건되었고, 두 명이 스스로 목숨을 끊는 안타까운 사건까지 발생했다.

밀양 송전탑 건설을 반대하는 주민들

지난 10년(7차~10차 전력 수급 기본계획) 동안 송전망 건설 계획에 따라 착공된 36개 사업 중 단 3개만 적기에 준공되었으며, 나머지는 지연되었다. 예를 들어, 반도체와 디스플레이 산업 단지에 전력을 공급하기 위해 추진된 충남 북당진~신탕정 송전 선로는 당초 2012년 준공 예정이었으나, 주민 반대와 당진시의 공사 중지 명령 등으로 12

년이나 지연되었다. 2024년에는 용인 반도체 클러스터에 전력 공급을 위해 동서울 변전소 증설 사업이 계획되었으나, 하남시의 허가 기각으로 현재 소송이 진행 중이다.

표 6.8 송전 선로 지연 사례

	북당진-신탕정	신당진-북당진	동해안-신가평
당초 목표	2012년	2021년	2019년
준공(예정)	2024년	2025년	2025년

한편, 송전망 건설을 원활히 추진할 수 있도록 합리적 보상안을 마련하고 주민과 지자체를 설득하는 내용을 담은 국가 기간 전력망 확충 특별법이 2025년 2월 제정되었다.

댐은 홍수 조절과 용수 공급, 전력 생산 등을 위한 중요한 국가 기간 시설이다. 과거에는 소양강댐(1973년)과 대청댐(1980년) 등 건설이 비교적 원활했으나, 이후에는 추가 건설이 쉽지 않은 상황이다. 1996년 강원도 영월군 동강 지역에 댐 건설이 계획되었지만, 지역 주민과 환경 단체의 반대로 2000년에 백지화되었다. 또한 경북 청도군의 운문댐은 1967년에 건설된 이후에도 인근 지역의 물 부족 문제가 심각하여 추가 댐 건설이 계획되었으나, 2011년 무산되었다. 2015년 한탄강댐 이후로 대규모 신규 댐 건설 사례가 없는 실정이다.

2024년 환경부는 기후 변화로 인한 극한 홍수와 가뭄에 대응하기 위해 전국에 14개의 기후 대응 댐 건설 계획을 발표했지만, 청양 지천 댐과 단양천댐, 운문 상류댐 등 다수 지역에서 주민 반대와 환경 문제로 갈등이 이어지고 있다.

화장장 및 장애인 학교 건립 애로

화장장은 고령화에 따른 사망 인구 증가를 고려할 때 필수 **공공 인 프라**다. 그러나 대도시를 중심으로 화장 시설 부족 문제는 심각하다. 서 울의 3일차 화장률은 2019년 86.3%에서 2023년 53.1%로 감소했으 며, 앞으로 더욱 악화될 것으로 예상된다.

이 문제를 해결하기 위해 경기도 양평군이 2020년 화장장 건립을 추진했으나 주민 반발로 무산되었고, 경기도 과천시는 2022년 공모를 진행했으나 신청 마을이 없어 부지 선정 단계에서 실패했다. 경기도 이 천시는 2023년 유치 마을 공모를 통해 매원면 구시리를 후보지로 선정 했으나, 주변 마을의 강한 반대로 계획이 취소되었다.

한국의 장애인 복지는 다른 복지 분야에 비해 상대적으로 취약하 다. 특히 장애 학생들의 교육권 보장을 위한 특수학교가 부족해 많은 학 생이 수십 km를 통학해야 하는 실정이며, 추가적인 학교 건립도 주민 반대로 어려움을 겪고 있다.

1995년에는 장애인을 위한 밀알학교 설립이 추진되었으나 주민들의 반대로 난관에 부딪혔다. 학교 건립 측은 공사 방해 중지 가처분 소송 등 법적 대응을 통해 대법원까지 가는 법정 공방 끝에 승소했고, 결국 1997년에 개교할 수 있었다.

서진학교 사례도 주목할 만하다. 2013년, 서울 강서구 옛 공진초등학교 부지에 특수학교(서진학교) 설립 계획이 발표되었으나, 주민들이 강하게 반대했다. 장애 학생 부모들이 주민들에게 무릎 꿇고 설립을 호소하는 모습이 언론에 보도되면서 공분을 일으켰고, 공론화 과정을 거쳐 2019년 들어서야 개교에 이를 수 있었다. 반면, 서울 중랑구에 지적 장애인을 위한 동진학교 설립 계획은 2012년에 발표되었으나, 현재까지도 부지 확보와 주민 설득에 어려움을 겪으며 이렇다 할 진전이 없는 상황이다.

이상에서 보듯이 주민들의 강한 반발이 지속 가능 성장에 필요한 인프라 확충을 지연시키는 원인으로 작용하고 있다. 그럼에도 정치권과 공무원이 국가적 관점에서 미래 비전과 사업 관련 정보를 정확히 제공하고, 사회적 공론 형성을 위한 리더십을 발휘한다면 문제를 해결해 갈 수 있을 것이다.

"미래 세대를 위한 한국 경제의 새로운 패러다임을 위해"

우리 경제는 글로벌 투자자들이 우려하는 소위 피크 코리아, 즉 쇠퇴할 것인지 아니면 재도약할 것인지의 기로에 서 있다. 여기에 지난해 12월 비상계엄 선포로 표출된 극단적 정치·사회적 갈등과 트럼프 2기 행정부 출범 이후의 예측할 수 없는 세계 경제 질서는 우리 경제에 퍼펙트 스톰perfect storm으로 다가오고 있다. 우리가 탄 한국 경제호는 복합 위기 앞에서 좌초하고 말 것인가?

필자는 한국 경제호가 퍼펙트 스톰을 이겨 내고, 우리 후세대들과 함께 밝은 대양을 항해하는 새로운 시대를 열 수 있다는 희망을 가지고, 전문가들과의 치열한 토론 결과를 모아 이 책을 통해 〈리빌딩 코리아 프로젝트〉를 제안한다.

〈리빌딩 코리아 프로젝트〉는 보수와 진보라는 이념을 떠나 가치 중립적으로 민생과 실리에 초점을 맞추고 정책을 추진한다. 산업 정책이라는 정부의 개입과 시장 원리에 의한 경제 주체 간 효율적 자원 배분을 스마트하게 결합한다. 부채 주도 성장과 같은 꼼수를 쓰지 않고 생산성 주도 성장으로 진검 승부한다. 저출생·고령화는 일-가정 양립 정책과 성장 전략을 통한 적응의 투트랙으로 대응한다. 개별적 접근보다 포괄적인 접근 방식으로 솔루션을 찾는다. 이해관계가 복잡하게 얽혀 있어 사회적 대타협을 통한 패키지딜을 도모한다.

이러한 원칙하에 피크 코리아를 극복하기 위한 생산성 주도 성장 전략을 추진한다. 우선 혁신과 선도의 생산성 주도 경제를 만들기 위해 획기적으로 제도를 개선한다. 출연연 개편 등을 통해 연구 개발 역량을 강화하고 AI 시대에 맞게 교육을 개혁한다. 혁신적인 생산 부문에 자금이 흐르도록 금융을 개혁하고, 서비스업발전기본법 제정 및 중소기업 스케일 업 등을 통해 경쟁력을 높인다. 규제 샌드박스 통합, 의원 입법에 대한 규제 영향 분석 도입 등을 통해 규제를 대폭 완화한다.

두 번째로 AI 반도체 등 첨단 디지털 산업, 탄소 중립 산업, 고령 친화 산업 및 첨단 과학 기술 산업 등의 성장 분야를 타깃하여 신산업 정책을 추진한다. 규제 완화 및 적극적 재정·세제 지원 등의 측면에서 경쟁국과 동등하거나 그 이상으로 지원함으로써 과감한 선제적 투자를 유도한다. 이를 통해 생산성 향상 및 글로벌 시장 선점을 동시에 이루는 신성장 동력을 창출해 낸다.

세 번째로 고령 인구 증가에 따른 복지 지출 증가, 신산업 정책 추진을 위한 재원 확보, 정년 연장 등 고령 인력의 활용도 확대를 위해 연금·노동·재정 부문의 개혁을 추진한다. 기초연금 등을 통한 노후 소득 보장 보강, 자동 조정 장치 도입 등을 통해 연금의 지속 가능성을 확보한다. 노동 시장의 유연성을 더 높이고 직무급 도입 등을 통해 노동 시장의 이중 구조를 개선한다. 재정 준칙과 페이고pay-go 원칙 도입, 유사·중복 사업의 재조정 같은 지출 구조 개선 등을 통해 재정의 지속 가능성을 높인다.

한편 포괄적인 솔루션과 패키지딜을 도모한다는 측면에서 다음과 같이 제안한다. 저출생, 지역 소멸, 탄소 중립, 첨단 산업 육성 등에 대한 포괄적 솔루션으로 동남권과 서남권의 거점 도시를 중심으로 메가 샌드박스를 우선 추진해 보자. 또한 대통령 선거 기간 및 신정부 출범 후 철저한 준비와 사회적 대타협을 통해 〈리빌딩 코리아 프로젝트〉를 추진하자.

너무나 사랑했던 딸아이의 친구들이 몇 년 전 필자에게 한 말이 계속 뇌리를 떠나지 않는다.

"아빠, 세상을 지나치게 관조적으로 접근하지 마시고, 이제는 저희 세대를 위해 무언가 해 주시길 바래요."

이에 대한 나의 첫 번째 답으로 이 졸저를 내놓는다.

참고 문헌

고경철 외 3인, 2019, **로봇 산업의 미래**, 크라운출판사.

권남훈 외 9인, 2021, **경제의 길**, 21세기 북스.

권남훈 외 10인, 2024, **경제의 길 2**, 21세기 북스.

권중현, 2024, **지금 당장 양자컴퓨터에 투자하라**, 애덤스미스.

김낙회, 변양호, 이석준, 임종룡, 최상목, 2021, **경제정책 어젠다 2022**, 21세기북스.

김동연, 2021, **대한민국 금기깨기**, 쌤앤파커스.

김부겸, 이찬우, 최영록, 정국교, 2021, **기로에 선 한국경제**, 매일경제신문사.

김상조, 2023, **21세기 세계경제**, 생각의 힘.

김세직, 2021, **모방과 창조**, 브라이트.

김용범, 2022, **격변과 균형: 한국경제의 새로운 30년을 향하여**, 창비.

김웅철, 2024, **초고령사회 일본이 사는 법**, 매일경제신문사.

김주영, 2019, **보건의료 산업정책**, 메디컬 사이언스.

김천구, 2025, "성장을 통한 저출생·고령화 대응 전략", **SGI 브리프**(제29호), 대한상
공회의소.

김태유 외 14인, 2024, **선착의 효**, 쌤앤파커스.

계봉호 외 8인, 2024, **2024 인구보고서**, 한반도미래인구연구원.

글렌 허버드, 팀 케인, 2014, **강대국의 경제학**, 김태훈 역, 민음사.

대니얼 예긴, 2013, **2030 에너지 전쟁**, 이경남 역, 올(사피엔스21).

레이 달리오, 2022, **변화하는 세계 질서**, 송이루외 1인 역, 한빛 비즈.

로버트 케이건, 2021, **밀림의 귀환: 자유주의 세계질서는 붕괴하는가**, 홍지수 역, 김
앤김북스.

린이푸 외 3인, 2022, **산업정책**, 채리 역, 동국대학교 출판부.

박경원, 2024, "분산에너지를 활용한 전력수급 개선과 지역경제 활성화 방안", **SGI
브리프**(제18호), 대한상공회의소.

박양수 외 13인, 2012, **부채경제학과 한국의 가계 및 정부부채**, 한국은행.

박양수, 2017, **21세기 자본을 위한 이단의 경제학**, 아마존의나비.

박양수, 민경희, 박경원, 2025, "한국경제의 재도약을 위한 포괄적 전략: 메가샌드박
스", **SGI 브리프**(제27호), 대한상공회의소.

박용린 외 4인, 2017, **국내 모험자본시장의 현황 분석과 발전 방향**, 자본시장연구
원.

변재웅, 2022, **4차 산업혁명과 규제개혁**, 계명대학교 출판부.

손수정, 2020, **기술사업화정책 20년의 전개와 앞으로의 도전**, 과학기술정책연구원.

오데드 갤로어, 2023, **인류의 여정**, 장경덕 역, 시공사.

오세훈, 2019, **미래: 미래를 보는 세 개의 창**, 다이얼.

윤희숙, 2024, **콜드 케이스**, 천년의 상상.

이민형, 2023, **혁신국가를 향한 과학기술 혁신시스템의 대전환**, 다인기획.

이성규, 2022, **신약개발 전쟁**, 플푸토.

이종화, 2023, **한국경제의 성장, 위기, 미래**. 고려대학교 출판문화원.

이주호, 정제영, 정영식, 2021, **AI 교육 혁명**, 시원 북스.

전주성, 2024, **개혁의 정석**, 매일경제신문사.

지속성장이니셔티브(SGI), 2023, **한국경제의 새로운 도약을 위한 탄소중립 전략보**

고서, 대한상공회의소.

정민수, 이영호, 유재성, 김의정, 2024, "지역경제 성장요인 분석과 거점도시 중심 균형발전", **BOK 이슈노트**(제2024-15호), 한국은행.

조동연, 2021, **우주산업의 로켓에 올라타라**, 미래의 창.

조태형, 2023, "한국경제 80년(1970-2050) 및 미래 성장전략", **BOK 경제연구**(제 2023-25호), 한국은행.

찰스 P. 킨들버거, 2005, **경제 강대국 흥망사 1500-1990**, 주경철 역, 까치.

폴 케네디, 1990, **강대국의 흥망**, 이일주 외 2인 역, 한국경제신문.

하이먼 P 민스키, 2008, **민스키의 금융과 자본주의: 불안정 경제의 안정화 전략**, 김 대근 역, 카오스북.

한국금융학회, 2024, **한국금융의 미래**, 율곡출판사.

황인도 외 11인, 2023, "초저출산 및 초고령사회: 극단적 인구구조의 원인, 영향, 대 책", **2023년 11월 경제전망보고서 Ⅲ. 중장기 심층연구**, 한국은행.

IEA, 2023, *World Energy Outlook 2023*.

찾아보기